1919

Die Jahre des Schicksals

Band I

Impressum:

Titel – 1919
Reihe – Die Jahre des Schicksals
ISBN - 978-3-9504381-2-3
Autor – Markus Willinger
Verlag – Zaptos Media EooD
Deutsche Erstveröffentlichung – Berlin 2018
Cover – Juliane Schneeweiß
Lektorat – Anne von Proeck

Markus Willinger

Der Spartakusaufstand

Andrei

(Berlin, 5. Januar 1919)

Niemals hatte Andrei eine schamlosere Liebhaberin gehabt.

Ihr nackter Körper lag auf dem Bett und raubte ihm den Atem. Sie war schön. Nicht die schönste Frau, der er jemals begegnet war, doch mit Abstand die anziehendste. Die Strähnen ihrer blonden Haare bedeckten wie zufällig ihre perfekt geformten Brüste. Der Anblick genügte, um Andrei das Blut in die Lenden schießen zu lassen.

Vorsichtig beugte er sich über sie und küsste ihre geschlossenen Augenlider. Sie schmeckten nach Salz. Nach Salz und Leidenschaft.

Sie wachte auf. Ihre Augen waren den seinen so nah, dass er die hellgrünen Flecken in ihrer ansonsten graublauen Iris sehen konnte. Sie starrte ihn entspannt, aber intensiv an. Keine Frau hatte Andrei jemals so angesehen. Es war ein Blick, der durch die Seele ging.

Sie lächelte. »Hast du immer noch nicht genug?«

»Nein«, hauchte Andrei. »Nie.«

Er küsste ihre Wange und ließ seine Lippen spielerisch über ihren Hals wandern. Ihr Duft und ihre Nähe brachten ihn um den Verstand. Sie hatten einander die ganze Nacht hindurch geliebt. Eigentlich wäre Andreis Körper längst nicht mehr in der Lage gewesen, weiterzumachen. Aber er konnte nicht widerstehen. Ihr schien es genauso zu gehen. Ihre Zungen umspielten einander zuerst zärtlich, dann wild. Während ihr Kuss stärker wurde, glitt Andrei leicht in sie hinein. Stöhnend warf sie den Kopf zurück und wölbte sich ihm entgegen.

Andrei fehlte die Kraft zu stärkeren Bewegungen, doch das spielte keine Rolle. Es ging ihm nicht um Lust, sondern darum, ihr nahe zu sein. Er wollte ihren Atem spüren, ihre Haut küssen und ihren Duft in sich aufnehmen.

Er drehte sie auf die Seite, nahm ihr Gesicht in seine Hände und drang vollständig in sie.

»Estere«, flüsterte er. »Estere.«

Er liebte ihren Namen. Er liebte alles an ihr. Vor allem den Sex.

»Geh nicht«, sagte sie später und kuschelte sich in seinen Arm. »Bleib hier!«

Er richtete sich auf und griff nach einem Glas Wasser. Gierig trank er und reichte es dann an sie weiter.

»Ich muss.«

Sie schüttelte den Kopf. »Wenn Deutschland kommunistisch werden soll, dann lass die Leute darüber in freien Wahlen abstimmen.«

Andrei seufzte. Sie hatten diese Debatte schon oft geführt. »Die Wahlen werden vom Großkapital manipuliert«, erklärte er zum wiederholten Mal. »Ehe es freie Wahlen geben kann, muss zuerst eine Diktatur des Proletariats das Großkapital enteignen.«

»Du wiederholst nur, was Lenin und Trotzki sagen.«

»Weil sie recht haben.«

Sie funkelten einander wütend an. Dann zog Andrei sie in seine Arme. »Lass uns nicht streiten. Ich muss meiner Überzeugung folgen«, sagte er und küsste ihre Schläfe. »Das verstehst du doch?«

Sie nickte schwer. »Du hast recht, wir alle müssen unseren Überzeugungen folgen.«

Er wusste nicht genau, was sie damit meinte, aber er hatte keine Zeit, um zu fragen.

»Die Demonstration beginnt heute Morgen«, sagte er. »Die nächsten Tage werden verdammt stürmisch werden. Ich war bei der Revolution in Russland dabei, und dort ging es drunter und drüber. Ich will, dass du in meiner Wohnung bleibst und dich bedeckt hältst.«

Sie hatten die Angelegenheit bereits mehrfach besprochen. Andrei hatte Vorräte angelegt und ein spezielles Schloss in der Wohnungstür einbauen lassen. Hier war Estere sicher, egal was auf den Straßen Berlins vor sich gehen mochte.

»Bist du sicher, dass du gehen musst?«, versuchte sie ein letztes Mal, ihn umzustimmen.

»Ja«, antwortete Andrei. »Wer weiß, wann wir so eine Gelegenheit wieder bekommen.«

Estere nickte und ließ sich erschöpft zurück in die Kissen fallen.

»Schlaf nur«, flüsterte er zärtlich. Sie küssten sich ein letztes Mal. Der Kuss zweier Liebender. »Wenn wir uns wiedersehen, wird Deutschland kommunistisch sein.«

Und ich einer der mächtigsten Männer Europas.

Andrei schloss die Schlafzimmertür und ging ins Badezimmer. Nachdem er sich gründlich mit Seife gewaschen hatte, griff er sich ein sauberes Hemd. Dann betrachtete er seine Bartstoppeln:

Sollte er sich rasieren?

Nein. Ein Revolutionsführer soll nicht zu gepflegt aussehen.

Der Dreitagebart verlieh Andreis Gesicht etwas Verwegenes. Genau das Richtige für einen Tag wie diesen.

Er zog einen schwarzen Mantel an und legte sich einen Schal um den Hals. Nachdem er einen sehnsüchtigen letzten Blick zum Schlafzimmer geworfen hatte, verließ er die Wohnung.

Bis bald, Estere.

Der kalte Wind belebte Andreis Sinne. Revolution lag in der Luft. Die alte Ordnung war zusammengebrochen und es lag an Männern wie ihm, zu bestimmen, was auf sie folgen würde.

Er wusste genau, wohin er ging. Andrei war in Wedding aufgewachsen. Sein Vater Victor Vasiliev war vor Jahrzehnten aus Russland eingewandert und hatte sich in einer Berliner Munitionsfabrik für einen Hungerlohn totgeschuftet. »Eines Tages Andrei«, hatte er immer gesagt und mit seinem Exemplar des Kommunistischen Manifests gewedelt. »Eines Tages wird die Arbeiterklasse sich von ihren Ketten befreien.«

Andrei würde diesen Traum Wirklichkeit werden lassen.

Seine Schritte führen ihn zur Siegesallee im Berliner Tiergarten. Er wollte sich die dortige Demonstration ansehen. Die Berliner KPD und der sozialistische Spartakusbund hatten die Arbeiter Berlins zum

Generalstreik gegen die neue sozialdemokratische Regierung aufgerufen. Die KPD-Führer Karl Liebknecht und Rosa Luxemburg erwarteten einige zehntausend Demonstranten. Andrei hoffte auf weit mehr. Denn von der Zahl der Demonstranten hing ihr weiteres Vorgehen ab.

Hoffentlich bleibt Estere in meiner Wohnung. Sie ist ein Wildfang. Nicht auszudenken, wenn ihr etwas zustößt.

Andreis Gedanken verharrten bei Estere. Sie hatten sich erst vor zwei Wochen in einem Berliner Café getroffen. Er hatte eigentlich den Reporter irgendeiner Zeitung treffen sollen, doch der war nicht aufgetaucht. Andrei hatte die Gelegenheit genutzt, mit der schönen Estere zu flirten – und mit was für einem Ergebnis!

Sie hatten sich angeregt über Politik und russische Literatur unterhalten. Estere war eine überzeugte Feministin mit einem starken Willen. Am Ende ihrer Unterhaltung hatte sie ihn einfach gefragt, ob er sie nicht mit nach Hause nehmen wolle.

Seitdem verbrachten sie jede Nacht miteinander, und wenn Andrei nicht mit den Plänen und Vorbereitungen für ihren kommunistischen Aufstand beschäftigt gewesen wäre, hätte er seine Wohnung vermutlich gar nicht mehr verlassen.

Wenn wir die Revolution in Deutschland durchgeführt haben, kann ich mich ganz Estere widmen.

Andrei träumte davon, sich für einige Wochen mit ihr in ein Landhaus zurückzuziehen. Aber zuerst musste er natürlich seinen Auftrag erfüllen.

Lenin und Trotzki hatten Andrei persönlich für die

Mission in Berlin ausgewählt. Solange Andrei sich in Deutschland befand, sprach er mit ihrer Stimme. Das verlieh ihm gewaltige Autorität, bedeutete aber auch eine enorme Verantwortung.

Er näherte sich der Innenstadt und mit jedem Schritt wurden die Straßen lauter. Lieder wurden gesungen und Parolen gerufen. Schon bald traf Andrei die ersten demonstrierenden Arbeiter. Die meisten trugen alle warmen Kleidungsstücke, die ihnen zur Verfügung standen, oft Handschuhe voller Löcher und zu große Mäntel.

Andrei ging auf eine Gruppe Demonstranten zu. Es waren sechs noch recht junge Männer. Ihren dreckigen Gesichtern nach zu urteilen arbeiteten sie in der Schwerindustrie.

»Seid gegrüßt, Genossen!«

Die Arbeiter blickten ihn stumm an. Sein selbstsicheres Auftreten und seine gute Kleidung schüchterten sie ein.

»Hallo«, sagte schließlich einer von ihnen zögernd. Der Mann war groß gewachsen und hatte ein einfaches, doch attraktives Gesicht. Andrei, der selbst nur von kleiner Statur war, nahm die starken Arme und Muskeln des Mannes nicht ohne Neid zur Kenntnis.

Sein Blick fiel auf das Schild, das der Mann in den Händen hielt.

»Frieden und Einigkeit«, las er und blickte fragend in die Runde.

Die Arbeiter nickten. »Das Plakat stammt noch vom November«, erklärte der Muskelprotz. »Aber der Spruch passt immer noch.«

Andrei lachte innerlich. Frieden und Einigkeit. Das war

der Leitspruch der Proteste gegen den Kaiser und den Krieg gewesen. Ein guter Spruch, aber nicht geeignet für eine Revolution. *Revolutionen verlaufen selten friedlich.* Er deutete in Richtung Tiergarten. »Wisst ihr, was weiter drinnen vorgeht?«

Die Männer nickten eifrig. »Da ist die Hölle los. Die ganze Stadt ist voller Demonstranten. Wir selbst wollen uns ein wenig zurückhalten. Bringt nichts, zwischen die Fronten zu geraten, oder?«

Andrei runzelte die Stirn. Die Arbeiterklasse *war* die Front. Aber nicht alle unterstützten ihre Sache mit gleicher Leidenschaft.

»Wisst ihr, wie viele gekommen sind?«, wollte er wissen.

Der blonde Muskelprotz zuckte die Schultern. »Schwer zu sagen. Drinnen reden sie von zweihunderttausend.«

»In Ordnung. Habt Dank, Genossen.«

Andrei versuchte, sich seine Aufregung nicht anmerken zu lassen. Zweihunderttausend! Wenn das der Wahrheit entsprach, war praktisch die gesamte Stadt auf den Beinen.

Andrei eilte weiter Richtung Tiergarten. Er stieß jetzt auf immer mehr Demonstranten. Mal stand hier eine Gruppe und mal dort. Manche hielten rote Fahnen in den Händen, andere Schilder, auf denen sie Freiheit, Brot und einen neuen Staat forderten. Andreis Herz begann zu schlagen. Er hörte immer mehr Rufe. Zuerst leise, doch dann immer lauter und lauter, bis ihm beinahe die Ohren zu zerplatzen drohten. Irgendwann waren so viele Demonstranten vor ihm, dass er kaum mehr weiterkam. Er stellte sich auf eine Parkbank, um sich einen besseren

Überblick zu verschaffen. Was er sah, verzückte ihn: *Proletarier, soweit das Auge reicht!*

Ein Mann auf einer Tribüne rief eine Parole und der Ruf wurde tausendfach von tausenden Kehlen wiedergegeben. Ganz Berlin konnte ihren Protest hören. *Die deutschen Arbeiter haben sich erhoben.*

Energisch bahnte Andrei sich einen Weg durch die Massen. Nach einigem Geschubse und Gedränge erreichte er das Zentrum des Tiergartens. Hier hatten die Parteien KPD und USPD eine Rednertribüne errichtet. Andrei musste nicht erst auf die Tribüne blicken, um zu wissen, wer der Redner war. Karl Liebknechts Stimme würde er überall erkennen.

Karl Liebknecht stammte aus der Führungsschicht der deutschen Sozialdemokratie. Sein Vater war eines der führenden Gründungsmitglieder der SPD gewesen. Der rhetorisch begabte Rechtsanwalt hatte eine steile Karriere in der SPD hingelegt und sich dabei immer wieder mit der Obrigkeit angelegt. Als der Weltkrieg ausgebrochen war und ganz Deutschland jubelnd den Krieg begrüßt hatte und selbst die SPD sich für die Unterstützung der Kriegskredite ausgesprochen hatte, hatte Liebknecht widersprochen. Der Kaiser hatte ihn dafür ins Gefängnis werfen lassen.

Kurz vor Kriegsende kam er frei und sprach sich sofort für die Neugestaltung Deutschlands als Republik aus. Als dieses Ziel erreicht wurde, gründete er zusammen mit Rosa Luxemburg den Spartakusbund und die KPD.

Sollte es in Deutschland zu einer proletarischen Revolution kommen, gab es keinen Zweifel daran, dass Karl Liebknecht ihr Anführer sein würde.

Gut möglich, dass er der künftige Herrscher Mitteleuropas wird.

Liebknecht hielt eine flammende Ansprache, die allerdings nur von einem Bruchteil der Demonstranten verstanden werden konnte. Viele Arbeiter standen frierend in der Kälte und begriffen nicht wirklich, was vor sich ging.

Andrei schritt zur Tribüne und wurde von einem massigen Rotgardisten aufgehalten. Die Rote Garde war eine Schutzeinheit, die der Spartakusbund gerade erst ins Leben gerufen hatte. Es waren Männer, die im Weltkrieg gedient hatten und wussten, wie man mit Waffen umzugehen hatte.

»Halt«, rief der Rotgardist und streckte die Hand aus. »Nur mit Erlaubnis geht es zur Tribüne.«

Andrei blickte den Mann stumm an. Er hatte schon früh gelernt, dass es den meisten Menschen, und besonders Soldaten, schwerfiel, einem direkten Blick standzuhalten. Das galt auch jetzt. Der Rotgardist wandte sich rasch ab. Sein Kamerad, ein kleiner Kerl mit schlauen Augen, nahm seinen Genossen beiseite. »Siehst du nicht, wer das ist?«, flüsterte er. »Das ist Andrei Vasiliev, Lenins Schatten.«

Andrei runzelte die Stirn. Es gefiel ihm nicht, dass die Leute angefangen hatten, ihn so zu nennen.

»Woher weißt du, wie ich aussehe?«, fragte Andrei. Anders als Rosa Luxemburg und Karl Liebknecht *wollte* Andrei nicht bekannt werden. Zumindest nicht vor ihrer Machtergreifung. Andreis Arbeit spielte sich im Hintergrund ab, Bekanntheit schadete ihm nur.

»Ich stand Wache bei der letzten Versammlung des

Revolutionsausschusses«, erklärte der kleine Kerl. Der intelligente Ausdruck in seinen Augen gefiel Andrei. Er fragte ihn nach seinem Namen und er stellte sich als Erich Bauer vor.

Ich werde mir diesen Namen merken, entschied Andrei, ehe er sich auf den Weg zur Tribüne machte. Selbst der einfachste Proletarier konnte bei einer Revolution zu Größe aufsteigen, und Bauer besaß Potenzial. Andrei hatte ein Gespür für solche Dinge.

Liebknecht beendete eben seine Rede mit einem donnernden »Proletarier aller Länder vereinigt euch!«. Die Massen jubelten und stimmten dann einige Revolutionslieder an. Doch so recht schien niemand zu wissen, wie es jetzt weitergehen sollte.

Andrei drängte sich leicht hinter Liebknecht und fasste den adrett gekleideten Politiker an der Schulter.

»Wir müssen die Arbeiter zur Revolution führen, oder wir verlieren sie«, sagte Andrei anstatt einer Begrüßung.

Sie tauschten einen Blick. Andrei wusste, dass Liebknecht ihn nicht leiden konnte. Liebknecht hatte jahrelang am Aufbau des deutschen Sozialismus mitgearbeitet. Andrei dagegen war zusammen mit Lenin ins Schweizer Exil gegangen und erst im Zuge der russischen Revolution aufgestiegen. Liebknecht hielt ihn für einen ausländischen Emporkömmling, doch Andrei hatte die Macht des kommunistischen Russlands hinter sich.

»Luxemburg und ihre Gefolgsleute sind gegen eine Revolution zum jetzigen Zeitpunkt«, sagte Liebknecht. »Sie will zuerst die Wahlen abwarten.«

Andrei schüttelte den Kopf. Wahlen waren ihre

schlechteste Option. Das hatte sich in Russland gezeigt. Zuerst musste eine Revolution erfolgen, erst dann konnte es Wahlen geben.

»Rosa Luxemburg trifft nicht die Entscheidungen«, erklärte Andrei. »Die Proletarier haben sich erhoben. Wir müssen sie nur führen.«

Liebknecht seufzte. »Der Plan, den du gestern vorgestellt hast, ist vielen zu radikal.«

Andrei hatte in den letzten Wochen einen detaillierten Plan zum Start einer deutschen Revolution ausgearbeitet. Rotgardisten sollten das Berliner Zeitungsviertel und die wichtigsten Regierungsgebäude besetzen. Die Übergangsregierung sollte aus der Stadt gejagt werden und Liebknecht vor dem Reichstag eine Republik der Arbeiter und Bauern ausrufen. Noch war der Plan weder abgelehnt noch angenommen worden.

Die deutsche Linke ist zu weich. Sie haben nicht begriffen, dass eine Revolution von Blut lebt und dass wir ohne Gewalt nichts erreichen werden.

Andrei deutete auf die singenden und rote Fahnen schwenkenden Demonstranten. »Die Proletarier stehen hinter uns!«, sagte er mit fiebrigen Augen. »Worauf sollen wir noch warten?«

Liebknecht äußerte sich nicht zu Andreis Ausführungen, doch seine Augen funkelten.

Er will die Macht. Ich weiß es. Nach einer Revolution wäre er der Führer eines kommunistischen Deutschlands. Wie könnte er da widerstehen?

Liebknecht und Andrei zogen sich von der Tribüne zurück. Sie waren nur gekommen, um sich des Erfolges ihrer Demonstration zu versichern. Andere Redner übernahmen und wiederholten die üblichen Schlagworte von Arbeit, Brot und Einigkeit.

Geschützt von einer Gruppe Rotgardisten verließen Andrei und Liebknecht den Tiergarten. Sie bahnten sich einen Weg durch die Menge und stiegen dann in einen schwarzen Wagen.

Liebknecht stammte aus einer wohlhabenden Familie und konnte sich daher ein Automobil samt Fahrer leisten.

Sie fuhren nach Spandau zum Hauptquartier des Spartakusbundes. Das Hauptquartier war ein großer Backsteinbau. Sechs Stockwerke hoch und wenigstens fünfzig Meter lang und breit. Das Gebäude bot Platz für die Wohnungen hochrangiger Funktionäre, Unterkünfte für ihre Rotgardisten, Propagandamaterial und ihre eigene Druckerei.

Die deutschen Kommunisten hatten ihr Hauptquartier in eine Festung verwandelt. Die ehemals hölzerne Eingangstür war durch ein stählernes Ungetüm ersetzt worden und Liebknecht hatte alle Fenster im untersten Stockwerk mit Brettern verriegeln lassen. Andrei nahm diese Vorsichtsmaßnahmen mit Wohlwollen zur Kenntnis.

Als Vertreter der sowjetischen Bolschewisten hätte ihm eigentlich eine Unterkunft hier zugestanden, doch Andrei hatte sich absichtlich eine eigene Wohnung genommen. Er wollte nicht, dass die Behörden wussten, wer und wo er war. Darum verließ und betrat er das Gebäude niemals mit unbedecktem Gesicht und verwandte stets viel Zeit darauf, mögliche Verfolger abzuschütteln. Auch jetzt zog er sich den Schal über

Mund und Nase, ehe sie das Auto verließen. Liebknecht, der seit Jahren mit Gesicht und Namen für ihre Sache einstand, quittierte das mit hochgezogenen Augenbrauen, sagte aber nichts.

Sie traten an die Tür und klopften.

»Parole«, rief irgendein Dummkopf.

»Ich bin Karl Liebknecht«, antwortete dieser anstatt einer Parole, woraufhin die Tür mit einem raschen Ruck aufgerissen wurde. »Verzeih Genosse«, sagte ein angespannt dreinsehender Torwächter. »Sie warten bereits auf euch.«

Sie gingen einen langen Gang entlang. An den Wänden hingen Gemälde von Marx, Engels und Lenin. Andrei stellte sich vor, dass dort in zwanzig Jahren Bilder von ihm selbst, Liebknecht und Rosa Luxemburg hängen würden.

Liebknecht ging mit eiligen Schritten voran und stieß die Tür zum Sitzungssaal auf.

Der Saal sah genauso aus wie am Vortag. An einem großen runden Tisch, den sie extra hatten beschaffen müssen, um niemanden zu bevorzugen, saßen die etwa fünfzig Mitglieder des Revolutionsausschusses. Es war eine gemischte Gruppe: ehemalige sozialdemokratische Abgeordnete, die die SPD wegen ihrer Kriegspolitik verlassen und die USPD gegründet hatten, führende Mitglieder des revolutionären Spartakusbundes, die Anführer der neugegründeten SPD sowie Gewerkschafts- und Arbeitervertreter.

Die meisten von ihnen hatten eine Flasche mit Wasser vor sich stehen und einige Dokumente vor sich liegen. Manche wirkten gelangweilt, andere unterhielten sich leise. Am Podium vor dem Tisch stand ein dicker, älterer Mann mit Schnauzbart und einem altmodischen Sakko und hielt eine Rede. Es war Richard Müller, einer der einflussreichsten Arbeiterräte Berlins. »Wir dürfen nichts überstürzen«, erklärte Müller eben und zwirbelte seinen Schnauzer. »Am 19. Januar finden Wahlen zum Reichstag statt. Wir sollten diese Wahlen abwarten und sehen, wie wir abschneiden. Danach ...«

Andrei schlug die Tür mit einem lauten Knall zu. Sofort wandten sich alle zu ihm um.

Andrei zog seinen Schal vom Gesicht und blickte selbstsicher in die Runde. Er hatte Lenins Auftreten lange genug beobachtet und wusste daher, wie man einen Eindruck hinterließ.

»Was Genosse Müller sagt, klingt *vernünftig*«, spottete Andrei und ging auf das Podium zu. In den Augenwinkeln sah er Liebknecht die Stirn runzeln.

Er wird mir noch danken.

Ungefragt schob Andrei Müller zur Seite. Er lehnte sich gelassen auf das Rednerpult und ließ seinen Blick umherwandern. Dabei gab er sich Mühe, langen Augenkontakt mit so vielen Ausschussmitgliedern wie möglich zu halten.

»Vernünftige Worte«, wiederholte Andrei. »Aber vernünftige Worte haben wir schon oft gehört, oder?« Einige lachten. »Vor der Revolution in Russland hielten *die Vernünftigen* ähnliche Reden. Man solle mit dem Zaren verhandeln. Eine Revolution sei zu riskant.«

Müller verzog wütend das Gesicht. »Ich habe nicht gesagt, dass −.«

»Aber«, schnitt Andrei ihm einfach das Wort ab. »Aber

wir haben das Unvernünftige getan und den Zaren gestürzt. Vernunft ...« Er richtete sich auf. »Was ist Vernunft?« Andrei deutete auf Karl Liebknecht, der immer noch an der Tür stand und mit skeptisch verschränkten Armen zuhörte. »Als die SPD sich für den Krieg des Kaisers aussprach, galt das als *vernünftig.* Tut es das heute immer noch? Millionen sind gestorben. War das Vernunft?«

Einige Ausschussmitglieder klopften zustimmend mit den Fäusten gegen den Tisch. »Hört, hört«, rief einer. Andrei registrierte es mit Genugtuung. Ihre Abscheu für den sinnlosen Weltkrieg einte die revolutionäre Linke weltweit.

»Karl Liebknecht hat nicht vernünftig gehandelt«, sagte Andrei und deutete erneut auf den Arbeiterführer. »Er hat gegen den Krieg protestiert. Nicht weil es vernünftig ...« Er ließ den Satz einen Augenblick im Raum schwingen, um die Spannung zu erhöhen, »... sondern weil es richtig war.« Er holte tief Luft. »Lasst uns wieder das Richtige tun. Lasst uns diese Regierung stürzen. Lasst uns die Revolution zu Ende bringen!«

Abrupt wandte Andrei sich ab.

Hinter ihm brach ein Sturm los. Manche klopften und stampften zustimmend, andere protestierten lautstark. »Eine übereilte Aktion ist nicht richtig«, rief jemand durch den Raum. Doch die Proteste spielten keine Rolle. Andrei hatte die Versammlung zum Leben erweckt. Jetzt würde eine Entscheidung fallen.

»RUHE!«, donnerte plötzlich eine Stimme.

Andrei drehte sich um. Der Rufer war Karl Liebknecht, doch nicht Liebknecht der Politiker, sondern Liebknecht der Revolutionsführer. Seine Augen blitzten und seine zuvor verschränkten Hände waren nun ausgebreitet und fuchtelten wild umher. »Ruhe!«, rief er erneut, obwohl längst sämtliche Laute verstummt waren.

Alle Blicke richteten sich auf ihn. Zusammen mit Rosa Luxemburg war er der unangefochtene Führer der deutschen Kommunisten. Sein Wort hatte Gewicht.

»Genosse Vasiliev hat recht«, sagte Liebknecht langsam und bedächtig.

Andrei schloss die Augen. Mehr brauchte er nicht zu hören. Dass Liebknecht ihm recht gab, bedeutete, dass er gewonnen hatte. Er versuchte, die Erleichterung aus seinen Gesichtszügen zu verbannen.

Der Arbeiterführer wandte sich an die Versammlung: »Es gibt keinen besseren Zeitpunkt als jetzt. Keinen besseren Ort als hier. Berlin steht hinter uns. Die Partei steht hinter uns. Die Geschichte steht hinter uns. Wir müssen handeln! Hier und jetzt!«

Die Stimmung im Raum veränderte sich schlagartig. Wo zuerst noch Zweifel und Unglaube geherrscht hatten, wo manche nicht sicher gewesen waren, ob eine Revolution möglich wäre, dominierte nun Entschlossenheit. Die Versammelten blickten einander ergriffen an.

»Arbeiter aller Länder vereinigt euch. Arbeiter aller Länder erhebt euch.« Liebknecht hob die Arme. »Heute sind zweihunderttausend Demonstranten im Zentrum von Berlin erschienen. Sie wollen eine Veränderung. Sie wollen eine Revolution. Sie wollen einen neuen Staat. Sollen wir sie wieder nach Hause schicken?« Er pausierte. »Nein«, sagte er. »Nein. Wenn wir Führer sein wollen, müssen wir führen. Ich bin dafür, Genosse Vasilievs Plan von gestern in die Tat umzusetzen.« Liebknechts Rede hatte die Sache entschieden. Nach diesen starken Worten wollte keiner als Zweifler oder Feigling dastehen. Sicher gab es einige, die noch Bedenken hatten. Doch niemand äußerte sie. Mit einer Ausnahme.

Andrei hatte sich bereits gefragt, wann Rosa Luxemburg sich zu Wort melden würde. Die feministische Revolutionsführerin war eine deutsche Legende. Sie setzte sich seit Jahren für Frauenrechte, bessere Arbeitsbedingungen für Proletarier und für Frieden ein. In Deutschland wurde sie verehrt, in Russland aber galt sie als Störenfried. Sie hatte sich erst vor wenigen Wochen in einem Leitartikel der kommunistischen Zeitschrift *Die Rote Fahne* gegen die Allmacht Lenins und die Diktatur des Proletariats in Russland ausgesprochen. Für Andrei war sie darum ein Feind der Revolution.

Luxemburg trat nach vorne und sah Andrei beinahe angewidert an.»Liebknecht hat recht«, sagte sie im Gehen und erhielt sofort die volle Aufmerksamkeit. »Wir müssen diese Chance ergreifen. Doch der Plan des Genossen Vasiliev ist zu riskant. Viele der ehemaligen Weltkriegssoldaten haben sich in Freikorps versammelt. Solange wir nicht wissen, wo die Soldaten stehen und ob die Freikorps uns oder die Regierung unterstützen werden, können wir nicht handeln.« Sie wandte sich an die Versammlung.»Wir sollten Botschafter zu den in und um Berlin herum stationierten Regimentern senden, um herauszufinden, auf welcher Seite die Soldaten stehen. Erst dann können wir handeln.«

Viele nickten. Luxemburgs Vorschlag war ein Kompromiss für Feiglinge. Sie sprach sich für die Revolution aus, nur später. Doch später könnte *zu* spät sein.

»Kann es irgendeinen Zweifel daran geben, auf welcher Seite die Freikorps stehen?«, fragte Andrei. »Soldaten sind es gewohnt, ihren Vorgesetzten zu gehorchen. Und wer sind ihre Vorgesetzten? Offiziere, die selbst aus dem Adel oder dem reichen Bürgertum stammen. Wann hat das Militär jemals eine Revolution unterstützt? Soldaten lieben Ordnung, denn Unordnung macht ihnen Angst. Wenn wir auf die Freikorps hoffen, sind wir verloren.«

Andrei deutete auf Luxemburg, die sich wütend auf die Lippe biss. »Rosa Luxemburg ist eine große Sozialistin. Niemand in Deutschland schreibt schärfere und treffendere Artikel als sie«, lobte er seine Gegenspielerin.

Luxemburg zog eine Augenbraue hoch. »Aber?«, fragte sie.

»*Aber* Revolutionen sind Männersache. Frauen streben nach Harmonie und sind darum niemals mit dem Herzen bei einer Revolution. Das haben wir in Russland gesehen und das sehen wir jetzt hier.«

Andrei hatte noch nie ein so empörtes Gesicht gesehen wie das von Rosa Luxemburg in diesem Augenblick. Ihr Leben lang hatte sie sich für den Feminismus und die Gleichberechtigung von Frauen eingesetzt und nun nutzte Andrei ausgerechnet die alten Vorurteile gegen ihr Geschlecht, um ihre politische Position zu unterminieren. Es war eine miese Taktik, das wusste Andrei, doch sie hatte Erfolg.

Fast alle Mitglieder des Ausschusses waren Männer, und egal wie angesehen Rosa Luxemburg auch sein mochte, seine Argumentation stieß auf fruchtbaren Boden. Luxemburg setzte zu einer wütenden Verteidigung an, doch Liebknecht schnitt ihr einfach das Wort ab.

»Wer ist dafür, Genosse Andreis Plan umzusetzen und das Berliner Zeitungsviertel zu besetzen?«, rief er die Versammlung zur Abstimmung auf und hob sogleich die Hand.

Andrei hielt den Atem an.

Die meisten brauchten einige Augenblicke, um eine Entscheidung zu treffen, doch nach einer Weile schnellten die ersten Hände in die Höhe. Zahlreiche weitere folgten.

Am Ende signalisierten über dreißig der fünfzig Ausschussmitglieder ihre Zustimmung.

Mit einem Lächeln verkündete Liebknecht das Ergebnis. »Dann ist es entschieden«, rief er. »Heute wird ein sozialistisches Deutschland geboren! Revolution! Genosse Vasiliev, die Rote Garde steht unter deinem Kommando! Setz deinen Plan um!«

Andrei verbeugte sich tief vor dem klatschenden und stampfenden Ausschuss. Es galt, keine Zeit zu verlieren. Einzelne Funktionsträger wurden losgeschickt mit dem Ziel, Gewerkschafter und Parteimitglieder zu mobilisieren, außerdem musste ein entsprechender Leitartikel in der *Roten Fahne* vorbereitet werden.

Der Anführer der Roten Garde Hans Wimmer tauchte

neben Andrei auf. Wimmer war ein gestandener Weltkriegssoldat. Er hatte ein breites, brutales Gesicht, kurze Haare und mitleidlose Augen. Er gehörte zu der Sorte Kommunist, die besser mit dem Hammer als mit der Feder umzugehen wusste. Er war genau der Mann, den Andrei jetzt brauchte.

Wimmer salutierte knapp. »Die Rote Garde steht bereit, Genosse.«

Andrei zog ihn ein wenig zur Seite. »Wie viele Männer haben wir?«

Wimmer legte die Hand auf das Kinn. »Wir haben alle zusammengerufen. Insgesamt dürften es um die dreihundert sein.«

Andrei nickte zufrieden. Dreihundert Männer konnten keine Revolution durchführen. Aber sie konnten eine starten. »Wir lassen fünfzig Männer zur Sicherung des Hauptquartiers zurück«, entschied er. »Der Rest kommt mit zum Zeitungsviertel.«

Das Berliner Zeitungsviertel war der zentrale Punkt in Andreis Plan. Die Kommunisten in Deutschland waren noch zu wenige und zu schlecht organisiert, um die Regierung aus eigener Kraft zu stürzen. Doch wenn sie die Zentralen der großen Zeitungen besetzten und morgen früh in diesen Zeitungen die Revolution verkündeten, würden die Massen sich erheben.

»Genosse Liebknecht«, rief Andrei den künftigen Anführer des kommunistischen Deutschlands zu sich. »Du solltest zurück zum Tiergarten gehen und den Proletariern dort den Ausbruch der Revolution verkünden. Danach bleibst du, Luxemburg und die anderen Anführer am besten im Hauptquartier. Wir

können es uns nicht leisten, euch zu verlieren.«
Und ich kann niemanden gebrauchen, der mir in meinen Aufstand hineinpfuscht.

Liebknecht nickte. »Was hast du jetzt vor?«, fragte er dann.

Andrei blickte zu Wimmer. »Wir brechen sofort auf.«

Liebknecht legte ihm die Hand auf die Schulter. Der Aufstand machte sie alle zu Brüdern und ließ sie ihre Differenzen vergessen. »Viel Glück.«

Die Rote Garde stand binnen einer Stunde bereit. Sie hatten sechs schwere Militärlastwagen aus dem Restbestand des Reichsheeres erbeutet. Die Ladeflächen waren ideal, um rasch eine große Anzahl von bewaffneten Männern zu transportieren. Zwei der Lastwagen hatten Maschinengewehre auf ihren Dächern montiert. Hier konnte ein Schütze sitzen und noch während der Fahrt Konterrevolutionäre unter Beschuss nehmen. Eine nette Idee, doch wenn sie jetzt mit Maschinengewehren durch Berlin fuhren, würden sie die gesamte Stadt alarmieren.

»Nehmt die Geschütze ab«, befahl Andrei.

Wimmer zögerte. »Wir haben sie mit viel Mühe aufgebaut«, wandte er ein.

Andrei blickte ihn hart an. » Nehmt die Geschütze ab, habe ich gesagt«, wiederholte er mit kalter Stimme. »Ich werde es nicht noch einmal sagen.«

Andrei hatte in Russland gelernt, dass Demokratie und Freiheit zwar großartige Ziele für die Zeit *nach* der Revolution waren, es aber *während* einer Revolution klare Strukturen brauchte. Besser er stellte gleich klar, dass er und nicht Wimmer diese Operation leitete. Wimmer gab nach und erteilte den entsprechenden Befehl. Andrei stellte zufrieden fest, wie rasch und effizient die Rotgardisten vorgingen. Man konnte sehen, dass sie im Krieg gekämpft hatten.

Die Revolution wird leicht vonstattengehen. Praktisch jeder Mann in Deutschland hat im Krieg gedient und entsprechende Erfahrungen mit Waffen und Angriffsoperationen gesammelt. Der Weltkrieg war der große Fehler der kapitalistischen Klasse gewesen. Sie hatten die Arbeiter Europas losgeschickt, um sich gegenseitig zu ermorden, doch sie hatten damit die Arbeiterklasse auch bewaffnet. Jetzt richteten die Arbeiter diese Waffen gegen die Kapitalisten selbst.

»Genosse Vasiliev, Genosse Wimmer, wir sind bereit«, meldete ein Soldat mit erstaunlich verfaulten Zähnen.

Andrei nahm einen tiefen Zug der frischen Januarluft und nickte.

»Aufsitzen!«, befahl Wimmer sofort. Die Rotgardisten stürmten in Reihen aus dem Hauptquartier und nahmen ihre Plätze auf den Lastwagen ein. Jeder Gardist hielt ein Sturmgewehr in den Händen und hatte einen Rucksack mit Nahrungsmitteln und Munition um den Rücken geschnallt.

Andrei nickte Wimmer anerkennend zu. »Alle Achtung, Genosse. Deine Leute wissen, was sie tun. Aber sind sie auch bereit, Gewalt anzuwenden?«

Wimmer öffnete die Tür des vordersten Lastwagens. »Wir bilden unsere Gardisten nicht nur im Kampf, sondern auch in kommunistischer Ideologie aus«, sagte er und hielt die Tür für Andrei auf.

Andrei stieg in den Vorderbereich des Wagens. »Eure Soldaten lesen Marx, Engels und Lenin?«

Wimmer setzte sich lachend ans Steuer. »Nein, aber wir bringen ihnen die Grundlagen bei.«

Andrei zog die Augenbrauen hoch. »Die da wären?«

»Dass man keinen Kuchen backen kann, ohne ein paar Eier zu zerschlagen.«

Andrei lachte.

Wimmer startete den Lastkraftwagen. »Genossen«, rief er nach hinten, »haltet eure Waffen bereit. Es geht los.« Verhaltene Jubelrufe kamen aus dem Hinterbereich des Wagens. Andrei blickte auf seine Armbanduhr. Drei Uhr. Sie mussten sich beeilen.

Das Berliner Zeitungsviertel lag im Süden Friedrichhains und war weltweit das größte seiner Art. Über fünfhundert Zeitungen, Druckereien und Verlagshäuser hatten hier ihren Sitz. Darunter das *Berliner Tageblatt* und die *Berliner Morgenpost*. Mit diesen beiden Zeitungen allein würden die Revolutionäre die öffentliche Meinung kontrollieren. Noch wichtiger aber war die Kontrolle über die Reichsdruckerei und die Parteizeitung der SPD, den *Vorwärts*.

Die Reichsdruckerei war vor Jahrzehnten vom Kaiser gegründet worden. Hier wurden die wichtigsten deutschen Zeitungen gedruckt, aber auch sämtliche staatlichen Druckaufträge erledigt. Etwa der Druck von Briefmarken und der deutschen Reichsmark. Befände sich die Reichsdruckerei erst einmal in ihren Händen, würden die Kommunisten die Medien und das Geld in Berlin kontrollieren. Der Rest der Stadt würde sich ihnen dann rasch anschließen und die schwächliche Übergangsregierung unter Friedrich Ebert müsste fliehen. *Danach werden wir unsere eigene Regierung ernennen und mit dem Aufbau einer Roten Armee beginnen.* Wenn Berlin sich erst in ihren Händen befand, würden sie einen Aufruf zur Revolution an das ganze Land richten. In einigen Regionen war die Linke stark verankert. Besonders in Hamburg und im Ruhrgebiet. In anderen Gegenden könnte es schwieriger werden. Besonders in ländlicheren Regionen. Aber das spielte keine Rolle. Lenin hatte immer gesagt, dass Russland nur der Anfang und Deutschland in Wahrheit der Schlüssel zur Weltrevolution sei. Wenn Deutschland und Russland kommunistisch wären, würden die kleineren Länder um sie herum folgen und dann ...

Plötzlich riss Wimmer ihn aus seinen Gedanken. »Eine Straßenblockade!«, rief er und deutete nach vorne. Andrei blickte auf. Etwa zehn Polizisten hielten die Straße besetzt und bedeuteten ihnen anzuhalten.

Andreis Gedanken rasten. »Wie weit sind wir vom Zeitungsviertel entfernt?«

»Sieben Blocks.«

Dann stehen die Polizisten nicht ohne Grund hier.

Andrei fluchte. »Genossen«, rief er nach hinten. »Bereit machen zum Feuern!«

Wimmer hielt den Wagen an und ein Polizist trat vor, um sie nach ihren Papieren zu fragen. Wimmer zückte seine Pistole und schoss dem Mann ins Gesicht. Dann stürmten die Rotgardisten von der Ladeplattform und eröffneten das Feuer.

Die Polizisten waren chancenlos. Sie schrien und riefen um Hilfe, doch kaum einer von ihnen hatte auch nur eine Pistole in der Hand. Die Hälfte fiel blutend und schreiend zu Boden, der Rest machte sich eilig aus dem Staub.

Wenn das der Widerstand der Bourgeoisie ist, dann wird diese Revolution ein Kinderspiel. Andrei wandte sich an seine Männer. »Räumt die Leichen von der Straße! Dann zurück auf den Wagen.«

Ohne weitere Vorkommnisse setzten sie ihren Weg fort. Dennoch schlug Andreis Herz wie wild. Er hatte die Lastkraftwagen in vier Gruppen geteilt. Die ersten beiden Wagen würden zur Redaktion des *Vorwärts* fahren und die Zeitung der Sozialdemokraten in Besitz nehmen. Der dritte und der vierte Wagen würden die Reichsdruckerei besetzen und Wagen fünf und sechs sich jeweils das *Berliner Tageblatt* und die *Berliner Morgenpost* vornehmen. Wenn alles nach Plan lief, dann würde der Aufruf zur Revolution morgen ganz Berlin erreichen. Besonders der *Vorwärts* war entscheidend. Die SPD nutzte die Zeitung seit Wochen, um gegen kommunistische Umstürzler zu wettern und die Arbeiterschaft von einer Beteiligung an Demonstrationen und Aufständen abzuhalten.

Das Zeitungsviertel bestand aus einer Ansammlung von riesigen modernen Hochhäusern, die zusammen einen beinahe abgeschlossenen Raum bildeten. Als die Wagen sich aufteilten, winkte Andrei den anderen Gruppen knapp zu. »Viel Glück, Genossen.«

Das Hauptgebäude des *Vorwärts* war ein riesiges

stählernes Ungetüm. Aus Gründen der politischen Unabhängigkeit hatte der *Vorwärts* auch seine eigene Druckerei in dem Gebäude aufgebaut. Der Verteildienst der Zeitung verlief automatisiert. Andrei plante, das Gebäude zu besetzen und die Artikel einfach in ihrem Sinn zu verändern. Der Apparat der SPD würde dann die Verteilung für sie vornehmen.

Andrei griff sich ein Gewehr. Er hatte nicht im Krieg gekämpft, doch in den Tagen vor der russischen Revolution eine Kampfausbildung erhalten. Er wusste, wie er mit einer Waffe umzugehen hatte. Dennoch war es Wimmer, der die Details der Operation leitete. »Genossen, auf geht′s!«, rief der bullige Kommunist. Er sprang aus dem Wagen und stieß die Eingangstür auf. Die Gardisten und Andrei folgten.

Die Überheblichkeit der SPD offenbarte sich schnell. Der *Vorwärts* war mit nur vier Wachmännern gesichert. Drei davon saßen an einem Tisch und spielten Karten, ein Vierter stand in der Ecke, las eine Zeitung und trank eine Tasse Kaffee. Andrei zückte sein Gewehr und schoss, noch ehe die Wachmänner ahnten, was vor sich ging. Alle vier gingen binnen weniger Augenblicke zu Boden.

Irgendwo schrie eine Frau. Andrei blickte sich um und sah eine Sekretärin in der Ecke kauern. Er lief auf sie zu und packte das arme Ding am Kragen. »Wo ist die Redaktion?«, fragte er.

Sie weinte, brachte aber kein verständliches Wort heraus.

»WO?!«

»Im … im obersten Stock.«

Andrei ließ sie los. »Schickt sie nach draußen«, befahl er den Männern. »Je weniger Leute hier sind, desto besser.« Er dachte kurz nach. »Wir bilden drei Gruppen«, entschied er und zeigte auf ein paar Männer. »Ihr seid Gruppe eins. Ihr besetzt die Druckerei im Keller. Macht den Arbeitern dort nicht zu viel Angst. Wir brauchen sie, um die Auflage in Gang zu bringen.« Den Großteil der Männer wies er der zweiten Gruppe zu. »Überprüft, ob irgendjemand für den Druck oder die Verteilung der Zeitung von Bedeutung ist, im Zweifelsfall behaltet die Leute hier, alle anderen schickt raus.«

Die letzte Gruppe führte Andrei persönlich an. »Wir stürmen die oberste Etage und bringen die Redaktion in unseren Besitz«, erklärte er. »Lasst niemanden entkommen. Wenn nötig, schießt.«

Die Arbeiter des *Vorwärts* wollte Andrei umsichtig behandeln. Sie waren nicht mehr als fehlgeleitete Brüder. Sie arbeiteten zwar für die verräterische SPD, doch viele Proletarier hatten keine andere Wahl. Die Redakteure und Funktionäre der Sozialdemokraten waren die eigentlichen Verräter. Zuerst hatten sie den Weltkrieg unterstützt und jetzt, da der Kaiser gestürzt und die Sozialdemokraten selbst an der Regierung waren, weigerten sie sich, die Forderungen der Arbeiterklasse umzusetzen.

Sie haben es sich gemütlich gemacht in ihren Amtsstuben und Redaktionshäusern. Sie sind längst Teil des Systems geworden und wollen es deswegen erhalten.

Es wurde Zeit, diesem Treiben ein Ende zu bereiten.

Mit den Gewehren im Anschlag stürmten sie die Stufen

hinauf.»Verräter!«, schrie Andrei, als sie schwitzend die oberste Etage erreicht hatten, und stieß die Tür auf.

Er befand sich in einem Konferenzraum. Große Fenster, viel Licht. An einem runden Tisch saßen die Redakteure des *Vorwärts*. Andrei zählte sechs Männer und zwei Frauen.

Sie starrten ihn voller Entsetzen an.

Andrei hob seine Waffe.

Einer der Redakteure, ein Mann mit Hornbrille, überwand seine Überraschung.»Was fällt euch ein?«, fragte er mit unterdrücktem Zittern.

Eine der beiden Frauen griff ihn am Arm.»Sei besser still, Friedrich.«

»Friedrich?«, fragte Andrei.»Friedrich Stampfer?«

Der Mann richtete sich auf.»Der bin ich.«

Andrei lächelte kalt. Stampfer war der Chefredakteur des *Vorwärts*. Er hetzte seit Jahren gegen Kommunisten, Sozialisten und all jene, die sich gegen den Weltkrieg ausgesprochen hatten.

Andrei sah in die Runde.»Die deutsche Revolution hat begonnen«, erklärte er selbstsicher.

Doch Stampfer lachte nur und deutete auf Andreis Gardisten.»Revolution? Da braucht ihr ein paar mehr.«

Keine Sorge, die werden wir bekommen.

Andrei wandte sich an Wimmer.»Genosse, das nächste Mal, wenn Stampfer hier ungefragt den Mund aufmacht, erschieß ihn.«

Wimmer grinste.»Mit Freuden.«

Die Redakteure rissen erschrocken die Augen auf. Doch keiner gab auch nur einen Mucks von sich. Also setzte Andrei seine kleine Ansprache fort:

»Die *echte* Revolution hat begonnen. Die Novemberrevolution und der Sturz des Kaisers waren nur der Anfang. Wir wollen eine soziale Revolution, eine Änderung der Macht- und Besitzverhältnisse in Deutschland.« Einige der Gardisten johlten zustimmend. Andrei ging um den Tisch und blieb direkt vor Stampfer stehen. Stampfers Augen rangen furchtsam um Haltung.

Er glaubt, dass ich ihn erschießen werde.

Andreis Nasenspitze kam unmittelbar vor dem Gesicht des Chefredakteurs zu stehen.

»Die SPD hat sich in den letzten Jahren mit dem System verbündet«, flüsterte Andrei. »Sie hat die Arbeiterschaft verraten.« Er richtete sich auf und hob seine Stimme. »Es wird Zeit, dass die Sozialdemokraten zu ihren Wurzeln zurückfinden.« Auffordernd blickte er die Redakteure an. »Heute, Genossen, habt ihr die Gelegenheit, euch wieder auf die Seite der Proletarier zu stellen.« Er deutete auf ein paar Papiere auf dem Tisch. »Ist das der Entwurf der morgigen Ausgabe?«

Die Frau von zuvor nickte.

Andrei griff nach einem der Papiere.

»Arbeiter, stellt euch hinter eure rechtmäßige Regierung!«, las er vor. Er blickte die Redakteure verächtlich an. »Ich hoffe, ihr werdet für euren Verrat zumindest gut bezahlt.« Er reichte die Papiere an Wimmer. »Verbrenn diesen Unsinn, Genosse.«

Die Rotgardisten jubelten erneut. Die Redakteure hingegen wirkten zunehmend panisch. Andrei musterte ihre teuren Anzüge und kostbaren Uhren.

Die Vertreter der Arbeiterschaft.

Er griff in seine Brusttasche und holte einen Zettel

35

hervor. »Von heute an«, erklärte er und faltete den Zettel auf, »wird der *Vorwärts* wieder die Stimme der Proletarier und nicht mehr die des Systems sein. Das hier«, er deutete auf das Schriftstück, »wird der Leitartikel für die morgige Ausgabe. Verfasst von Chefredakteur Friedrich Stampfer persönlich.«

Stampfer griff ungefragt nach dem Papier, las und riss dann die Augen auf. »Das werden wir niemals drucken!«, protestierte er.

Wimmer zückte seine Waffe, doch Andrei hielt ihn mit einer Handbewegung zurück. »Noch nicht.«

Er holte sich das Papier zurück und las den Artikel vor. Er hätte den Text auch auswendig vortragen können. Er hatte die ganze letzte Nacht daran gearbeitet, unterbrochen nur von Esteres Küssen. Estere hatte auch Vorschläge zur Verbesserung des Artikels gemacht, denn kaum jemand wusste so gut mit Worten umzugehen wie sie.

Selbstzufrieden las er vor:

»Proletarier auf die Straße! Arbeiter zur Wehr!

Genossen! Deutschland steht an einem Scheidepunkt. Im November des letzten Jahres hat eure Befreiung begonnen. Die Monarchie wurde abgeschafft, doch was jetzt folgt, das bestimmt ihr. Gehen wir den englischen Weg des Kapitalismus, wo wenige in Reichtum leben, während die Massen hungern? Oder orientieren wir uns an Russland, wo die Arbeiter und Bauern sich erhoben haben und gemeinsam eine neue Zukunft, ein neues Land für alle bauen? Die Kapitalisten haben ihre Wahl getroffen. Mit Geld und Propaganda versuchen sie, uns im Zaum zu halten. Mit bezahlten Horrorgeschichten von Gräueltaten im Ausland, uns Angst zu machen. Jahrelang haben sie uns erzählt, der Feind säße in den feindlichen Schützengräben. Die Franzosen, die Engländer, die Amerikaner seien euer Feind. Dreht euch um! Der Feind steht hinter euch! Es sind jene, die euch ausbeuten und von eurem Leiden profitieren. Der Feind ist das Großkapital. Der Feind ist die Bourgeoisie. Lasst euch nicht länger blenden! Steht auf! Auf zur Revolution!«

Der Text ging noch weiter, doch Andrei sah keinen Sinn darin, den gesamten Artikel vorzulesen.

»Wir werden das nicht drucken«, bekräftigte Stampfer.

Andrei und Wimmer tauschten einen Blick, dann zog Wimmer seine Pistole und hielt sie Stampfer an die Stirn. Einige der Redakteure schrien, doch Schreiberlinge waren selten Männer der Tat, darum blieben sie auf ihren Stühlen sitzen.

Stampfer keuchte. Die Hornbrille war ihm vor Schreck auf den Boden gefallen. »Das ändert nichts«, stieß er schwitzend hervor. »Ich werde das nicht drucken lassen.«

Andrei zog ebenfalls seine Pistole. Es tat ihm leid, was sie hier tun mussten. Er war nie ein großer Freund von Gewalt gewesen. Er hatte in Russland Gewalt angewandt, doch nur dann, wenn es nicht anders ging. Aber Wimmer hatte vorhin den Nagel auf den Kopf getroffen. Wer Pfannkuchen wollte, musste Eier zerschlagen.

Andrei richtete seine Pistole langsam von einem Redakteur zum anderen und studierte dabei Stampfers Gesichtszüge. Als er die Pistole auf die Frau neben dem

Chefredakteur richtete, bekam er die Reaktion, auf die er gehofft hatte. Angst.

Andrei musterte die Frau. Sie war nicht besonders schön, doch wirkte klug und gebildet. Sie hatte ihre braunen Haare zusammengebunden, was ihren langen Hals zur Geltung brachte. Der intelligente Ausdruck in ihren Augen erinnerte Andrei an Estere.

Er setzte der Frau die Pistole an den Kopf und blickte zu Stampfer. »Dieses Gebäude befindet sich in unserer Hand«, erklärte er. »Wir werden so lange Leute erschießen, bis die Überlebenden die morgige Ausgabe so gestalten, wie wir es wollen. Mit *ihr*«, er drückte die Pistole fester in die Haare der Frau, »fangen wir an.«

Stampfer gab augenblicklich nach.

»Ihr werdet damit nicht durchkommen«, warnte er jedoch. »Deutschland ist kein Nährboden für den Kommunismus. Friedrich Ebert weiß das.«

»Russland war auch kein Nährboden für den Kommunismus. Das wusste selbst Marx.«

In der Tat hatte Karl Marx, der Vordenker des Kommunismus, das konservative Russland stets als den größten Feind der Revolution bezeichnet. Die kommunistische Gesellschaft würde laut Marx zuerst in Industriestaaten wie England, Deutschland oder Belgien entstehen. Erst Lenin hatte das marode Russland voller hungernder und entrechteter Bauern zum Zentrum kommunistischer Aktivitäten gemacht und damit Erfolg gehabt.

Nach Andreis Machtdemonstration taten die Redakteure, was er von ihnen verlangte. Eine Stunde nach der Besetzung nahm der *Vorwärts* seine Arbeit wieder auf. Alles verlief wie üblich, nur die Agenda hatte sich geändert, und die Rotgardisten stellen sicher, dass das auch so blieb.

Nachdem Andrei sichergegangen war, dass die Produktion der Zeitung nach seinen Vorstellungen verlief, zog er sich mit Wimmer in ein Nebenzimmer zurück.»Wissen wir etwas von den anderen Gruppen?«, fragte er.

Wimmer nickte.»Die *Berliner Morgenpost* und das *Berliner Tageblatt* sind uns mühelos in die Hände gefallen. Nur in der Reichsdruckerei gab es ein paar Probleme.«

Andrei zog eine Augenbraue hoch.»Probleme?«

Der Gardistenführer biss sich auf die Unterlippe.»Ja. Die Reichsdruckerei war von etlichen Wachen gesichert. Es gab eine lange Schießerei, bei der wir uns am Ende durchgesetzt haben. Aber wir haben acht Genossen verloren. Zwei weitere sind verwundet und werden in einem Seitenraum gepflegt.«

Andrei fluchte. Sie brauchten jeden Genossen. Die wahre Schlacht hatte gerade erst begonnen.»Lass die Gebäude von unnötigen Zivilisten räumen und nehmt auch die anderen Gebäude in Besitz«, befahl er.»Liebknecht ruft die Demonstranten im Tiergarten dazu auf, sich uns anzuschließen. Wir werden morgen hoffentlich Verstärkung erhalten.«

Doch auch ihre Feinde würden bald reagieren. Die sozialdemokratische Regierung unter Friedrich Ebert hatte sicher längst von ihrer Besetzung gehört. Die schwächliche Berliner Polizei könnte sie nicht aufhalten, aber Ebert würde sich an die Freikorps und die

Reichswehr wenden.

Doch deren Truppen befanden sich nicht in unmittelbarer Nähe. Nach Andreis Berechnungen hatten sie wenigstens zwei Tage, ehe es zu einem Gegenschlag kommen konnte. In zwei Tagen befände sich Berlin längst in ihren Händen. Dennoch galt es, jedes Risiko zu vermeiden. »Sichert das Viertel ab«, befahl er. »Es gibt vier Zugangsstraßen zum Zeitungsviertel, ich will, dass sie alle unter unserer Kontrolle sind. Errichtet Barrikaden, positioniert Schützen auf den Dächern und gebt ihnen Decken, damit sie nicht erfrieren. Niemand verlässt oder betritt das Viertel ohne unsere Zustimmung.«

Als die Sonne unterging, befand sich das Berliner Zeitungsviertel vollständig in ihren Händen. Sie konnten zwar nicht alle Zeitungen neu schreiben, doch das spielte keine Rolle. Sie kontrollierten die drei wesentlichen Blätter und praktisch alle anderen Zeitungen waren blockiert.

Wir haben die Herrschaft über die Nachrichten, und wer die Nachrichten beherrscht, der beherrscht die Politik.

Nachdem er die Details der Zeitungsauslieferung geklärt hatte, zog Andrei sich in Stampfers privates Arbeitszimmer zurück. Stampfer selbst schlief festgebunden im Keller. Der Raum war ein typisches Beispiel kapitalistischer Extravaganz, voller schwarzer Möbel und exotischer Pflanzen. In einer Ecke stand ein teures Ledersofa, das so groß war, dass wenigstens drei Personen darauf schlafen konnten. Andrei vermutete, dass Stampfer sich gelegentlich mit seinen Sekretärinnen zu privaten *Gesprächen* hierher zurückzog. Er ging zum Bücherregal an der Wand und begutachtete die Titel. Die meisten Werke waren durchaus brauchbar: Marx, Engels, Hegel, Kant. Gute und wichtige Denker. Nur ein Buch erregte Andreis Missfallen. Es war ausgesprochen dick und in dunkles Leder gehüllt. Andrei schlug es an einer beliebigen Stelle auf und las:

Wer an den Sohn glaubt, der hat das ewige Leben. Wer aber dem Sohn nicht gehorsam ist, der wird das Leben nicht sehen, sondern der Zorn Gottes bleibt über ihm.

Es war ein typisches Bibelzitat. Folge blind, gehorche ungefragt, glaube bedingungslos. Das Christentum war aus Andreis Sicht nur ein Mittel der herrschenden Klasse, um die Unterschicht vom Rebellieren abzuhalten. »Tust du nicht, was wir dir sagen, dann brennst du in der Hölle. Gehorchst du aber, wirst du im Himmel ewig leben.« Nur dank Unsinn wie diesem hatte sich der Adel so lange an der Macht halten können.

Die kommunistische Weltrevolution würde auch mit den religiösen Scharlatanen aufräumen, daran gab es für Andrei keinen Zweifel.

Er stellte die Bibel achtlos zurück und setzte sich dann auf das Sofa. Sein Rücken schmerzte und seine Augen waren schwer. Er hatte kaum geschlafen in der letzten Nacht. Er war zu aufgeregt gewesen und zu berauscht von Estere.

Wie es ihr wohl gehen mochte? Heute war die erste Nacht seit zwei Wochen, die sie beide getrennt voneinander verbrachten. Vielleicht vermisste er sie deswegen so fürchterlich.

Ich bin ein glücklicher Mann, dass ich so eine hinreißende Frau getroffen habe. Sie ist klug. Sie ist schön. Sie hat eine spitze Zunge und sie weiß, was sie will.

Sie war Mitte zwanzig, studierte deutsche Literatur und stammte aus einer bürgerlichen Potsdamer Familie. Ihr Vater war Journalist gewesen, doch weil er sich gegen den Krieg ausgesprochen hatte, war er von den kaiserlichen Behörden ins Gefängnis gesteckt worden und dort an einer Lungenentzündung verstorben. Estere war seitdem eine überzeugte Republikanerin und Pazifistin.

Aber sie war keine Kommunistin. Sie hatte viele Fragen über Lenin und die Revolution in Russland gestellt, auch über Andreis Pläne für Deutschland und wie er sich eine künftige deutsche Räterepublik vorstellte. Sie hatten sich jedoch nie über *ihre* politischen Ansichten unterhalten.

Andrei war das auch egal. Wichtig war nur, dass er sie liebte.

Müde schloss er die Augen. Seine Kleidung und sogar seine Schuhe behielt er jedoch an. Sie befanden sich am Beginn einer Revolution, da musste er jederzeit einsatzfähig sein.

Doch obwohl niemand plötzlich die Tür aufstieß und ihn zu einem Notfall rief, schlief Andrei nur wenige Stunden. Lange vor Sonnenaufgang stand er auf, schulterte sein Gewehr und blickte auf die Uhr. Zwei Uhr. In einer halben Stunde würde die Auslieferung der Zeitungen beginnen.

Andrei entschied sich, auf den Platz vor das

Zeitungsviertel zu treten.

Eiskalte Nachtluft schlug ihm entgegen. Er streckte die Hand aus und fing einige Schneeflocken auf.

Die armen Schweine in den Barrikaden, dachte er. *Ich sollte sichergehen, dass sie ausreichend Decken und zu essen haben.*

Er ging über den großen Hauptplatz im Zentrum des Viertels. Während des Tages waren hier Schüsse, Schreie und Proteste zu hören gewesen. Jetzt dagegen herrschte völlige Stille.

In der Ferne brannte ein Feuer. Die Männer mussten es entzündet haben, um zumindest ein bisschen Wärme zu haben.

Andrei ging langsam auf das Feuer zu. Sechs Rotgardisten saßen in Decken gehüllt um das Feuer herum und beobachteten die Straße.

Andrei grüßte die Männer. »Alles in Ordnung bei euch, Genossen?«, fragte er.

Die Männer nickten. Einer, wohl der Gruppenkommandant, erhob sich und salutierte. »Alles ruhig. Nur ... »

»Ja?«

Der Mann, es war ein alter Haudegen mit grauem Dreitagebart, zuckte mit den Schultern. »Einer von uns meint, ein paar seltsame Geräusche gehört zu haben. Aber er hat sich bestimmt nur getäuscht.«

»Vermutlich«, sagte Andrei, blickte sich jedoch aufmerksam um. Bei einer Revolution konnte man nie wissen, was vor sich gehen würde.

Andrei überlegte, eben einige Gardisten zu einem Spähtrupp zu versammeln und die Gegend um das

Viertel herum auszukundschaften, als sich plötzlich ein Tor im gegenüberliegenden Gebäude öffnete und eine Reihe von Lastkraftwagen herausfuhr.

Die Gardisten sprangen auf und zückten ihre Waffen, doch Andrei beruhigte sie:»Keine Sorge, Genossen. Das sind Proletarier, die unsere Zeitungen ausliefern.«

Die Auslieferung der Zeitungen aus dem Berliner Zeitungsviertel erfolgte durch ein riesiges Logistikunternehmen, das seinen Sitz ebenfalls im Viertel hatte. Eine Auflage musste spätestens um Mitternacht gedruckt und verpackt werden. Die Zeitungskartons wurden dann in der Nacht abgeholt und mit Lastwagen an diverse Verteilpunkte in der Stadt gebracht. Von dort aus brachten eigene Kurierdienste die Zeitungen dann zu den Händlern und Kiosken.

Es stellte sich heraus, dass die meisten Arbeiter des Logistikunternehmens mit ihrer Sache sympathisieren. Andrei hatte die Druckerpressen die ganze Nacht über laufen lassen. Die Auflage der drei Zeitungen zusammen war groß genug, um jedem Bürger Berlins einen Revolutionsaufruf ins Gesicht zu drücken.

Andrei schaute den Logistikarbeitern fasziniert zu. Die Männer wussten genau, wie sie vorzugehen hatten. Sie bildeten eine Reihe, reichten ein Paket nach dem anderen aus dem Gebäude heraus und weiter nach hinten. Innerhalb kürzester Zeit war der erste Lastwagen voll beladen.

Andrei ging zum Vorarbeiter, der neben den Männern stand und sie beaufsichtigte.»Wir schicken euch einige Genossen zum Schutz mit. Wie viele Wagen werden es insgesamt?«

Der Vorarbeiter wischte sich einige Schneeflocken von der Glatze. »Etwa zwanzig.«

Wimmer, der eben mit einigen Rotgardisten aus dem *Vorwärts*-Gebäude getreten war, kam zu ihnen. »Zwanzig?«, wiederholte Wimmer und unterdrückte ein Gähnen. »Die können wir niemals alle gleichzeitig sichern.«

Andrei runzelte die Stirn. Sie konnten die Wagen nicht ungeschützt losschicken. Was, wenn die Berliner Polizei die Zeitungen abfing und konfiszierte? Sie mussten so viele Zeitungen wie möglich in Umlauf bringen.

»Wir bilden Gruppen«, entschied Andrei. »Die ersten fünf Wagen fahren jetzt los. Sobald sie ausgeliefert sind, kehren sie zurück und die Gardisten sichern die nächsten fünf.«

Es war keine ideale Lösung, denn auf diese Art würde es den halben Tag dauern, bis die Zeitungen verteilt waren, aber Andrei wollte kein Risiko eingehen.

Besser wir verteilen ein Viertel der Zeitungen jetzt und den Rest später als gar keine.

»Wie viele Männer brauchen wir pro Wagen?«, fragte er.

»Mindestens sechs«, antwortete Wimmer. »Dann können sie nach links und rechts feuern und auch eine größere Polizeisperre ausschalten.«

Andrei nickte. »Teil die Männer ein. Nimm nur die Mutigsten. Ich werde auch mitkommen. Besser die Genossen haben jemanden, der sie überwacht.«

Außerdem wollte Andrei sich ein Bild von der Stadt machen. Gab es bereits Anzeichen dafür, dass die Proletarier sich erhoben? Welchen Effekt würden ihre

Zeitungen haben? Gab es Gerüchte von Gegenmaßnahmen der Regierung? Seit sie das Zeitungsviertel besetzt hatten, hatten sie keinerlei Berichte vom kommunistischen Hauptquartier erhalten.

Wimmer gab ein gleichgültiges Brummen von sich und erklärte nur, dass er das Viertel gegen alle Gegenangriffe der Regierung halten würde.

Als Andrei die Rotgardisten einteilte, bemerkte er eine kleine Gestalt mit einem vertrauten Gesicht. »Genosse Bauer!«, sagte Andrei überrascht. »Warst du nicht bei der Demonstration?«

Andrei erinnerte sich an den kleinen Gardisten, der ihn bei der Demonstration beeindruckt hatte. Er sah sich Bauer näher an. Bauer musste trotz seines urdeutschen Nachnamens slawische Vorfahren haben. Er hatte ein enges Gesicht, eine hohe Stirn, edle Gesichtszüge und dunkle Haare. *Auf eine gewisse Weise sieht er mir ähnlich.*

Allerdings waren Andreis Augen grün und Bauers hellblau.

Bauer nickte. »Wir wurden abgezogen und in der Nacht zur Verstärkung hierher geschickt.«

Andrei runzelte die Stirn. Niemand hatte ihn nicht darüber informiert, dass sie Verstärkungen erhalten hatten.

»Du kommst in den Wagen mit mir«, erklärte Andrei. Irgendetwas an Bauer gefiel ihm. Er schien Andrei die Sorte von Mann zu sein, die wirklich an den Kommunismus glaubte und nicht einfach nur mehr Geld verdienen oder mehr Land besitzen wollte. Die meisten Arbeiter unterstützten ihre Revolution vor allem deswegen, weil sie selbst in Armut lebten, und nicht aus ideologischer Überzeugung.

Er stieg in den vordersten Lastwagen, wo bereits ein Logistikarbeiter am Steuer saß. »Genosse Bauer zu mir«, rief er Bauer zu sich. »Die anderen sichern den Hinterbereich. Achtet auf alles und seid bereit zu schießen!«

Sie hatten die entscheidende Phase in Andreis Plan erreicht. Wenn die Verteilung der Zeitungen gelänge, würden die Arbeiter sich erheben und Berlin würde in ihre Hände fallen. Doch wenn sie Botschaft nicht in die Welt hinausbrächten, würde ihr Aufstand scheitern, noch ehe er wirklich begonnen hatte.

»Wie bist du zur Partei gekommen, Genosse Bauer?«, fragte Andrei, um sich abzulenken.

Bauer antwortete, ohne die Straße aus den Augen zu lassen. »Ich war bei der Kriegsmarine«, erklärte er.

Andrei nickte anerkennend. »Da nähmen sie nur kluge Köpfe, heißt es.«

Bauer zuckte mit den Schultern. »Vielleicht. Jedenfalls war ich recht froh. Wir Matrosen saßen beinahe den gesamten Krieg über im Hafen von Kiel fest. Wir spielten Karten und flirteten mit jungen Mädchen, während unsere Kameraden in den Schützengraben froren.«

»Wie hat dich das zum Kommunismus gebracht?«

»Ich hatte viel Zeit zu lesen. Ein Freund brachte mir die Bücher von Marx und Engels. Ich stamme eigentlich aus einer bürgerlichen Familie, aber ich erkannte die Wahrheit in ihren Worten.«

Andrei war beeindruckt. Es kam nicht häufig vor, dass

ein Mitglied der Bourgeoisie die Fehler und Schandtaten seiner Klasse einsah.

»Die finale Entscheidung hat jedoch der Kaiser für mich getroffen.«

Andrei blickte ihn fragend an. »Der Kaiser?«

Bauer nickte und rückte seine Waffe zurecht. »Als der Krieg letzten Oktober offensichtlich verloren war, wurde uns Matrosen folgender Befehl erteilt: Macht die Flotte mobil und fahrt mit allen Schiffen vor die Küste Flanderns und Londons, um die Städte dort zu bombardieren.« Bauer verzog verbittert das Gesicht. »Der Plan war ein Himmelfahrtskommando. Wir hätten die gesamte britische und französische Flotte gegen uns gehabt. Wenn wir den Befehl nicht verweigert hätten, wären wir alle draufgegangen. Das hat mir gezeigt, dass die Obrigkeit sich nicht um die einfachen Leute kümmert. Darum bin ich nach dem Krieg dem Spartakusbund beigetreten.«

Andrei erinnerte sich. Der Suizidbefehl an die Deutsche Flotte in Kiel hatte den Kieler Matrosenaufstand ausgelöst, der schlussendlich zum Sturz des Kaisers und zum Ende des Krieges geführt hatte.

Andrei wollte ihn nach Details fragen, doch in diesem Moment stieß ihr Fahrer einen Warnschrei aus und bremste panisch. Andrei warf einen Blick nach vorne. »Runter!«, schrie er und ließ sich gerade noch rechtzeitig unter seinen Sitz fallen. Schüsse durchlöcherten das Frontfenster und brachten es zum Einsturz. Andrei bedeckte seinen Kopf, um sich vor den Glassplittern zu stürzen.

»Verdammt!«, schrie Andrei. »Was ist da los?«
Bauer kauerte neben ihm, doch der Fahrer hatte zu spät reagiert und war erschossen worden. »Männer, bereit machen zur Verteidigung!«, rief Andrei nach hinten, doch er erhielt keine Antwort. Die Schüsse waren direkt durch die Lastwagenplane gedrungen.

Weitere Schüsse folgten. Andrei nahm an, dass auch die anderen Wagen angegriffen wurden. »Wir müssen hier raus«, keuchte Bauer.

»Dann knallen sie uns ab wie Hasen!«

»Das tun sie hier drinnen auch!«

Bauer hatte recht. Sie waren in eine Falle gefahren. Aber wie war das möglich?

Vorsichtig richtete Andrei sich auf und lugte aus dem Fenster. Die anderen Wagen waren an ihnen vorbeigefahren und blockierten jetzt die Straße vor ihnen. Vereinzelt hörte er noch Schüsse, doch die meisten Rotgardisten waren wohl tot. Jedenfalls rührte sich in den Wagen keiner mehr.

»Ich glaube, wir können nach hinten entkommen«, flüsterte Andrei.

Bauer nickte und wollte nach seinem Sturmgewehr greifen, doch Andrei hielt ihn zurück.

»Lass das besser hier. Wenn wir in eine Falle gelaufen sind, dann besteht unsere einzige Hoffnung darin, in der Menge zu entkommen.«

Bauer zögerte, ließ das Gewehr aber schließlich los.

»Ich zähle bis fünf«, sagte er. »Dann laufen wir zurück.«

Andrei nickte. »Sie werden vermutlich auf uns schießen. Gut möglich, dass wir beide sterben. Wenn einer von uns beiden es schafft, muss er zurück zum

Hauptquartier und die Partei warnen. Wir wurden verraten.«

Andrei blickte zum Himmel. Die Sonne war dabei aufzugehen, doch die Dunkelheit bot ihnen immer noch Schutz. Das war der einzige Vorteil, den sie im Augenblick zur Verfügung hatten. Er holte tief Luft. Furcht lähmte seine Glieder. Er dachte an Estere. An ihre Lippen, ihre Stimme, ihren Duft.

»Fünf!«

Andrei sprang links und Bauer rechts aus dem Wagen. Anstatt sich aufzurichten, rollte Andrei sich sofort zur Seite.

»Hey! Da bewegt sich jemand!«

Männer schrien und Schüsse wurden abgefeuert. Andrei rollte weiter, sprang auf und rannte so schnell er konnte los. Kugeln flogen durch die Luft. Eine davon schlug direkt hinter seinem Bein ein.

Wenn ich weiter gerade die Straße entlanglaufe, bin ich geliefert.

Er versuchte, einen Zickzackkurs einzuschlagen, doch das kostete ihn Tempo. Außerdem saß sein rechter Schuh nicht fest und drohte bei jedem Schritt davon zu rutschen.

Wieder wurde geschossen und ein Schrei ertönte. Wo war Bauer?

»Jetzt erschießt sie schon!«, rief jemand.

Andrei ging das Risiko ein und warf einen Blick über die Schulter. Eine Reihe von Soldaten stand auf der Straße und brachte die Gewehre in Anschlag.

Plötzlich tauchte Bauer neben ihm auf und rief: »Wir

müssen hier weg!«

Andrei deutete auf eine Seitenstraße. »Dorthin!«

Sie entkamen gerade noch rechtzeitig. Eine ganze Salve wurde abgefeuert. Die Schüsse waren so laut, dass Andrei reflexartig die Augen zukniff.

Ohne wirklichen Plan liefen sie die Seitenstraße entlang. Andrei warf immer wieder einen Blick über die Schulter. Jeden Augenblick rechnete er damit, bewaffnete Soldaten hinter sich auftauchen zu sehen und neue Schüsse zu hören. Sein Herz klopfte, sein Körper war voller Schweiß und sein Bein … War sein Bein getroffen worden? Andrei verlangsamte seine Schritte und suchte nach Blut. Nein, alles war in Ordnung. Halluzinierte er bereits?

»Genosse!«, drängte Bauer. »Sie werden gleich hier sein!«

Sie mussten weg. Aber wohin? Die Straße führte geradeaus. Sie wären lange tot, ehe sie ihr Ende erreicht hätten. Andrei suchte die Haustüren ab. Stand eine von ihnen offen? Die ersten sechs Türen waren alle verschlossen und bestanden aus massivem Holz. An der siebten Tür verharrte sein Blick jedoch. Die Tür war alt und wirkte morsch. Vermutlich lebten hier arme Leute, die sich die Instandhaltung nicht leisten konnten.

»Genosse!«, rief er Bauer zu. Ohne auf dessen Reaktion zu warten, lief Andrei zur Seite und warf sich mit aller Kraft gegen die morsche Tür. Sie blieb geschlossen.

»Verdammt!«, fluchte Andrei. Wieso ging die Tür nicht auf? Er warf sich erneut dagegen.

»Wo sind sie?«, ertönte eine Stimme hinter ihnen. Die

Soldaten mussten in der Straße aufgetaucht sein. Andrei und Bauer befanden sich im Eingangsbereich des Hauses und waren darum vorerst nicht zu sehen, doch das würde sich ändern, wenn sie wieder auf die Straße traten. Sie steckten fest.

»Geh schon auf!« Andrei warf sich nochmal gegen die Tür, wobei er gleichzeitig versuchte, keinen Lärm zu machen. Eine unmögliche Aufgabe.

Bauer starrte ihn panisch an. »Wir sind geliefert.«

»Noch nicht.« Andrei fingerte an der Türklinke herum. Er hatte als Jugendlicher gelernt, wie man Schlösser aufbrechen konnte. Das Schloss war alt und rostig. Mit ein wenig Glück und Geschick könnte er es in wenigen Minuten aufbekommen.

Doch die hatten sie nicht.

Bauer schluckte schwer. »Du bist wichtiger als ich«, sagte der Gardist und lugte auf die Straße. »Ich laufe gerade über die Straße. Sie werden das Feuer auf mich eröffnen, aber ich bin flink und komme vielleicht durch. Warte ein wenig, und dann lauf selbst. Wenn sie mich verfolgen, hast du eine Chance.«

Andrei blieb stumm. Es stimmte. Er spielte eine größere Rolle in der Partei, sein Überleben war für den Fortgang der Weltrevolution wichtiger.

Und ich will Estere wiedersehen.

Er reichte Bauer die Hand. »Du bist ein Held der Arbeit«

Bauer drückte seine Hand kurz und wischte sich dann den Schweiß von der Stirn. »Viel Glück«, sagte er knapp und spähte wieder auf die Straße. Auf beiden Seiten stürmten Soldaten die Straße entlang. Wenige

Augenblicke noch und sie wären hier.

»Ich zähle bis drei. Dann laufe ich los. Warte ein wenig und halte dich bedeckt. Deine beste Hoffnung besteht darin, dass sie an dir vorbeistürmen.«

Andrei nickte stumm, denn Anspannung und Furcht lähmten seine Stimme. Er versuchte, seine Muskeln anzuspannen, doch plötzlich fühlte er sich furchtbar müde und erschöpft.

Ich werde es nicht schaffen, dachte er. *Keiner von uns beiden wird das. Wir werden hier sterben und ich werde Estere nie wiedersehen.*

»Eins« Bauer holte tief Luft und spannte seine Glieder.

»Zwei«

»Dre –.«

»Warum hämmert ihr gegen meine Tür?!«

Überrascht drehten sie sich um. Ein alter Mann hatte die Tür geöffnet und starrte sie verärgert an. Andrei und Bauer zögerten nicht. Sie drängten den protestierenden Mann rücksichtslos beiseite und schlossen die Tür sorgsam hinter sich.

»Was fällt euch ein?«, fragte der Greis und wischte sich die langen grauen Haare aus dem Gesicht. Andrei bedeutete ihm, still zu sein, und legte sein Ohr an die Tür. Die Soldaten stürmten in eben diesem Augenblick an ihnen vorbei. Mit klopfendem Herzen wartete er darauf, dass sich ihre Schritte verlangsamten und einer von ihnen »Dort!« rief.

»Ihr versteckt euch vor der Reichswehr?«, fragte der alte Mann und warf ihnen einen entsetzten Blick zu.

»Freikorps, glaube ich«, antwortete Andrei ungerührt. Er und Bauer tauschten einen Blick. »Sie laufen weiter«, flüsterte Bauer und grinste. Sie waren so erleichtert, dass keiner von ihnen den alten Kauz im Auge behielt, der plötzlich eine Lade öffnete und eine Pistole herausholte. »So«, sagte der Greis und entriegelte seine Waffe. »Ihr sagt mir jetzt genau, wer ihr seid und was ihr in meinem Haus wollt.« Er hatte einen entschlossenen Gesichtsausdruck aufgesetzt. Andrei zweifelte nicht daran, dass er schießen würde.

Panik erfasste ihn. Selbst wenn sie den alten Mann überwältigten: Wenn er einen Schuss abgeben würde, würde der Lärm die Freikorpssoldaten auf jeden Fall alarmieren.

Andrei hob die Hände. »Wir sind keine Verbrecher und wollen Ihnen nichts Böses.«

Der alte Mann hob die Pistole. »Ihr flieht vor Soldaten und kommt ungefragt in mein Haus. Warum?«

Andrei holte tief Luft. Der Greis hielt die Waffe fest und sicher in seiner Hand. Sie konnten ihn nicht einfach so entwaffnen. Andrei begriff, dass sie nur eine Chance hatten. Die Wahrheit.

»Wir sind Sozialisten«, erklärte Andrei und registrierte mit einem kurzen Blick die ärmliche Einrichtung der Wohnung. »Mitglieder der KPD. Wir wollten einen Generalstreik gegen die Regierung Ebert organisieren. Doch als wir die Botschaften mit dem Aufruf verteilt haben, wurden wir von Freikorpssoldaten unter Beschuss genommen.«

Andrei wusste, dass er ein gewaltiges Risiko einging. Wenn der Greis mit dem alten Regime, dem Kaiser, dem Heer oder der sozialdemokratischen Regierung sympathisierte, waren sie geliefert. Er würde sie erschießen, oder aber ihr Versteck verraten. Andrei konnte immer noch die Stimmen und die Stiefel der Soldaten auf der Straße hören.

Bauer blickte den Mann flehend an. »Bitte. Diese Leute kennen keine Gnade.«

Der alte Greis ließ seine Augen zwischen ihnen hin- und herwandern. »Ihr seid diejenigen, die das Zeitungsviertel besetzt haben, oder?«

Andrei nickte ganz automatisch und riss dann überrascht die Augen auf. »Woher wissen Sie das?« Die Besetzung der Zeitungsgebäude war rasch und vergleichsweise unspektakulär verlaufen. Andrei hätte nicht damit gerechnet, dass schon irgendjemand davon wusste. Sie selbst hatten mit ihren Zeitungen die Bevölkerung ja erst auf den begonnenen Aufstand aufmerksam machen wollen.

Die Zeitungen! Schlagartig wurde Andrei bewusst, dass ihre Operation gescheitert war. Wenn sie die Botschaft zur Revolution nicht verbreiten konnten, würde es keine Revolution geben.

Aber darum muss ich mich später kümmern. Jetzt gilt es, zu überleben.

Der alte Mann griff mit einer Hand in seine Tasche. »Es steht in der Morgenzeitung«, erklärte er und wedelte mit einem Blatt.

»Das ist unmöglich«, protestierten Andrei und Bauer wie aus einem Mund. Sie hatten praktisch alle Zeitungen in der Stadt lahmgelegt, und niemand sonst hätte so schnell von der Besetzung erfahren und eine entsprechende Auflage drucken können.

Der Mann zuckte mit den Schultern. »Im Leitartikel

steht, dass kommunistische Aufrührer die wichtigsten Zeitungsgebäude mit dem Ziel, die Zeitungen umzuschreiben, besetzt hätten. Die Verteilung der Zeitungen sei aber von Freikorpssoldaten verhindert worden.«

Bauer starrte den Mann mit offenem Mund an. Andrei war nicht weniger entsetzt. Er trat einen Schritt nach vorne und griff ungefragt nach der Zeitung in der Hand des Greises. Die auf ihn gerichtete Pistole hatte er in diesem Augenblick völlig vergessen.

»Seht her, ihr beiden«, sagte der alte Mann. »Ich habe nichts gegen euch. Ich will nur keine Scherereien. Ihr könnt eine Weile hier bleiben, aber sobald die Soldaten weg sind, will ich, dass ihr verschwindet.«

Bauer bedankte sich und versicherte, dass sie bald gehen würden. Andrei dagegen studierte immer noch die Zeitung. Der Leitartikel trug den Titel *Spartakusaufstand gescheitert!* Andrei überflog die Zeilen. Der Artikel beschrieb intime Details ihres Plans: die Besetzung des Zeitungsviertels, die tagelangen Debatten innerhalb des Revolutionsausschusses, ihr Vorhaben, die Zeitungen umzuschreiben und so einen Massenaufstand auszulösen. Fassungslos las Andrei Dinge, die unmöglich dort stehen konnten. Der Artikel wusste noch mehr: *Die Pläne des Spartakusbundes scheinen zum Scheitern verurteilt. Die Regierung Ebert wurde vorzeitig gewarnt und es gelang ihr, das Berliner Zeitungsviertel im Laufe der Nacht mit Hilfe von Freikorpssoldaten zu isolieren. Laut unseren Informationen könnte das Hauptquartier der KPD noch heute Morgen gestürmt werden. Gleiches gilt für das*

Zeitungsviertel.

Andrei sah sich die Zeitung genauer an. *Das Märzblatt.* Der Titel war eine gelungene Anspielung auf die deutsche Märzrevolution im Jahr 1848. Die Zeitung war ihrem Titel zufolge vermutlich prorepublikanisch eingestellt. Er blickte zu dem Greis, der seine Pistole endlich weggelegt hatte.»Was ist das für eine Zeitung?«

»Keine Ahnung«, sagte der und zuckte mit den Schultern.»Ich gehe jeden Morgen meine Runde, und ein Zeitungsjunge hat sie mir in die Hand gedrückt. Er sagte, sie enthalte Sensationsnachrichten und es werde heute keine anderen Zeitungen geben.«

Andrei nickte. Wer auch immer der Herausgeber des *Märzblattes* war, würde heute ein Vermögen verdienen. Er steckte die Zeitung in seine Jackentasche. Er würde sie später analysieren, jetzt hatten sie Wichtigeres zu tun.

»Wir müssen sofort zurück zum Hauptquartier.«

Bauer hob die Augenbrauen.»Warum das?«, fragte er.

»Hier steht, dass das Hauptquartier angegriffen werden könnte«, erklärte Andrei.»Wir müssen die anderen warnen.«

Bauer öffnete den Mund, doch seine Worte wurden vom Gelächter des alten Mannes übertönt.»Ihr seid mir aber Revolutionäre«, spottete er.»Glaubt ihr wirklich, dass dort etwas von einem Angriff stehen würde, wenn dieser nicht schon längst erfolgt wäre? Euer Hauptquartier wurde vermutlich beim ersten Tageslicht gestürmt.«

Andrei wollte so schnell wie möglich los, doch Bauer bestand darauf, dass sie sich so lange wie möglich versteckt hielten.»Wir können ohnehin nichts tun«, stellte Bauer richtigerweise fest.

Andrei hatte kein Gegenargument, doch er hasste den Gedanken, dass er in der Wohnung eines alten Mannes festsaß, während irgendwo anders das Schicksal ihrer Revolution entschieden wurde.

Als es Andrei endlich gelang, Bauer zum Aufbruch zu bewegen, war die Sonne längst aufgegangen. Voller Furcht traten sie auf die Straße, blickten sich nervös um und stiegen sofort in die erstbeste Straßenbahn. Obwohl die KPD zum Generalstreik aufgerufen hatte, fuhren viele Menschen ganz normal zur Arbeit. Andrei blickte auf die zahlreichen Männer und Frauen, die einen ganz gewöhnlichen Tag erlebten, und begriff, dass ihr Revolutionsversuch gescheitert war.

Das sahen auch die Berliner so. In der Straßenbahn hielten viele eine Ausgabe des *Märzblattes* in der Hand. Der Herausgeber der Zeitschrift musste eine riesige Auflage drucken lassen haben. Beinahe so, als hätte er gewusst, dass alle Konkurrenzzeitungen außer Gefecht gesetzt würden.

Die ganze Straßenbahn unterhielt sich über den Putsch. Einige glaubten nicht daran, dass es einen Aufstand gegeben hatte, doch andere wiesen darauf hin, dass in der Tat keine der üblichen Zeitungen zur Verfügung stand. Irgendetwas musste also im Zeitungsviertel vor sich gegangen sein. Andrei und Bauer beteiligten sich nicht an den Debatten. Sie wollten keine zusätzliche Aufmerksamkeit auf sich ziehen.

Andrei war mit seinen Gedanken immer noch bei der mysteriösen Zeitung. Wie hatte sie so schnell gedruckt werden können und woher hatten die Regierung und die

Freikorps von dem Aufstand erfahren? Er wurde immer überzeugter, dass sie einen Verräter in ihren Reihen haben mussten. Aber wen?

Sie waren jetzt nicht mehr weit weg vom Hauptquartier. Er befürchtete das Schlimmste. Mit jeder Station, mit jedem Block wurde seine Aufregung größer. Der Artikel hatte in allem recht gehabt. Auch, was den Angriff auf ihr Hauptquartier betraf?

»Sieh doch«, flüsterte Bauer plötzlich neben ihm. »Rauch.«

Auch die anderen Straßenbahnfahrer deuteten auf die Rauchschwaden. »Hier ist doch irgendwo das Hauptquartier der Kommunisten, oder?«, fragte eine Frau besorgt. Sie trug ein züchtiges Tuch um den Kopf und war vermutlich stockkonservativ.

»Wir steigen nicht aus«, sagte Andrei. Wenn es einen Verräter gab, dann hatte er den Freikorps womöglich auch von einem gewissen russischen Agenten erzählt, der im Auftrag Lenins in Berlin war. Andrei verspürte wenig Lust, von einer Gruppe fanatischer Rechtsextremer gefoltert zu werden. Bauer widersprach nicht. In einer Situation wie dieser mussten sie sich zuerst um ihr eigenes Überleben kümmern.

Die Bahn fuhr direkt am Hauptquartier vorbei. Die meisten Insassen lehnten sich gegen die Fenster und deuteten und zeigten auf das Gebäude. Andrei blieb zurück. Ein kurzer Blick verriet ihm alles, was er wissen musste. Die Eingangstür war zerschlagen und die Barrikaden waren aus den Fenstern gerissen worden. Die Freikorps hatten das Gebäude mit schwerem Kriegsgerät gestürmt.

Er blickte auf das zerstörte Gebäude und schluckte schwer. Nicht nur ihre Revolution war gescheitert. Der deutsche Kommunismus hatte womöglich einen großen Teil seiner Führung verloren. Nicht auszudenken, wenn Rosa Luxemburg oder Karl Liebknecht in die Hände der Konterrevolutionäre gefallen waren.

Er blickte zu Bauer, der sichtlich um seine Beherrschung rang. Er legte dem Gardisten eine Hand auf die Schulter und schenkte ihm einen tröstenden Blick. Das ist nicht das Ende, versuchte Andrei mit diesem Blick zu sagen. *Das ist nur ein Rückschlag. Das Schicksal ist auf unserer Seite und diese Geschichte ist noch nicht zu Ende.*

Zumindest hoffte er das.

Was sollten sie jetzt tun? Wenn das Hauptquartier gestürmt worden war, würde das Berliner Zeitungsviertel ein ähnliches Schicksal erlitten haben. Andrei begriff, dass er es nicht hatte verhindern können. Die Feinde der Revolution verfügten im Moment über überlegene Kräfte.

»Wir ziehen uns in meine Wohnung zurück«, entschied er.

Und halten ein paar Tage die Füße still.

Da er keine Zeit damit verbringen wollte, durch eine Stadt voller feindlicher Soldaten zu fahren, verließen sie die Straßenbahn und riefen stattdessen einen Taxiwagen herbei. Andrei nannte seine Adresse im Berliner Bezirk Spandau.

»Eine noble Gegend«, merkte Bauer an.

Andrei nickte. Lenin und die Sowjetunion bezahlten ihn hervorragend. Als Berufsrevolutionär sollte er sich ganz auf den Aufbau der Revolution konzentrieren können und nicht von Geldsorgen abgelenkt werden. Im Gegenteil, er hatte Zugriff auf verschiedene Bankguthaben mit extrem hohen Summen. Diese Gelder sollte er im Notfall dazu nutzen, um Waffen und Ausrüstung für einen Aufstand zu organisieren.

Zumindest in Berlin würde das in nächster Zeit jedoch nicht möglich sein.

Andrei warf dem Fahrer eine Münze zu, die der wenig zufrieden auffing. Der Weg zu Andreis Wohngebäude führte eine kleine Allee entlang. Im Augenblick waren die Bäume kahl und dürr, doch früher oder später würden sie Früchte tragen.

Genau wie unsere Revolution.

Sie durften nicht aufgeben.

Nur vor einem graute Andrei wirklich: In wenigen Augenblicken müsste er Estere gegenübertreten und ihr sagen, dass er gescheitert war. *Ich habe ihr tagelang erzählt, wie ich die Macht in Deutschland erobern werde. Dass ich danach ein wichtiger Mann sein werde. Dass wir gemeinsam dieses Land zum Besseren verändern können.*

Estere würde ihn nicht bemitleiden. Das war nicht ihre Art. Sie würde sich über ihn lustig machen, ihn auf seine Fehler hinweisen und ihm sagen, dass er sich gefälligst nicht gehen lassen durfte. Sie würde genau das tun, was sie tun sollte, und dennoch fürchtete Andrei sich davor, in ihren Augen als Versager dazustehen.

Sie erreichten das Gebäude und ein Torwächter öffnete ihnen die Tür. »Ah, Herr Baron von Belsky«, sagte der Sicherheitsmann respektvoll. »Ich hoffe, Sie haben einen schönen Tag.«

Andrei nickte kühl. »Er war bislang zufriedenstellend«, antwortete er herablassend und mit starkem russischen Akzent.

Drinnen blickte Bauer ihn fragend an.

Andrei lachte. »Ich gebe mich außerhalb der Partei als ein russischer Oligarch aus, der vor den Kommunisten nach Deutschland geflohen ist«, erklärte er. »Trotzkis Idee.«

Sie erreichten Andreis Wohnung. »Estere«, rief Andrei und öffnete die schwere Holztür.

»Estere?«, fragte Bauer. »Ein ungewöhnlicher Name.«

»Sie ist eine ungewöhnliche Frau«, sagte Andrei stolz und trat ein. »Ich habe einen Genossen mitgebracht«, rief er. »Er wird ein paar Tage hierbleiben. Ich hoffe du … Estere?«

Er hatte damit gerechnet, dass sie im Wohnzimmer sitzen und lesen oder schreiben würde. Sie schrieb die wundervollsten Gedichte. Doch sie saß nicht auf ihrem üblichen Fensterplatz.

»Soll ich Kaffee machen?«, fragte Bauer höflich, aber etwas schwach.

Andrei nickte. »Natürlich. Und setz dich hin«, sagte er und deutete auf die Couch. »Nach dieser Nacht brauchen wir beide eine Weile, um uns zu sammeln.«

Er ließ Bauer allein und ging zum Schlafzimmer. Vorsichtig klopfte er an der Tür.

»Estere«, flüsterte Andrei zärtlich. Plötzlich konnte er es nicht mehr erwarten, sie zu sehen. Er öffnete die Tür und blickte auf das weiche Doppelbett.

Es war leer.

Wo steckt sie denn nur?

Andrei überlegte. Estere musste gegen seinen ausdrücklichen Rat die Wohnung verlassen haben. Er wusste, dass ihre Mutter in Potsdam, einer Nachbarstadt von Berlin, lebte. War sie vielleicht zu ihr gegangen?

Vergeblich suchte er das Bett und den Nachttisch nach einer Nachricht ab.

Vermutlich hat sie nicht damit gerechnet, dass ich so bald zurückkommen würde. Ich habe von wenigstens einer Woche gesprochen.

Voller Enttäuschung ging Andrei ins Badezimmer. Vor kaum mehr als vierundzwanzig Stunden hatte er sich hier in dem Spiegel angeblickt und überlegt, ob er sich rasieren sollte, oder nicht. Sein Gesicht hatte gut ausgesehen. Beflügelt von Estere und den Gedanken an ihre Revolution. Jetzt schien es um Jahre gealtert zu sein. Es sah übermüdet und schmutzig aus.

Andrei wusch sich den Dreck aus dem Gesicht, doch der müde Ausdruck des Versagens blieb.

»Hast du noch irgendwo den Zeitungsartikel?«, ertönte Bauers Stimme aus dem Wohnzimmer.

Andrei griff in seine Tasche, ging ins Wohnzimmer und reichte Bauer die Zeitung. Bauer saß auf der Couch und trank bereits seinen Kaffee. Andrei setzte sich ihm gegenüber und schenkte sich ebenfalls eine Tasse ein.

Wie sollte es jetzt weitergehen?

Ich muss zuerst herausfinden, was aus Rosa Luxemburg und Karl Liebknecht geworden ist. Wenn die beiden tot sind, können wir die Wut über ihren Tod vielleicht verwenden, um eine Revolution in anderen Gebieten auszulösen.

»Genosse Vasiliev?«

Ich werde Berlin verlassen müssen. Unsere Infrastruktur hier ist zerstört worden. Die Revolution wird zuerst in den Provinzen erfolgen müssen.

»Andrei?«

Hamburg wäre eine Option, oder Dortmund. Auch in Bayern gibt es eine starke sozialistische Bewegung.

»Andrei!« Genosse Bauers Gesicht tauchte direkt vor ihm auf und er fuchtelte mit der Zeitung.

»Was denn?«

»Hast du dir diesen Leitartikel genau angesehen?«

Natürlich hatte er das nicht. Er hatte den Artikel gelesen, während ein alter Mann eine Waffe auf sie gerichtet und Freikorpssoldaten die Straße nach ihnen abgesucht hatten.

Bauer reichte ihm die Zeitung und Andrei warf einen neuerlichen Blick darauf.

Das Blatt war gut gemacht. Andrei verstand eine Menge von Zeitungen und wusste, dass viele Zeitungen die Vorderseite völlig überluden und damit Leser abschreckten. *Das Märzblatt* beging diesen Fehler nicht. Der Fokus lag auf dem Titel der Zeitschrift und der Überschrift des Leitartikels *Spartakusaufstand gescheitert!*

Direkt darunter stand ein kleiner kursiv geschriebener Text, den Andrei beim letzten Mal übersehen hatte. Der Name des Redakteurs.

Andrei musste sich vorbeugen, um die Worte zu erkennen.

»Estere Kalnini«

Die Kaffeetasse in Andreis Hand zersprang.

Estere

(Potsdam, 16. Januar 1919)

Estere griff nach ihrem grauen Wollmantel und legte ihn sich um die Schultern. Es war guter Stoff. Nicht so teuer, dass sie arrogant oder reich gewirkt hätte, aber gut genug, um sie bei jeder Gelegenheit angemessen zu kleiden. Mit diesem Mantel konnte sie sowohl eine verrauchte Bar als auch eine exklusive Hotelkonferenz betreten, ohne sich umziehen zu müssen. Er war einer ihrer größten Schätze. Ihr Vater hatte ihr den Mantel kurz vor seiner Inhaftierung geschenkt.

»Du bist jetzt eine Frau«, hatte er gesagt und sie mit seinen weisen Augen angeblickt. »Du bist klüger als die meisten Männer. Entschlossener, stärker. Trotzdem wird man dich immer unterschätzen, dich härter beurteilen, dir Schwächen weniger leicht vergeben. Kleide dich richtig. Das ist deine erste Lektion.«

»Willst du dich nicht schminken?«

Ihre Mutter war hinter Estere in der Eingangshalle ihrer Villa aufgetaucht. Die Villa lag in Babelsberg, am Rande der Stadt Potsdam. Sie war einmal ein herrschaftliches Haus gewesen, doch mit dem Tod des Vaters hatte es ihnen an dem Geld gefehlt, um sie instand zu halten. Die Wände waren teilweise vergilbt, die Eingangstür gehörte ausgetauscht und der ganze obere Bereich stand, von Esteres Zimmer abgesehen, leer.

Aber das wird sich bald ändern.

Estere wandte sich um und lächelte ihre Mutter an. Evita Kalnini war eine Frau der alten Schule, die stets ein züchtiges Tuch um den Hals und den Ausdruck

65

bürgerlicher Missbilligung im Gesicht trug. Estere liebte ihre Mutter, doch in vielen Bereichen waren ihre Vorstellungen veraltet. Die Welt hatte sich geändert. Nur weigerten sich manche, das zu erkennen.

»Nein«, sagte Estere freundlich. »Ich schminke mich nicht. Das weißt du.« Estere hatte klare, reine Haut und lange Wimpern. Sie sah darum keinen Sinn darin, ihre Zeit mit Schminken zu verschwenden. Sie hatte so viel anderes zu tun!

Ihre Mutter stemmte die Hände in die Hüften. Sie wollte offensichtlich eine Predigt halten. »Weißt du …«, sagte sie, »auf die Art wirst du nie einen Mann finden.«

Estere bemühte sich, nicht zu lachen, das hätte ihre Mutter verletzt.

Ich habe die letzten Wochen im Bett eines Mannes verbracht, Mutter. Eines kommunistischen Revolutionärs.

Sie zog sich den Mantel an und lächelte ihrer Mutter gewinnend zu. »Lass uns morgen darüber reden, ja?«

Ihre Mutter spitzte unzufrieden die Lippen.

»Wo gehst du denn hin? Du bist ständig unterwegs in diesen Tagen! Estere, das kann so nicht weitergehen.«

»Morgen, Mutter.« Sie lächelte immer noch. »Wir haben heute eine wichtige Besprechung des *Märzblattes*.«

Die alte Frau rümpfte die Nase, doch noch ehe sie einen abfälligen Kommentar über die Zeitung abgeben konnte, hatte Estere sie schon umarmt und war zur Tür hinaus.

Es war ein kalter, grauer Tag. Die Wolken trübten die Gemüter, und die meisten Menschen, denen sie begegnete, hatten einen müden Gesichtsausdruck aufgesetzt.

Sie sehen hoffnungslos aus, dachte Estere. *Aber viele Menschen haben seit Kriegsende einen deprimierten Ausdruck im Gesicht. Fast so, als hätte die Niederlage ihnen ihren Stolz genommen.*

Das war ein guter Satz. Sie ließ ihn in Gedanken Revue passieren. Er eignete sich unter Umständen für einen Artikel. Sie sah den Artikel bereits vor sich. *Die Deutsche Depression.* Sie könnte über den Niedergang der Wirtschaft und die allgemeine Niedergeschlagenheit schreiben.

Estere verließ die Straßenbahn, die sie von Babelsberg aus ins Zentrum von Potsdam genommen hatte, und erhielt sogleich eine Inspiration zu einem ganz anderen Artikel. An einer Straßenecke saß ein Bettler. Doch nicht irgendein Bettler. Er sah weder ungepflegt noch betrunken aus. Im Gegenteil: Seine Haare waren perfekt geschnitten, sein Bart bis auf den letzten Millimeter rasiert und er hielt sich schnurgerade.

Es war ein im Krieg verstümmelter Soldat. Er trug immer noch seine Uniform und strahlte Würde, Stärke und Entschlossenheit aus. Hätte ihm nicht ein Bein gefehlt, wäre er der Traum aller Frauen gewesen. So aber war er auf Almosen angewiesen. Die Regierung konnte es sich nicht leisten, all die im Krieg versehrten und arbeitsunfähig gemachten Soldaten angemessen zu unterstützen. Diejenigen, die keine Familie hatten, mussten betteln.

Estere griff in ihren Mantel und zog ein paar Mark hervor, die sie dem Soldaten in die Mütze warf. Der

Mann nickte ihr respektvoll zu, bedankte sich jedoch nicht.

Wenn er morgen immer noch hier ist, werde ich ihn befragen. Seine Geschichte könnte einen Artikel wert sein. Der Krieg hat sein Leben zerstört.

Estere hasste den Krieg. Millionen Soldaten waren gestorben, Millionen Familien ruiniert, Millionen Kinder ihrer Väter beraubt worden. Hunderttausende Männer waren verstümmelt aus den Schützengräben zurückgekommen, und wer keine körperlichen Schäden erlitten hatte, war doch für sein restliches Leben traumatisiert.

Auch meine Familie ist vom Krieg zerstört worden. Hätte mein Vater sich nicht gegen den Krieg ausgesprochen, würde er vielleicht noch leben.

Sie seufzte und verjagte den Gedanken. Was geschehen war, war geschehen. Jetzt ging es darum, die Zukunft zu gestalten. Sie eilte durch die Potsdamer Innenstadt und erreichte bald die Brandenburger Straße. Es war eine geschäftige Straße. Während des Krieges war sie weitgehend zur Ruhe gekommen, doch seit November erwachte sie langsam wieder zum Leben. Kleidungsläden präsentierten die neuste Mode. Zwar bestand die Seeblockade der Alliierten gegen Deutschland weiterhin, doch über die Niederlande oder Dänemark gelangten jetzt wieder exotische Güter wie Kaffee in die Läden.

Estere passierte einen Tanzklub, der eben erst eröffnet hatte. *Charlottes Diskothek* stand auf einem Schild in neongrünen Lettern. Seit dem Kriegsende schossen die Tanzlokale in Deutschland nur so aus dem Boden. Jetzt, wo die Soldaten langsam nach Hause kamen, wollten Männer und Frauen zumindest ein wenig Vergnügen haben.

Eine Frau mittleren Alters, die zu viel Lippenstift aufgetragen hatte, stand vor der Eingangstür und teilte Handzettel aus. Estere nahm an, dass es sich bei ihr um *Charlotte* handelte.

»Du hast im Krieg gekämpft, oder Süßer?«, sagte sie zu einem jungen Mann und schlang die Arme um ihn, sodass er nicht weitergehen konnte.

Der Jüngling, ein schüchterner Kerl, versuchte, sich aus ihrem Griff zu winden. »Ja«, keuchte er. »Ja aber nur das letzte Jahr.«

»Trotzdem«, sagte die Frau verführerisch. »Du hast dir ein wenig Spaß verdient. Komm heute Nacht hierher. Nirgendwo tanzen hübschere Frauen. Das ist doch so, oder junge Dame?« Die Frau wandte sich an die eben vorbeigehende Estere.

»So ist es«, log sie.

Der junge Mann lief rot an. »Sie kommen auch hierher?«, fragte er.

»Selbstverständlich«, sagte Estere und blinzelte der Lippenstiftfrau zu. »Vielleicht sehe ich dich ja«, flüsterte sie gespielt schüchtern. Die Frau nickte ihr dankbar zu. Ein neues Lokal zu eröffnen war in diesen Zeiten keine Kleinigkeit. Niemand wusste das besser als sie. Die deutsche Wirtschaft lag am Boden und noch war nicht klar, welche Forderungen die Siegermächte an das besiegte Deutsche Reich stellen würden.

Estere ging zur Tür neben dem Tanzlokal: Brandenburger Straße 4.

Das Märzblatt stand auf einer kleinen dezenten Silbertafel. Die Nummer 4 war ein altes ehrwürdiges Haus, das genauso wie Esteres Zuhause eine Restaurierung nötig gehabt hätte. Viele hatten Estere geraten, sich doch Büroräume in einem der neuen Gebäude in Berlin, vielleicht sogar im Berliner Zeitungsviertel, zu mieten, doch ihr gefiel der Charme Potsdams.

Und dass wir nicht im Zeitungsviertel saßen, war ein großes Glück.

Sie ging die Stufen hinauf, fingerte ihre Schlüssel aus der Tasche und stieß die Tür zum Großraumbüro des *Märzblattes* auf. Estere hatte den Raum selbst eingerichtet. Er hatte zahlreiche Fenster und die Wände waren mit hellem Holz verkleidet. Überall standen Tische. Manche rund, manche eckig und alle in verschiedenen Farben. An einem dieser Tische saßen ihre vier Mitarbeiter: Andrea, Natalie und Michaela, die drei Frauen, die die Gestaltung der Zeitung und einfachere Artikel übernahmen, und ihr Chefredakteur und Miteigentümer des *Märzblattes* Johannes Winkler.

Als Estere eintrat, blickten die vier auf und starrten sie sprachlos an. Ein Augenblick verging, in dem Estere nicht so recht wusste, was sie sagen sollte, dann begann Johannes, mit seinem Knöchel gegen den Tisch zu klopfen. Die drei Frauen stimmten ein und bald schon begannen alle zu klatschen.

»Das war die beste Auflage, die wir jemals hatten!«, rief Natalie und umarmte Estere stürmisch.

»Wie hast du das nur gemacht?«, wollte Andrea wissen.

»Das war unglaublich!«, stimmte Michaela zu.

Johannes blieb etwas zurück und nickte ihr nur anerkennend zu. Begeisterungsstürme waren einfach nicht seine Art. »Dein Vater wäre stolz auf dich«, sagte er und sprach damit das für sie größte nur denkbare Lob aus.

Estere schwieg.

Wenn sie wüssten, wie ich an diese Informationen gekommen bin, würden sie anders von mir denken.

Vor elf Jahren hatte Esteres Vater *Das Märzblatt* gegründet. Janis Kalnini war aus dem Baltikum nach Deutschland eingewandert. Er erzählte immer, dass er von deutschen Rittern abstammte und ins Land seiner Vorfahren zurückkehren wollte. Innerhalb kürzester Zeit beherrschte er die deutsche Sprache so perfekt und geschickt, dass er sich ein Einkommen als Schreiber in verschiedenen Zeitungen verdienen konnte. Doch Esteres Vater hatte einen noch größeren Traum. Er misstraute der bestehenden Zeitungslandschaft, weil sie zu kaiserfreundlich und zu konservativ war. »Die Rolle der Presse ist es, die Herrschenden zu kontrollieren und zu kritisieren«, hatte er stets gesagt. »Die Presse ist das notwendige Korrektiv der Macht, denn ohne eine freie Presse kann es auch keine freien Wahlen geben.«

Er kritisierte die etablierte deutsche Presse, doch auch mit der sozialistischen Opposition konnte er sich nicht anfreunden. Die war ihm zu umstürzlerisch. Seiner Ansicht nach war eine Diktatur des Proletariats auch nicht mehr als eine Diktatur. Nur von den Sozialdemokraten hielt er eine Menge, auch wenn er immer einen kritischen Blick auf die Partei behielt.

Vor elf Jahren dann traf er Johannes Winkler. Beide Männer waren in ihren Vierzigern und sehnten sich danach, auf eigenen Beinen zu stehen. Schreiben zu können, was auch immer ihnen in den Sinn kam. Wann, wo und wie sie wollten. Das war ihr Traum. Sie wollten eine Zeitung erschaffen, die systemkritisch war, ohne revolutionär zu sein. Sie wollten keinen Umsturz der alten Ordnung, sondern eine langsame Verbesserung der bestehenden Verhältnisse. Sie setzten sich für Frauenrechte, demokratische Mitbestimmung und ein starkes soziales Netz ein und kämpften gegen Aufrüstung und Kriegstreiberei.

Ein Kredit war rasch gefunden und binnen weniger Monate war *Das Märzblatt* geboren. Jannis Kalninis scharfe Analysen und ironische Spitzen trieben die Auflage in die Höhe. Zu seinen besten Zeiten beschäftigte das Blatt über zwanzig Mitarbeiter und druckte eine wöchentliche Auflage von vierzigtausend Stück. Ihre Zukunft schien gesichert zu sein, und die beiden Gründer planten, *Das Märzblatt* täglich erscheinen zu lassen.

Dann begann der Krieg.

Johannes und Esteres Vater hatten ihren ersten erbitterten Streit. Sie beide lehnten den Krieg ab, doch Johannes wollte der Linie der SPD folgen: Burgfrieden halten. Der Krieg sollte nicht in Frage gestellt werden und, solange der Krieg dauerte, die Regierung nicht kritisiert werden.

Ihr Vater hatte davon nichts wissen wollen. Estere war damals bereits erwachsen gewesen und hatte für die Zeitung zu schreiben begonnen. Gemeinsam hatten sie überlegt, was nun zu tun sei, und entschieden, dass es nur einen Weg gab. Sie mussten ihren Prinzipien treu bleiben.

Gegen Johannes Willen fuhren Estere und ihr Vater eine scharfe Antikriegslinie. Sie lehnten die Allianz mit Österreich-Ungarn ebenso ab wie die deutschen Kriegserklärungen an Frankreich und Russland und den deutschen Einmarsch in Belgien. Im weiteren Kriegsverlauf sprachen sie sich für einen Ausgleich mit ihren Feinden aus. Der Krieg sei es nicht wert, und Deutschland habe nichts zu gewinnen. Je länger das Sterben an der Front andauerte, desto heftiger kritisierte ihr Vater den Kaiser und die herrschende Politik. Deutschland sei von Generälen beherrscht, die in ihrem Größenwahn die ganze Welt ins Unglück stürzten.

Die Kritik am Krieg war richtig, doch mit ihrer neuen Linie begann der Niedergang ihres Blattes. Konservative Kreise riefen zum Boykott der Zeitung auf, rechtsgerichtete Jugendliche schlugen ihnen die Fenster ein und die meisten ihrer Reporter wurden zum Kriegsdienst verpflichtet. Ein Jahr nach Kriegsbeginn wurde Janis Kalnini wegen Hochverrat und Behinderung der Kriegsanstrengungen zu einer Gefängnisstrafe für die Länge des Krieges verurteilt. Estere wurde nicht erlaubt, ihn zu besuchen. Nur Briefe konnten sie einander schreiben.

Ohne ihren Vater ging *Das Märzblatt* endgültig unter. Johannes hatte die Zeitschrift schließen wollen. »Verkaufen wir, was wir haben«, hatte er gesagt. »Im Moment können wir nicht weitermachen.«

Doch Estere hatte weitergemacht. Die erste Ausgabe

nach der Verhaftung ihres Vaters hatte sie ganz allein geschrieben. Auch die zweite und dritte. Johannes war, nachdem er die Zeitung in einem Kiosk gesehen hatte, schließlich zurückgekommen. Er hatte eine übermüdete und verzweifelte Estere vorgefunden, die im Büro schlief, weil der Weg nach Hause sie zu viel Zeit kostete.

Gemeinsam hatten sie die Zeitung notdürftig restauriert, kleinere Arbeitsräume gefunden und neue Mitarbeiter eingestellt. Frauen. Das war Esteres Idee gewesen.

»Wenn die Männer alle im Krieg sind, dann müssen die Frauen eben übernehmen.« Bei all dem Unglück, das der Krieg über Deutschland und die Welt gebracht hatte, hatte er für die Frauenbewegung großen Fortschritt bedeutet. Weil die Männer jahrelang fort waren, um sich gegenseitig zu erschießen, fielen ihre Aufgaben den Frauen zu. Zu Hause sitzen und zu kochen war keine Option mehr, denn die Arbeitskräfte fehlten überall. In den Fabriken, in den Zügen und im öffentlichen Bereich. Keine der kriegsführenden Mächte konnte es sich länger leisten, die Hälfte ihrer Bevölkerung von der Gesellschaft auszuschließen.

Die Zeiten für *Das Märzblatt* waren trotzdem schlecht. Sie mussten ihre Auflage stark reduzieren und durften den Krieg nun nicht mehr offen kritisieren. Das vergraulte ihre alte Leserschaft, die ihnen Verrat an ihren Werten vorwarf, und half ihnen auch nicht, neue Leser zu gewinnen. In den letzten Monaten war ihnen zunehmend das Geld ausgegangen. Wieder und wieder drängte Johannes darauf, das Blatt aufzugeben.

Doch jetzt war der Krieg zu Ende. Deutschland befand sich im Umbruch und das war auch eine neue Chance für sie. Estere begriff rasch, dass sie eine Reihe aufsehenerregender Artikel brauchten. Sie wollte nicht einfach nur überleben, sie wollte *Das Märzblatt* zu *der* deutschen Politikzeitung machen.

Sie wusste, wie dieses Spiel gespielt wurde. Sobald ein Medium sich den Ruf als Aufdeckerblatt erst einmal erworben hatte, wurden so einem Blatt ganz automatisch die nötigen Informationen zugespielt. Wer etwas in den Medien sehen wollte, gab geheime Informationen an spezielle Zeitungen weiter und hielt seinen eigenen Namen heraus. Der schwierige Teil war es, sich die nötige Reputation aufzubauen.

Also war sie selbst auf die Suche nach Berichten gegangen. Sie war nach Kiel gereist, um die streikenden Hafensoldaten zu befragen, sie hatte vor dem Reichstag gestanden, als die Republik ausgerufen wurde, und sich mit einiger Rücksichtslosigkeit Kontakte und Verbindungen zu wichtigen Politikern aufgebaut.

Ihr Goldgriff aber war Andrei Vasiliev gewesen. Estere hatte vorhergesehen, dass der Spartakusbund rebellieren würde. Deutschland befand sich im Umbruch und die radikale Linke wollte keine Republik mit freien Wahlen, sondern die Diktatur des Proletariats. Als die deutschen Sozialisten sich trafen, um gemeinsam die Kommunistische Partei Deutschlands zu gründen, wusste Estere, dass die nächsten großen Schlagzeilen von Seiten der Kommunisten kommen würden. Im Namen einer großen Zeitung bat sie um ein Interview mit einem hochrangigen KPD-Vertreter. Da die KPD ihre Ideen verbreiten wollte, hatte die Partei zugesagt und einen russischen Kommunisten geschickt. Estere saß am Treffpunkt, einem Berliner Café, und beobachtete Andrei. Sie hätte sich zu erkennen geben und ein gutes Interview führen können. Aber sie entwickelte bald einen neuen Plan.

Andrei wirkte klug und entschlossen. Ein Mann, den näher zu kennen, sich bezahlt machen würde. Er hatte auf einen männlichen Reporter gewartet und, als dieser nicht auftauchte, einen Gedichtband von Rainer Maria Rilke aufgeschlagen.

Das war Esteres Chance.

»Nenn ich dich Aufgang oder Untergang?«, sagte sie und setzte sich ungefragt zu ihm an den Tisch.

Andrei lächelte. »Denn manchmal bin ich vor dem Morgen bang«, setzte er das Gedicht fort, »ich greife scheu nach seiner Rosenröte und ahne eine Angst in seiner Flöte.«

»Vor Tagen, welche liedlos sind und lang.« Die letzte Zeile sagten sie gemeinsam.

Estere blickte ihn bewundernd an. »Ein Mann, der Rilke liest«, sagte sie anerkennend. »Das ist ungewöhnlich.«

Andrei stellte sich vor und Estere begriff vom ersten Augenblick an, dass sie mit ihm auf Gold gestoßen war. Er kannte alle Interna der KPD.

Sie schlief schon am ersten Tag mit ihm.

Es war das erste Mal in ihrer Karriere, dass sie ihren Körper benutzte, um an Informationen zu kommen. Es fiel ihr nicht besonders schwer. Andrei war klug, charmant und ein feuriger Liebhaber.

Er war ihr in kürzester Zeit verfallen und auch Estere fühlte sich zu ihrer Überraschung zu ihm hingezogen. Wenn auch nicht zu seinen Plänen. Sie hatte gelesen, was die Kommunisten in Russland getan hatten, und Andreis Geschichten bestätigten ihren Eindruck. Den Kommunisten war jedes Mittel recht, um ihre Ziele zu erreichen.

»Der Zweck heiligt niemals die Mittel«, hatte ihr Vater immer gesagt. Ein Krieg würde keinen Frieden schaffen und eine gewaltsame Revolution keine bessere Gesellschaft. Die Welt würde nicht mit einem Schlag besser werden, sondern immer nur Stück für Stück.

Andrei und Estere sprachen viel über Politik. Sie hatte ihm den Nacken massiert und gelauscht, wie er es von einem einfachen Studenten in Berlin zu einem Berufsrevolutionär in Russland geschafft hatte. Wie er gemeinsam mit Lenin die Macht in St. Petersburg erobert hatte und wie er nun ähnliche Ziele in Deutschland verfolgte.

Estere begriff, dass Andrei eigentlich alles andere als unvorsichtig war. Er lebte mehrere Identitäten, und wäre sie ein Mann gewesen, hätte er ihr niemals vertraut. Doch gerade weil er so geheimniskrämerisch war, sehnte er sich nach einer Partnerin, der er seine Geschichte erzählen konnte. Nach jemandem, der ihn wirklich kannte und niemals verraten würde.

Doch Estere *hatte* ihn verraten.

Nicht nur für den Erfolg ihrer Zeitung, sondern weil sie an die neue deutsche Republik glaubte. Weil sie freie Wahlen und einen parlamentarischen Diskurs wollte. Weil die Diktatur des Proletariats am Ende auch nur eine

Diktatur war.

»Die Auflage ist eingeschlagen wie eine Bombe«, holte Johannes sie in die Gegenwart zurück. Er war in seinen Fünfzigern, hatte eine Halbglatze und einen Bierbauch, doch sein Gesicht war so gutmütig und freundlich, dass man gar nicht anders konnte, als ihn zu mögen. »Woher wusstest du, dass die restlichen Zeitungen ausfallen würden?«

Estere zuckte mit den Schultern. »Ich hatte so ein Gefühl.«

Ihre Mitarbeiter blickten sie ungläubig an. »Behalt deine Quellen ruhig für dich«, sagte Johannes lächelnd. »Auf jeden Fall sind unsere dringendsten Sorgen vorerst gelöst.«

Estere nickte. Sie hatte mit der letzten Ausgabe alles auf eine Karte gesetzt. Andrei hatte ihr von seinem Plan erzählt. Drei Tage lang hatte sie mit sich gerungen und am Ende über Kontakte die Regierung Friedrich Ebert gewarnt. Dann hatte sie im Voraus eine Ausgabe des *Märzblattes* drucken lassen, die den Aufstand der Kommunisten zum Thema hatte. Die Auflage: einhunderttausend Stück.

Ihre Gedanken wanderten zu Andrei. Er hatte nicht verdient, was sie ihm angetan hatte. Gut möglich, dass ihr Verrat ihn das Leben gekostet hatte.

Aber was hätte ich sonst tun sollen? Zusehen, wie er Deutschland in einen Bürgerkrieg stürzt?

Sie schluckte. Sie musste nach vorne schauen.

»Johannes«, sagte sie, »lass uns einen Kaffee trinken gehen.«

Johannes nickte und griff sofort nach seinem Mantel.

»*Das Auge Gottes*?«, fragte er.

Das Auge Gottes war ihr Stammcafé, in dem sie, da es ihnen an einem Privatbüro fehlte, die meisten ihrer Entscheidungen trafen. Es war ein geselliger Ort, an dem Studenten und junge Leute saßen, Bücher lasen und Aufgaben erledigten. Estere liebte die gemütliche Atmosphäre in dem kleinen Café.

Sie brauchten nicht weit zu gehen. Nur ein wenig die Straße entlang. »Es ist verdammt kalt geworden«, sagte Johannes und blies in seine Hände.

»Dann kauf dir endlich Handschuhe«, erwiderte Estere mit gespielter Strenge.

Zum Glück musste Johannes nicht lange frieren und *Das Auge Gottes* war ordentlich geheizt. Sie setzten sich an ihren Lieblingstisch an der Ecke und bestellten schwarzen Kaffee. Kaffee! Estere hatte in einem ironischen Artikel gelesen, dass das Schlimmste am Krieg sei, dass Deutschland von allem Kaffeenachschub abgeschnitten worden war. Jahrelang mussten sie Ersatzkaffee, der aus Gerste, oder Malz hergestellt wurde, trinken. Zwar blockierten die Alliierten immer noch Seeimporte nach Deutschland, doch über die Niederlande und Dänemark kamen jetzt endlich wieder Kaffeebohnen ins Land.

»Ich wollte ohnehin mit dir sprechen«, sagte Johannes ernst, nachdem sie Platz genommen hatten.

Estere blickte auf. »Ja?«, fragte sie. »Weswegen?«

Johannes schluckte. »Es geht um Michaela.«

Estere ahnte nichts Gutes. Er griff nach seiner Kaffeetasse und nahm einen tiefen Schluck, dabei wich er Esteres Augen aus. »Ich denke, wir müssen sie entlassen.«

»Wie bitte?«

Er seufzte.»Sie leistet seit Monaten keine gute Arbeit. Sie kommt oft zu spät und manchmal gar nicht und sie arbeitet ungenau. Vor einer Woche ist sie einfach während der Arbeit eingeschlafen.«

»Sie hat ihren Mann im Krieg verloren!«, protestierte Estere wütend.»Sie hat ein Kind. Wie alt ist ihre Tochter jetzt? Sechs? Natürlich ist sie verschlafen!«

»Ich meine ja nur, wenn wir wieder wachsen wollen …«

»Nicht so.« Estere glaubte an Loyalität. Sie würde keine ihrer Mitarbeiterinnen entlassen. Jedenfalls nicht in Zeiten wie diesen.

Johannes zuckte die Achseln.»Ich wusste, dass du das sagen würdest. Aber es war meine Aufgabe, dich zu informieren.«

Sie nickte und blickte aus dem Fenster. Schneeflocken fielen auf die Straße herab.

»Was wolltest du mit mir besprechen?«, fragte er neugierig.

Estere wusste nicht, wie er ihren Vorschlag aufnehmen würde.»Wir haben mit der letzten Ausgabe einen großen Erfolg errungen«, begann sie vorsichtig.»*Einen* großen Erfolg.«

Johannes sah sie ernst an.»Du denkst, das reicht nicht?«, fragte er und runzelte die Stirn.

Sie strich sich eine Strähne hinter das Ohr.»Nein. Wir sind immer noch eine kleine Zeitung und wir berichten dieselben Nachrichten wie alle anderen. Ich arbeitete daran, ein paar gute Interviews zu bekommen. Eines davon findet heute statt, doch wir brauchen mehr.«

Johannes verzog das Gesicht. »Was hast du im Sinn?«

Sie holte tief Luft. Was sie zu sagen hatte, fiel ihr nicht leicht. Wirklich nicht.

»Wir müssen ...«, begann sie und setzte ihre Tasse an die Lippen, nur um Zeit zu gewinnen, »... unser Modell umstellen. *Das Märzblatt* funktioniert als Wochenzeitung nicht. Wir sollten die Zeitung in ein monatlich erscheinendes Magazin umbauen.«

Sie blickte ihn nervös an. Johannes hatte *Das Märzblatt* mitgegründet und es zusammen mit Esteres Vater und dann mit Estere gegen alle Widrigkeiten am Leben gehalten. Würde er einsehen, dass eine Änderung nötig war?

Er schwieg einen Augenblick. »Das ist genau das Gegenteil von dem, was dein Vater wollte«, sagte er schließlich. »Janis wollte, dass die Zeitung *täglich* erscheint.«

»Mein Vater hat sich geirrt.«

»Inwiefern?«, fragte er. »Wir haben uns gerade erst erholt. Wir haben wieder Geld und können frei arbeiten.«

»Das wird nicht reichen. Größere Zeitungen können die Nachrichten besser darstellen als wir. Uns fehlte der nötige Einfluss.« Sie leerte ihre Kaffeetasche. »Wenn wir *Das Märzblatt* von einer Zeitung in ein Magazin verwandeln würden«, erklärte sie, »dann spielten wir in einer anderen Liga. Keine direkten Nachrichten mehr. Kein ›Friedrich Ebert sagt ...‹, sondern detaillierte Hintergrundberichte. Wir liefern Analysen, lange Reportagen über den Zustand des Landes und ...«

Johannes wollte etwas sagen, doch Estere hatte Feuer gefangen und sprach einfach weiter. »Wenn wir Nachrichten bringen«, erklärte sie begeistert, »dann ist unsere Ausgabe nach einem Tag veraltet. Wenn sie an diesem Tag keiner kauft, dann verfällt sie. Ein Magazin mit Hintergrundberichten dagegen kann wochenlang im Kiosk liegen. Wir können einen höheren Preis verlangen und eine größere Auflage drucken. Wir können einen Abonnentenstamm aufbauen, wir ...«

Plötzlich legte Johannes ihr eine Hand auf die Schulter. »Dann machen wir es so. Ich glaube an dich«, sagte er schlicht. Sie tauschten einen langen Blick, ehe Estere seine Hand vorsichtig von der Schulter nahm. Sie war ihm dankbar.

Während der nächsten zwei Stunden besprachen sie die Gestaltung ihres Magazins. Estere wollte eine Reportage über die Folgen des Krieges machen. Einen Leitartikel über bettelnde Soldaten, einen Bericht über alleinerziehende Mütter, deren Männer im Krieg gefallen waren. Sie überlegte als Kontrast, einige der neuen Tanzlokale in Potsdam vorzustellen.

Johannes schlug vor, einige Fabriken zu besuchen und die jetzigen wirtschaftlichen Probleme aufzuzeigen. *Die Kosten des Krieges* wollten sie die Ausgabe nennen.

»Wen interviewst du heute eigentlich?«, fragte Johannes irgendwann.

Estere zuckte mit den Schultern. »Einen der Freikorpsanführer, die geholfen haben, den Spartakusaufstand niederzuschlagen.«

Johannes pfiff durch die Lippen. »Sei vorsichtig mit diesen Kerlen. Die meisten sind extreme Rechte, die lieber heute als morgen den Kaiser zurückholen würden.«

Estere nickte. Sie wusste nur zu gut, dass man sich vor den Freikorps in Acht nehmen musste. Sie hatte keine Zuneigung für jene Soldaten, die weiterhin bewaffnet durch das Land zogen, anstatt nach Hause zu ihren Familien zurückzukehren. Doch die Freikorps waren eine entscheidende Macht im Land. Ohne sie wäre die Regierung Ebert bereits gestürzt worden. Estere wollte mehr über die Denkweise der Freikorps erfahren.

»Wo triffst du den Kerl?«, fragte Johannes.

»Im Hotel Adlon.«

Johannes lachte. »Typischer Offizier. Stammt vermutlich aus irgendeiner stinkreichen Familie.«

Estere nickte. Viele einflussreiche und wohlhabende Familien schickten ihre Söhne auf Offiziersakademien. Das führte dazu, dass im Heer Herkunft und Kontakte oft eine viel größere Rolle spielten als Leistung und Talent.

Wie sich herausstellte, stammte Esteres Gesprächspartner tatsächlich aus einer reichen Familie.

Nachdem sie die neue Ausgabe mit Johannes durchgesprochen hatte, machte sie sich mit der Straßenbahn auf den Weg nach Berlin. Potsdam und Berlin lagen so nahe beieinander, dass sie nicht mehr als eine halbe Stunde fahren musste. Sie nutzte die Zeit, um zu lesen und Notizen für einen künftigen Artikel zu schreiben.

Das Hotel Adlon lag direkt vor dem Brandenburger Tor und war eines der prestigeträchtigsten Gebäude in der Stadt. Es galt als Europas modernstes und reichstes Hotel. Vor dem Krieg hatten zahlreiche Adelige hier ihren Stadtsitz gehabt, und es hieß, dass sogar Kaiser Wilhelm im Winter sein zugiges Schloss verlassen habe, um sich in den warmen und gemütlichen Räumen des Hotels zu entspannen.

Estere wurde sofort von einem Portier empfangen, einem jungen Mann mit einem kindlich aussehenden blonden Bart. Der Jüngling verbeugte sich tief. »Sind Sie ein Gast, Fräulein?«, fragte er respektvoll.

»Ich treffe einen Gast«, sagte sie. »Ich weiß nur nicht, wie er aussieht. Sein Name ist Heinrich von Naumburg.« Der Portier deutete nach rechts. Am Ende des Empfangssaals stand eine große Theke, wo wenigstens vier Rezeptionisten sich um anreisende Gäste kümmerten. Rechts davon befand sich ein elegantes Café voller großer Tische und gemütlicher Polstersessel.

»Herr Oberst von Naumburg sitzt dort vorne in der Ecke.«

»Danke.«

Heinrich von Naumburg sah aus wie einer der Helden auf den Werbeplakaten der Armee. Er war groß, muskulös, hatte ein kantiges Gesicht und sein blondes Haar war kurz geschnitten. Er trug eine Offiziersuniform und hielt eine Zigarre in der Hand. Estere schätzte, dass er nicht älter als dreißig sein konnte.

Als sie näher trat, erhob Naumburg sich sofort und rückte ihren Stuhl zurecht. »Fräulein ... Kalnini?«

»Ja.«

Sie nickten einander kurz zu.

»Das ist kein deutscher Name, oder?«, fragte er.

Sie schüttelte den Kopf. »Mein Vater stammte aus Lettland.«

»Ich verstehe.« Sie setzten sich an den runden Tisch. Estere lehnte sich in ihren Stuhl zurück, bestellte sich einen Pfefferminztee und zückte dann ihr Notizbuch. Naumburg rauchte in Ruhe seine Zigarre zu Ende und ließ dabei seinen Blick über Estere schweifen. Unverhohlen und ohne jede Scham betrachtete er ihre Brüste und Taille. Eine schüchternere Frau wäre deswegen rot geworden oder hätte sich bedeckt, doch Estere wusste, wie dieses Spiel gespielt wurde.

Sie beugte sich nach vorne und stellte dabei sicher, dass ihr Busen deutlich zu sehen war. »Sie scheinen schon lange keine Frau mehr gesehen zu haben.«

Er ließ seine weißen Zähne blitzen. »Das war das Schlimmste am Krieg«, sagte er lachend. »Immer nur Männer. Das und das fürchterliche Essen.«

»Glauben Sie mir, das Essen an der Heimatfront war auch nicht viel besser.«

Er fuhr sich durch das blonde Haar. »Vermutlich nicht. Aber ja, nach all der Zeit unter Soldaten bin ich immer noch fasziniert, wenn ich eine schöne Frau sehe.«

»Wissen Sie, es gibt Zeitschriften mit Bildern, die Ihnen helfen könnten«, sagte Estere trocken.

Heinrich von Naumburg blickte sie sprachlos an. Dann lachte er so laut, dass einige der anderen Gäste sich zu ihnen umdrehten. Es schien ihn nicht zu kümmern.

»Diese Zeitschriften hatten wir an der Front auch«, sagte er. »Aber die Frauen darin sind in der Regel völlig überschminkt. Sie tragen keine Schminke, oder?«

Estere schüttelte den Kopf. »Nein.«

»Gut. Die natürliche Schönheit einer Frau sollte von nichts bedeckt werden.«

Estere kommentierte das nicht, sondern griff nach ihrem Notizblock und zückte ihren Stift. »Wollen wir anfangen?«

Er zuckte mit den Schultern. »Ich hätte mich lieber weiter über Frauen und die Schönheit der Schöpfung unterhalten, aber wenn Sie darauf bestehen.«

Naumburg flirtete ganz offensichtlich mit ihr, doch er war die Art von Mann, die mit jeder Frau flirtete.

Vermutlich ist er es gewohnt, dass Frauen schwach werden, wenn er sie mit seinen blauen Engelsaugen anblickt.

»Sie leiten Ihr eigenes Freikorps?«, fragte Estere.

Er schüttelte den Kopf. »Ich bin der Stellvertreter von Generalfeldmarschall Ludendorff.«

Er klang stolz und Estere wusste, warum. Ludendorff war einer der mächtigsten und berühmtesten Generäle Deutschlands.

»Ich dachte, das Freikorps Ludendorff befände sich in Westdeutschland?«, fragte sie.

»Ja, aber der General ahnte, dass es in Berlin zu Unruhen kommen könnte, und bat mich, das Freikorps Reinhard in Berlin zu unterstützen.«

»Das ist Ihnen gelungen. Die Soldaten haben den Spartakusaufstand binnen weniger Tage niedergeschlagen.«

Naumburg nickte und nahm einen letzten Zug von seiner Zigarre, ehe er sie weglegte. »Natürlich. Wir waren Soldaten und unsere Gegner arbeitsscheue Revolutionäre. Sie hatten keine Chance. Außerdem …«, er sah ihr lange in die Augen, »… wurde die Regierung vorab gewarnt.«

Estere erwiderte seinen Blick, ohne mit der Wimper zu zucken. »Wissen Sie von wem?«

»Angeblich von einer Frau«, flüsterte er und beugte sich vor. »Einer sehr selbstbewussten und energischen Frau, die sich ihre Hilfe in Form von Interviews und Informationen bezahlen lässt.«

Estere lachte. Für einen Soldaten war er gar nicht so dumm.

»Es heißt, das Freikorps Reinhard stehe weit rechts und sei demokratiefeindlich«, bohrte sie weiter. »Außerdem ist allgemein bekannt, dass Ludendorff den Kaiser gerne wieder ins Land holen würde. Warum haben die Freikorpssoldaten eine Republik verteidigt, von der sie eigentlich nichts halten?«

Estere wollte diese Frage zum Kern ihres Artikels machen. Die rechten Freiwilligenregimenter waren kein zuverlässiger Schutz für die neue Deutsche Republik. Wenn Exsoldaten eine Revolution niederschlagen konnten, wie lange würde es dann dauern, bis sie bemerkten, dass sie auch selbst eine Revolution anzetteln konnten?

Naumburgs Antwort bestätigte Esteres Misstrauen.

»Die meisten Offiziere hassen die Kommunisten«, sagte er und sein Blick nahm einen bitteren Gesichtsausdruck an. »Eigentlich alle Linken. Nur wegen ihnen haben wir den Krieg verloren. Ohne diese Verräter würden wir überhaupt nicht erst in diesem Schlamassel stecken.«

»Wieso sollen die Linken an der Niederlage im Krieg

schuld sein?«, fragte Estere und blickte ihn erstaunt an. Sie sah sich auch selbst als links. Sie war Republikanerin und glaubte an die Demokratie und die Gleichberechtigung der Frauen.

»Wir hatten den Krieg bereits so gut wie gewonnen«, sagte Naumburg bitter und in einem Tonfall, so als könnte er es immer noch nicht fassen, dass Deutschland den Krieg verloren hatte. »Russland war besiegt, Belgien besetzt, unsere Truppen standen direkt vor Paris.«

»Ja und dann wurden das Heer von einer Übermacht aus Amerikanern, Briten und Franzosen zurückgeschlagen«, stellte Estere fest.

Er schüttelte den Kopf. »Nein, so einfach war es nicht. Ich war dabei. Es stimmt, wir konnten Paris nicht erobern. Der Feind erhielt zu viele Verstärkungen und unsere Offensive hat uns die Kraft genommen. Aber wir haben die verdammte Westfront jahrelang gehalten, und dass obwohl wir Russland am Kragen hatten!« Er fuchtelte mit den Händen. »Jetzt war Russland besiegt. Der Osten stand uns offen, wir hatten wieder Ressourcen und Nahrungsmittel zur Verfügung. Wir hätten die Westfront auf Jahre verteidigen können. Solange bis die Westmächte aufgegeben, Frieden geschlossen und die deutsche Vorherrschaft in Osteuropa akzeptiert hätten.«

Estere hörte aufmerksam zu. Von so einer Theorie hatte sie in ihrem Umfeld noch nicht gehört. Sie begriff aber rasch, dass viele der rechtsgesinnten Soldaten wohl tatsächlich glaubten, dass der Krieg noch zu gewinnen gewesen war.

Das wird einen interessanten Artikel abgeben. Realitätsverlust beim Offizierskorps.

»Sie hätten den Krieg also noch jahrelang fortgesetzt, bis die Alliierten irgendwann aufgegeben hätten?«

»Ja!«, sagte Naumburg und schlug mit der Faust auf den Tisch. »Verzeihen Sie mir die Ausdrucksweise, aber wir hatten die Westmächte bei den Eiern. Die gesamte Presse in Frankreich und England forderte Frieden. Ein paar Monate noch, vielleicht ein Jahr, und wir hätten einen Siegfrieden schließen können.«

»Doch dann kam die Novemberrevolution.«

»Genau.« Er schien einen Augenblick zu brauchen, ehe er weitersprechen konnte. »Die Kommunisten und Linken veranstalteten einen Generalstreik. Unsere Wirtschaft brach zusammen, die Flotte in Kiel meuterte und die Sozialdemokraten übernahmen die Macht und kapitulierten. Wir haben den Krieg verloren, doch im Felde war das Heer unbesiegt. Die Verräter haben dem Reich den Dolch in den Rücken gestoßen.«

Estere machte sich einige Notizen. »Also bekämpfen Sie die Linken aus Rache am Generalstreik und weil Sie ihnen die Schuld an der Kapitulation geben?«

»Und weil sie jede organisch gewachsene Ordnung zerstören wollen!«, fügte Naumburg leidenschaftlich hinzu. »Meine Familie hat sich über Jahre, über Generationen, ein Vermögen aufgebaut. Wenn es nach den Kommunisten geht, wird uns das einfach weggenommen. Das werden die Freikorps nicht zulassen. Wir werden jeden Umsturzversuch von links vereiteln.«

Estere lehnte sich zurück. »Es heißt, viele Industrielle und reiche deutsche Familien unterstützen die Freikorps mit Geld und Versorgungsgütern. Ist das der Grund?

Weil sie die Kommunisten fürchten?«

»Ja«, sagte Naumburg. »Und das zurecht. Die Kommunisten haben in Russland fürchterliche Gräueltaten begangen.«

Da konnte Estere kaum widersprechen. Sie hatte Berichte gehört und Bilder gesehen. Selbst Andrei hatte zugegeben, dass die Kommunisten in Russland mit harten Bandagen gegen das alte System vorgegangen waren. »Ich war bei der Befreiung des Berliner Zeitungsviertels dabei«, sagte Naumburg. »Und die Gefangenen haben berichtet, dass der Aufstand von einem russischen Kommunisten unterstützt und koordiniert wurde. Lenins Schatten nennt man ihn. Die Bolschewisten wollen in Deutschland dasselbe anstellen wie in Russland.«

Estere horchte auf. Bei diesem Kommunisten konnte es sich nur um Andrei handeln.

»Wissen Sie, was aus diesem russischen Kommunisten wurde?«, fragte sie und versuchte, ihre Anspannung zu unterdrücken. Wenn Andrei gefallen war, dann hatte *sie* seinen Tod zu verantworten.

Naumburg zuckte mit den Schultern. »Er hat sich davongemacht, ehe wir das Viertel stürmen konnten. Er wird sich irgendwo verkrochen haben, um weiter Unfrieden zu stiften. So wie es für diese Ratten üblich ist.«

Er grinste, so als hätte er einen besonders guten Witz gemacht. Doch Estere fühlte sich angewidert. Sie hielt nichts davon, politische und ideologische Gegner zu beschimpfen. Egal wie ihre Ansichten waren, sie waren alle Menschen und keine Ratten.

Sie blickte in ihre Notizen. Eine letzte Frage hatte sie noch:

»Die Freikorpssoldaten haben das Hauptquartier der KPD gestürmt, oder?«

»Ja …«, er wollte noch mehr sagen, doch eine Kellnerin kam und brachte ihm einen Whiskey. Er bedankte sich mit einem sanften Lächeln. Die Kellnerin wurde rot und ging kichernd davon. Estere zweifelte nicht daran, dass sie sofort mit ihm ins Bett gestiegen wäre.

Vermutlich tut sie das sogar noch.

»Also?«, fragte Estere.

Naumburg blickte der Kellnerin nach und schaute dann zu Estere.

»Wissen Sie, Sie gefallen mir«, sagte er plötzlich.

Wahrscheinlich weil ich mich als einzige Frau nicht wie eine alberne Gans aufführe, sobald er mich anlächelt.

»Ich bin sicher, Ihnen gefallen eine Menge Frauen«, erwiderte Estere kühl. »Das Hauptquartier?«

Er grinste. »Sie lassen nicht locker, oder?« Er nippte an seinem Whiskey und verzog genießerisch das Gesicht. »Also gut. Das Hauptquartier der Kommunisten war eine richtige Festung. Wir haben gute Männer beim Angriff auf das Gebäude verloren. Am Ende konnten uns die Roten aber nicht aufhalten. Wir hatten moderne Kriegswaffen und Erfahrung damit, sie einzusetzen.«

»Was ist mit Rosa Luxemburg und Karl Liebknecht geschehen?«, stellte Estere die entscheidende Frage. Das ganze Land wollte wissen, was aus diesen beiden Ikonen der Linken geworden war. Viele Sozialdemokraten und selbst Konservative schätzten und respektierten Rosa Luxemburg und Karl Liebknecht als deutsche Patrioten und Pazifisten. Sie hatten sich jahrelang für Arbeiter und Frauenrechte eingesetzt.

Naumburg leerte sein Glas und schaute in die Ferne. »Das Schicksal der beiden ist mir nicht bekannt«, sagte er.

Er log. Das erkannte Estere sofort. Heinrich von Naumburg mochte ein guter Soldat sein, doch er war kein Politiker.

»Verraten Sie mir die Wahrheit.«

Naumburg drehte stumm sein leeres Whiskeyglas in der Hand.

»Es wird sowieso herauskommen. Das wissen Sie«, versuchte Estere ihn zu überzeugen. »Verraten Sie es mir.«

»Und Sie versprechen, die Sache nicht zu veröffentlichen?«, fragte Naumburg zweifelnd.

Estere schüttelte den Kopf. »Natürlich nicht. Aber ich werde nicht veröffentlichen, von *wem* ich die Information habe.«

Er legte grüblerisch die Hand an das Kinn. »Wenn ich Ihnen diese Information gebe, würde das Ihrer Zeitung helfen.«

»Ja«, sie sah keinen Grund, es abzustreiten. »Das würde es.«

»Dann sollten Sie mich zum Essen einladen.«

Estere war sprachlos. »Sie wollen mich erpressen, mit Ihnen auszugehen?«

Naumburg zwinkerte ihr zu. »Im Gegenteil«, sagte er und blickte ihr tief in die Augen. »Ich gebe Ihnen die

Möglichkeit, mich besser kennenzulernen und gleichzeitig Stoff für einen Artikel zu erhalten.« Er lachte. »Wie sagen die Engländer? Eine Win-win-Situation.«

Estere knirschte mit den Zähnen. Sie traf ihre Entscheidung binnen weniger Augenblicke.

»Also gut.« Sie konnte Naumburg nicht leiden, doch er war auch nicht so fürchterlich, dass sie kein Abendessen mit ihm ertragen könnte. »Wann haben Sie Zeit?«, fragte sie.

»Heute Abend. Um sieben?«

»Um acht«, korrigierte sie, weil sie ihm nicht die Kontrolle überlassen wollte.

Er lächelte, als wüsste er genau, was in ihrem Kopf vorging. »Um acht also«, sagte er freundlich. »Ich hole Sie ab.«

Estere gab ihm ihre Adresse und machte sich voller Gedanken davon. Das Gespräch hatte ihr viele interessante Einblicke verschafft. Eine Nachricht brachte sie jedoch mehr zum Grübeln als jede andere.

Andrei hatte überlebt.

Sie verbrachte den restlichen Tag damit, an ihrem Artikel über die Freikorps zu schreiben. Wer waren die Freikorps? Eine Bande romantischer Soldaten, die die Republik und die Sicherheit Deutschlands beschützten, oder fanatische Rechte, die sich dank ihrer Waffen über jedes Gesetz erhaben fühlten?

Estere beschrieb in ihrem Artikel beide Sichtweisen. Am Ende schlussfolgerte sie, dass es zwar erforderlich gewesen war, die Freikorps gegen kommunistische

Umstürzler einzusetzen, dass es am Ende jedoch eigener republiktreuer Truppen bedurfte.

Sie plante die nächsten Wochen. Die ersten freien Reichstagswahlen in der deutschen Geschichte standen kurz bevor. Erstmals durften auch Frauen wählen und gewählt werden. Estere wollte um ein Interview mit Marie Juchacz ansuchen. Juchacz war eine Heldin der deutschen Frauenrechtsbewegung und würde wohl bald für die Sozialdemokraten in den deutschen Reichstag einziehen. *Gut möglich, dass sie als erste Frau eine Rede im Reichstag halten wird.*

Um acht Uhr klopfte Esteres Mutter an ihre angelehnte Tür.

»Ein Offizier ist hier!«, sagte sie begeistert. »Er sagt, er wolle dich sehen.« Ihre Stimme klang so aufgeregt, als würde sie selbst ausgeführt werden. Sie ging in Esteres Zimmer und starrte sie fassungslos an.

»Aber was hast du denn an?«, rief sie. »So kannst du doch nicht mit einem Mann ausgehen. Einem Offizier noch dazu!«

Estere blickte an sich hinab. Sie hatte eine einfache Bluse und einen langen Rock angezogen. Sie würde ohnehin einen Mantel tragen, das musste reichen.

»Keine Sorge«, beruhigte sie ihre Mutter. »Er ist ein Frontsoldat. Er legt keinen Wert auf eine hübsche Verkleidung. Außerdem ist dieses Essen geschäftlich.«

Zumindest für mich.

Ihre Mutter spitzte die Lippen, beschwerte sich aber nicht mehr. Stattdessen ging sie zum Fenster und lugte hinaus. »Weißt du was, Estere? Ich glaube, er hat einen Benziner!«

»Ein eigenes Automobil?« Das passte zu Naumburg. Estere ging die Treppe hinunter und dort stand er. Wenn es irgendwie möglich war, dann sah er jetzt sogar noch besser aus als zu Mittag. Sein Haar hatte er leicht zurückgekämmt und eine noch edlere Uniform angelegt. »Haben Sie keine Zivilkleidung?«, fragte Estere spöttisch.

Wieder musterte Naumburg unverhohlen ihre Brüste.

»Nein«, sagte er, ohne aufzublicken. »Ich verstehe leider nicht das Geringste von Mode und wüsste nicht, was ich anziehen sollte.«

»Sie brauchen eine Frau.« Estere hatte das nur so dahingesagt, doch Naumburg schien sie ernstzunehmen. »Ja«, sagte er nachdenklich und suchte ihren Blick. »Vielleicht brauche ich eine.«

Er führte sie hinaus und öffnete ihr die Wagentür. »Ich nehme an, die meisten Frauen verfallen Ihnen, sobald Sie mit Ihrem Wagen vorfahren?«, fragte Estere kokett und setzte sich hinein. Der Wagen war unglaublich schick. Er hatte sogar Ledersitze. Estere *war* beeindruckt, doch sie würde lieber einem kommunistischen Umsturztrupp gegenübertreten, als das zuzugeben.

Er schüttelte den Kopf. »Ich hatte bislang keine Zeit für Verabredungen. General Ludendorff ist ein anspruchsvoller Dienstgeber.«

Estere nickte. »Also?«, fragte sie, als Naumburg den Wagen startete. »Mit welchem teuren Restaurant werden Sie versuchen, mich zu beeindrucken?«

»Mit gar keinem«, sagte er und deutete auf einen prall gefüllten Korb. »Ich dachte, wir machen ein Picknick.«

Estere war erstaunt. »Es ist Winter. Außerdem dachte ich, Sie wären die Art von Mann, der es wichtig ist, auch die richtige Gabel zu verwenden.«

Heinrich von Naumburg schüttelte den Kopf. »Vor dem Krieg vielleicht. Aber wenn man jahrelang Männern beim Sterben zugesehen hat, beginnen einem solche Dinge egal zu werden.«

Schwermut trat in seine Augen und zum allerersten Mal begann Estere, ihn interessant zu finden.

Er wollte nicht verraten, wohin sie fuhren, also lehnte Estere sich einfach zurück und genoss die Fahrt. Der Benziner war unglaublich schnell. Bis zu dreißig Meilen pro Stunde konnte er fahren. Jedoch hinderten die Dunkelheit und der Schneefall sie daran, seine volle Geschwindigkeit auszureizen.

Anders als Estere erwartet hatte, fuhren sie nicht nach Osten, nach Berlin, sondern nach Westen, weiter ins Zentrum von Potsdam. »Sie stammen doch gar nicht aus dieser Gegend«, protestierte Estere. »Woher kennen Sie einen Picknickplatz in Potsdam?«

Er zuckte mit den Schultern. »Der eine oder andere Platz ist so schön, dass sogar wir im Süden ihn kennen.«

Das ergab keinen Sinn, und plötzlich bekam Estere es mit der Angst zu tun. Wollte Naumburg nur eine unbequeme Reporterin ausschalten? Sie blickte sich vorsichtig um. Sie war dabei, mit einem fremden Mann irgendwohin ins Nirgendwo zu fahren. Sie überlegte, ob sie einfach aus dem Auto springen sollte. Doch noch ehe sie sich entschieden hatte, hielten sie an.

»Wo sind wir?«, fragte Estere und riss dann erstaunt die Augen auf.

Vor ihnen erhob sich das Stammschloss der Hohenzollern. Sanssouci. »Da kommen wir niemals hinein!«, protestierte sie. Sie erinnerte sich daran, dass sie als Kinder oft versucht hatten, in den riesigen Park um das Schloss herum zu gelangen. Doch er war von einer undurchdringbaren Hecke umgeben und alle Eingangstüren wurden ständig von Wächtern abgeriegelt. Das Schloss Hohenzollern war einer der Gründe, warum Estere sich früh gegen den prahlenden Reichtum der Oberschicht gestellt hatte. Das Schlossgelände machte gut die Hälfte der Fläche der Potsdamer Innenstadt aus.

»Wem gehört das Schloss jetzt eigentlich?« Kaiser Wilhelm war nach seiner Abdankung wie die meisten deutschen Adeligen ins Ausland geflohen. Per Gesetz war die alte Hochadelsschicht ihrer Ämter, Privilegien und ihres Einflusses enthoben worden.

Naumburg verzog das Gesicht. »Noch gehört das Schloss der Hohenzollernfamilie, aber es gibt Forderungen aus der Stadt, Sanssouci zu verstaatlichen und der Allgemeinheit zur Verfügung zu stellen.« Tiefe Missbilligung schwang in seinen Worten mit.

Estere verkniff sich einen Kommentar. »Was wollen wir hier?«

»Meine Familie ist zwar nur noch dem Namen nach adelig, wir haben unsere alte Güter schon lange verloren, doch weil wir eine reiche Fabrik besitzen und einen alten Namen haben, kennen wir die Hohenzollernfamilie und dürfen das Schloss besuchen. Außerdem habe ich das hier.« Er deutete auf seine Brust, an der ein Eisernes Kreuz hing. Estere wusste nicht viel vom Heer, doch das

Eiserne Kreuz war ihr bekannt. Es wurde nur für selbstlose Heldentaten im Krieg vergeben.

»Ich nehme an, Sie haben es angelegt, damit ich Sie danach frage und Sie erzählen können, wie tapfer Sie waren?«

Er schüttelte den Kopf. »Ich habe die Geschichte noch nie jemandem erzählt und werde es auch nicht tun. Es ist keine Heldengeschichte.« Er schloss kurz die Augen und schüttelte dann den Kopf, so als versuchte er, eine besonders dunkle Erinnerung loszuwerden. »Kommen Sie«, sagte er und ging los.

Ein verschlafener Nachtwächter sicherte das Tor. Er saß in seiner Wachkabine, kam jedoch eilig herausgerannt, als er sie näher kommen sah. »Oberst von Naumburg«, sagte der Nachtwächter respektvoll und verbeugte sich tief. Der Mann war alt und hatte bereits ein faltiges Gesicht. Vermutlich wurde der Sicherheit des Schlosses heutzutage weniger Aufmerksamkeit gewidmet als noch vor einigen Jahren. Der Kaiser war ja nicht mehr da. Der Nachtwächter betrachtete bewundernd Naumburgs schicke Uniform und sein Eisernes Kreuz. Für viele Deutsche war ein Mann wie Naumburg ein Kriegsheld, dem jeder Wunsch erfüllt werden musste.

Er kann uns ja gar nicht schnell genug das Tor aufsperren.

Estere konnte es nicht fassen: Sie befanden sich tatsächlich im Schlosspark von Sanssouci! Sie erinnerte sich, dass sie mit ihrem Vater einmal hier gewesen war. Der Kaiser hatte das Schloss einen Tag für das Volk aufsperren lassen. Die Idee war, so die Zuneigung der

Bevölkerung zu gewinnen, doch der Schuss ging nach hinten los. Die meisten Potsdamer waren nicht dankbar über die scheinbar großzügige Geste, sondern wütend angesichts der offensichtlichen Geldverschwendung. Estere dachte an diesen Tag zurück. Tausende Menschen waren zwischen den Alleen herumspaziert. Jetzt dagegen befand sich niemand hier, niemand außer ihnen beiden.

»Wohin gehen wir?«

»Sie werden schon sehen. Wir müssen ein wenig wandern.«

Sie gingen schweigend nebeneinander her. Estere war dankbar dafür. Die Atmosphäre dieses Parks war unbegreiflich.

Ehe er König von Preußen wurde, soll Friedrich der Große hier Philosophen und Denker aus ganz Europa versammelt haben.

Estere stellte sich vor, dass die großen Aufklärer und Reformer ihrer Zeit auf eben diesem Weg gegangen waren und sich über die Zukunft der Welt unterhalten hatten.

»Wir sind hier«, sagte Naumburg plötzlich. Estere blickte auf. Sie war so in Gedanken versunken gewesen, dass sie nicht gemerkt hatte, dass sie direkt vor dem Hauptschloss standen.

»Wir können nicht hinein«, erklärte Naumburg rasch. »Aber seit ich zum ersten Mal hier war, träume ich davon, zusammen mit einer schönen Frau auf der obersten Stufe zu sitzen, Wein zu trinken und in die Ferne zu schauen.«

»Eine schöne Vorstellung.«

Er nickte.»Sie hat mich in manchen dunklen Stunden am Leben gehalten. Wollen wir?«

Er griff nach ihrer Hand. Estere widersetzte sich nicht. Naumburg war immer noch nicht ihr Typ. Schon alleine seiner politischen Ansichten wegen. Doch er war auch nicht der oberflächliche Schürzenjäger, für den sie ihn zuerst gehalten hatte.

Langsam und vorsichtig stiegen sie die gefrorenen Stufen hinauf. Oben herrschte ein eisiger Wind.»Keine Sorge«, sagte er, als eine kalte Böe sie zum Zittern brachte.»Ich habe Decken im Korb.«

Auf der obersten Stufe wischten sie den Schnee notdürftig zur Seite, legten eine Decke darauf, setzten sich und deckten eine zweite Decke über sich. Dann holte Naumburg eine Flasche Wein heraus.

»Französischer Wein?«, fragte sie neckisch und beäugte die Flasche.»Ich dachte, ein deutscher Soldat trinkt nur Wein aus der Pfalz oder dem Saarland.«

Geschickt entfernte er den Korken und warf ihn zurück in den Korb.»Ich vertraue auf Ihre Diskretion, Estere«, sagte er lächelnd.

Sie grinsten einander an, dann legte Naumburg seinen Arm um sie.

»Wie stark er ist«, dachte Estere überrascht. Obwohl er sie nur sanft berührte, konnte sie die harten Muskeln unter seiner Uniform fühlen. Von ihm gehalten zu werden fühlte sich ganz anders an als in Andreis Armen zu liegen.

Andrei. Plötzlich überkam sie ein schlechtes Gewissen. Aber warum? Sie hatte Andrei doch nur benutzt, um an Informationen zu kommen, oder etwa nicht?

Sie rief ihre Gedanken zur Ordnung. Selbst wenn sie heimlich Gefühle für Andrei entwickelt hatte, spielte das jetzt keine Rolle mehr. Ihre und Andreis Geschichte war zu Ende.

Naumburg schenkte ihnen beiden Wein ein und hob dann sein Glas. Ehe sie anstießen, blickten sie einander tief in die Augen. Naumburg leerte sein Glas in einem Zug. »Herrlich«, sagte er genießerisch.

Estere selbst nahm nur einen kleinen Schluck. »Sie mögen aus einer Adelsfamilie stammen, aber Sie trinken wie ein Bauer«, kommentierte sie spitz.

Er grinste. »Eine Angewohnheit aus dem Krieg.«

»Sie müssen sehr froh über den Krieg sein, jetzt haben Sie eine Ausrede für alles.«

Sie lachten und tranken.

»Ich mag Sie«, sagte er nach einer Weile und zog Estere enger zu sich.

Dann versuchte er, sie zu küssen, doch Estere drehte ihren Kopf zur Seite. »Sie haben Ihren Teil der Abmachung vergessen«, sagte sie. »Was ist aus Rosa Luxemburg und Karl Liebknecht geworden?«

»Sie sind tot.«

Estere blickte in die Dunkelheit. Sie mochte einer gewaltsamen Revolution ablehnend gegenüberstehen, doch Rosa Luxemburg und Karl Liebknecht hatten Großartiges für die deutsche Frauen- und Arbeiterbewegung geleistet.

»Wie?«

Sie rechnete es ihm hoch an, dass er ihr weiterhin in die Augen blickte.

»Sie wurden festgenommen und ins Hotel Eden

gebracht. Dort wurden sie befragt und dann erschossen.«
Estere erwiderte seinen Blick. »Auf wessen Befehl
hin?«

»Meinen.«

Sie schluckte. Einen Augenblick lang hatte sie
vergessen, was für eine Art von Mann Heinrich von
Naumburg war.

»Und wer hat *Ihnen* den Befehl gegeben?«
Soldaten töteten nur selten hochrangige Politiker
einfach so. Nicht ohne Rückendeckung.

Er schüttelte den Kopf. »Das kann ich Ihnen nicht
sagen.«

Estere schauderte. Was, wenn der Sozialdemokrat
Friedrich Ebert den Auftrag zur Ermordung seiner linken
Konkurrenten gegeben hatte? Der Gedanke schien ihr
schlicht unerträglich.

Er zog sie wieder zu sich. Estere ließ es geschehen.

»Das ist vielleicht nicht der richtige Augenblick«,
begann er. »Aber ich kann Sie gut leiden. Sie sind die
Art von Frau, die ich will.«

Estere wusste nicht, was sie darauf antworten sollte.
Sie war mit ihren Gedanken immer noch bei den
ermordeten Kommunistenführern.

Naumburg sprach einfach weiter: »Ich bin kein
Lebemann. Der Krieg hat mir klargemacht, dass ich eine
Partnerin brauche. Eine Frau, die stolz und stark ist. Sie
sind so eine Frau.«

*Er will mir jetzt doch hoffentlich keinen Antrag
machen.*

Diese Befürchtung stellte sich zum Glück als
unbegründet heraus. Er beugte sich jedoch vor und

küsste sie auf die Stirn. »Ich kann Ihnen vieles bieten, Estere. Ich stamme aus einer einflussreichen Familie und das Freikorps Ludendorff wird schon bald die bestimmende politische Einheit im Land sein.«

Estere dachte über diese Worte nach. Er hat recht, dachte sie. *Die nächste Revolution könnte von den Freikorps ausgehen.*

Das bedeutete den nächsten großen Artikel.

Estere drehte ihren Kopf und küsste Naumburg.

Die bayerische Räterepublik

Andrei

(Berlin, 20. Januar 1919)

Die Wahlen zum Deutschen Reichstag waren ein weiterer Tiefpunkt in einer Serie schlechter Ereignisse für den deutschen Kommunismus gewesen.

Andrei wusste nicht, welcher Witzbold auf die Idee gekommen war, die Wahlen ausgerechnet am 19. Januar 1919 stattfinden zu lassen. Die Wahlergebnisse waren jedenfalls alles andere als lustig. Lenin hatte immer gesagt, dass die Revolution nicht über die Wahlurnen erfolgen konnte. Die Allianz aus Kirche, Industrie und Presse war auf demokratischem Wege nicht zu schlagen.

Dennoch erschütterten die Ergebnisse Andrei. Die eben erst gegründete KPD war gar nicht erst angetreten. Es lag also an der USPD, die linke Opposition zu vertreten. Die USPD setzte sich für den Umbau Deutschlands zu einer Räterepublik der Arbeiter und Bauern ein. Sie wollte die Neuverteilung des Wohlstandes und gleiche Chancen für alle. Als einzige Partei hatte sie sich die ganze Zeit über gegen den fatalen Krieg ausgesprochen, und war als einzige Partei immer ihren Werten treu geblieben.

Sie hatte sieben Prozent der Stimmen erhalten.

Andrei konnte es nicht fassen. Zuerst hatte er geglaubt, die Zeitung habe einen Fehler gemacht, doch alle Blätter berichteten dasselbe. Abgeschlagen auf dem fünften Platz, spielten die USPD und die revolutionären Linken im künftigen Reichstag keine Rolle.

Die großen Wahlsieger waren die verräterischen Sozialdemokraten geworden. Jene Männer und Frauen, die den Krieg unterstützt hatten und die sich weigerten, eine soziale Revolution durchzuführen. Beinahe 38 Prozent hatten SPD gewählt. Auf Platz zwei folgte die katholische Zentrumspartei vor den Liberalen und den Deutschnationalen.

»Die USPD ist am Ende«, sagte Andrei und klappte die Zeitung zu.

Andrei und Bauer saßen zusammen an Andreis Wohnzimmertisch. Sie hatten die letzten Tage hier verbracht und waren nur im Notfall hinausgegangen. Immer noch streiften Freikorpssoldaten auf der Suche nach kommunistischen Umstürzlern durch die Stadt.

»Das ist noch nicht alles.« Bauer holte eine weitere Zeitung aus seiner Tasche. Andrei zuckte unwillkürlich zusammen. Es war die neuste Ausgabe des *Märzblattes*.

»Wenn das, was hier steht, stimmt, dann wurden Rosa Luxemburg und Karl Liebknecht von Freikorpssoldaten ermordet.«

Andrei nickte. »Wenn die beiden noch leben würden, hätten wir von ihnen gehört.«

»Trotzdem«, gab Bauer zu bedenken. »Keine andere Zeitung hat von ihrer Ermordung berichtet.«

»Verlass dich drauf. Estere hat ihre Methoden, um an Informationen zu kommen.«

Andrei wollte sich lieber nicht vorstellen, welchen armen Kerl sie diesmal verführt hatte.

»Willst du darüber reden?«, fragte Bauer. Seit Andrei entdeckt hatte, dass er von Estere verraten worden war, hatte er ihren Namen nicht mehr erwähnt. Wann immer Bauer versuchte, das Thema auf die Tagesordnung zu bringen, blockte er ab. Auch jetzt.

»Wir haben wichtigere Probleme«, sagte Andrei und stand auf. Nach Tagen der Niedergeschlagenheit erfüllte ihn plötzlich eine neue Entschlossenheit. Er war Andrei Vasiliev. Lenins Stimme in Deutschland. Er würde sich nicht so leicht unterkriegen lassen.

»Wir müssen entscheiden, wohin wir jetzt gehen. Hier in Berlin können wir nichts mehr erreichen.«

Bauer und Andrei hatten in den letzten Tagen ein Band des Vertrauens aufgebaut. Andrei wollte Bauer zu seiner rechten Hand machen. Er brauchte einen Gefolgsmann, auf den er sich bedingungslos verlassen konnte.

Bauer griff sich ans Kinn. »Wir könnten nach Bremen gehen«, sagte er. »Die Genossen dort haben eine Bremer Räterepublik ausgerufen und die Stadt unter ihre Kontrolle gebracht.«

Andrei schüttelte den Kopf. Den Bremern war zwar gelungen, woran sie in Berlin gescheitert waren, doch Freikorpssoldaten befanden sich bereits im Anmarsch, um die Stadt zurückzuerobern. Bremen war zu klein, um die Freikorps zu besiegen. Die Kommunisten brauchten ein deutsches Flächenland, das ihnen erlaubte, ein eigenes Heer auf die Beine zu stellen.

»Ich denke, wir sollten nach Bayern gehen.« Die Idee geisterte schon länger in seinem Kopf herum. In Bayern hatte nach der Novemberrevolution nicht die SPD, sondern die USPD die Regierung übernommen. Zwar war die USPD bei den folgenden Landtagswahlen untergegangen, doch solange der Landtag nicht zusammentrat und eine neue Regierung wählte, kontrollierte die USPD die Polizei und die Beamten. Eine bessere Voraussetzung für eine kommunistische Revolution gab es nicht.

Sie fassten rasch einen entsprechenden Plan. Sie würden in drei Tagen den Zug nach München nehmen. Zuvor musste Andrei aber noch einige Dinge in Berlin erledigen. Zuerst suchte er die überlebenden KPD-Führer auf und gab ihnen Finanzmittel zum Wiederaufbau ihrer Strukturen. Das war eine gefährliche Mission, denn Andrei wusste, dass die Freikorps nach ihm suchten. Am wichtigsten war allerdings die Neugestaltung der kommunistischen Zeitschrift *Die Rote Fahne*. Deren Redaktionsräume waren von den Freikorpssoldaten völlig zerstört worden und mit Rosa Luxemburg fehlte plötzlich die Chefredakteurin. Andrei traf sich mit den verbliebenen Mitarbeitern der Zeitschrift und organisierte den Wiederaufbau. Er mietete neue Räumlichkeiten, fand einen Drucker und stellte einen Chefredakteur ein. *Die Rote Fahne* wurde jetzt mit russischen Geldern finanziert und stand damit fortan unter Andreis Einfluss. Er schwor die Redakteure auf einen strikt revolutionären Kurs ein und behielt sich das Recht vor, jederzeit Leitartikel zu schreiben.

Der Wiederaufbau ihrer Strukturen war jedoch nicht sein einziges Problem. Andrei musste ein verschlüsseltes Telegramm mit einem Lagebericht nach Moskau schicken. Keine angenehme Aufgabe. Was sollte er schreiben? Dass er sich von einer hübschen Reporterin hatte überlisten lassen und ihr Aufstand deswegen gescheitert war?

Nein. Außer Bauer wusste niemand von seinem Fehler mit Estere, und dabei sollte es auch bleiben.

Andrei war entschlossen, das Debakel von Berlin vergessen zu machen. Das Jahr 1919 mochte mit einer Serie von Niederlagen begonnen haben, doch es würde mit einem Sieg enden.

»Gibt es niemanden in Berlin, der dich vermissen wird?«, fragte er Bauer, als sie sich am Bahnhof trafen. Bauer schüttelte den Kopf. »Meine Familie stammt aus Hamburg. Ich kam nur nach Berlin, um den Aufbau der KPD zu unterstützen.«

Andrei nickte. Bauer war genau die Art von Berufsrevolutionär, die sie für einen Umsturz brauchten. Er würde sicherstellen, dass die Partei Bauer ein anständiges Gehalt bezahlte.

Bauer trug einen einfachen Arbeitermantel. Die waren meistens braun, weil man Flecken darauf schwerer sehen konnte. Auch sonst war Bauers Kleidung abgetragen. Sollte Andrei ihm neue Sachen kaufen? Andrei entschied sich dagegen. Bauers alte, aber dennoch penibel saubere Kleidung erweckte genau den Eindruck, der bei den Arbeitern gut ankam. Arm, aber ordentlich. Jemand, der alles gab und nicht selbst schuld an seinem Schicksal war, sondern ausgebeutet wurde.

Andrei hatte ein Zugabteil für sie reservieren lassen und einen ganzen Stapel von Zeitungen dabei. Sogar *Das Märzblatt*. Andrei erinnerte sich daran, dass Estere oft in seiner Wohnung gesessen und geschrieben hatte. Sie hatte vorgegeben, in ihrem Tagebuch oder Briefe an ihren toten Vater zu schreiben. In Wahrheit hatte sie sich wohl Notizen gemacht oder Artikel über ihn geschrieben.

Wie konnte ich nur so blind sein?

Estere war manchmal den ganzen Tag verschwunden gewesen. Sie hatte gesagt, sie gehe zur Universität, und er hatte ihr geglaubt. Er schluckte schwer und versuchte, den Schmerz aus seinem Herzen zu verbannen. Dann las er sich Esteres Artikel durch. Einer war ein bewegendes Interview mit einem bettelnden Soldaten, der im Krieg sein Bein verloren hatte. Mit Bewunderung nahm Andrei zur Kenntnis, wie gut Estere die Haltung des Soldaten, seinen Mut, aber auch seine Verzweiflung angesichts seiner Lage beschrieb.

Er fand einige weitere Berichte. Einer handelte von den Freikorps und beinhaltete ein Interview mit einem der einflussreichsten Freikorpsoffiziere: Heinrich von Naumburg.

Interessiert las Andrei, was Estere über diesen Mann zu schreiben hatte. Naumburg war einer der Hauptgründe für das Scheitern ihres Aufstands gewesen. Er hatte die Freikorpssoldaten zu einer kompromisslosen Haltung getrieben.

Estere beschrieb Naumburg genauso, wie Andrei sich ihn vorstellte. Ein typischer Soldat, der Befehlen gehorchte, sich die alten Zeiten zurückwünschte und den Krieg am liebsten für immer fortgesetzt hätte. Nur ein Satz missfiel Andrei: *Mit seinen muskulösen Armen, blauen Augen und seinem kantigen Gesicht sieht der Offizier aus wie ein Held der Nibelungensaga, als den er sich wohl auch selbst gerne sieht.*

Andrei begriff, dass Estere hier ironisch überspitzte,

dennoch überfiel ihn ein heftiger Anfall von Eifersucht. Die restliche Zugfahrt über studierten Bauer und er weitere Zeitungen und machten Pläne für ihre Zeit in Bayern. »Wie ist die Lage in München?«, fragte Bauer, kurz nachdem sie den Main überquert hatten. »Werden die Genossen dort eine Revolution unterstützen?«

Andrei griff sich ans Kinn. »Ich weiß es nicht. Wie überall in der Welt wird es auch in Bayern gemäßigte und radikale Kräfte geben. Wir müssen uns mit beiden gut stellen, und wenn es darauf ankommt, den Radikalen zum Sieg verhelfen.«

Sie erreichten München am Morgen des nächsten Tages. Müde und mit steifen Knochen verließen sie den Zug und wurden sofort von einem Genossen in Empfang genommen. »Genosse Vasiliev?«, flüsterte ein rothaariger Mann.

Andrei nickte. Er hatte die Partei mit einem verschlüsselten Telegramm über seinen Umzug nach München in Kenntnis gesetzt. Der Mann stellte sich als Viktor Nagel heraus. Er war damit beauftragt worden, Andrei und Bauer herumzuführen. Die Genossen hatten ihnen außerdem eine Wohnung in der Münchner KPD-Zentrale zur Verfügung stellen wollen, doch nach seinen Erfahrungen in Berlin lehnte Andrei die Wohnung ab. Er schlüpfte stattdessen erneut in die Rolle des reichen russischen Erben und bezog eine Suite im Münchner Hotel Königshof. Bauer, so sagten sie dort, sei sein Leibdiener.

Es dauerte nicht lange, bis sie die Lage in München analysiert hatten. Im November war der bayrische König aus dem Land vertrieben worden und die

Zusammenkunft der Bauern und Arbeiterräte hatte den Sozialisten Kurt Eisner von der USPD zum Ministerpräsidenten gewählt. Vor einigen Tagen war in Bayern ein neuer Landtag gewählt worden. Die USPD hatte krachend verloren und die SPD einen triumphalen Sieg errungen. Bei einem Treffen von KPD, USPD und Gewerkschaftsführern in der KPD-Zentrale besprachen die Sozialisten ihr weiteres Vorgehen.

Ministerpräsident Kurt Eisner war ein strammer Mann mit einem an Lenin erinnernden Spitzbart. Er saß am Ende des langen Tisches und stampfte auf, damit die Gespräche verstummten. »Ich seh keine Alternative, Genossen«, erklärte er mit starkem bayrischen Akzent und blickte in die Runde. »Ich muss als Ministerpräsident zurücktreten. Der Wähler hat gesprochen!«

Andrei und Bauer tauschten einen Blick, sagten jedoch nichts. Sie waren in Bayern Außenseiter. Wenn es zu einem Aufstand kommen sollte, dann musste er von den Bayern selbst ausgehen.

»Sollen wir die Macht also einfach so aufgeben?«, fragte ein Genosse. Andrei musterte den Mann. Er hatte dunkles Haar, ein kantiges Gesicht, trug eine einfache Latzhose plus Hemd und rauchte eine Zigarette nach der anderen. Es war der Arbeiterführer und Schriftsteller Ernst Toller. Andrei hatte bereits von ihm gehört. Ein Mann der Tat.

Eisner blickte Toller wütend an. »Was sollen wir sonst tun?«, fragte er. Andrei hatte das Gefühl, dass die beiden schon öfter aneinandergeraten waren.

»Wir mobilisieren die Rote Garde«, sagte Toller sofort.

«Wir kontrollieren die Polizei. Wir können eine sozialistische Räterepublik ausrufen und das gesamte Land unter unsere Kontrolle bringen.«

Andrei horchte auf. Dieser Vorschlag deckte sich exakt mit seinen Vorstellungen.

Doch Eisner schüttelte den Kopf. »Ich werde zurücktreten und die Regierung an die SPD übergeben.«

Andrei fing Toller nach der Versammlung ab. Gemeinsam entschieden sie, Druck auf Kurt Eisner auszuüben. Der bayrische Landtag würde erst am 21. Februar zusammentreten, bis dahin war Eisner Ministerpräsident von Bayern. Sie wollten einige Tage vor der Landtagssitzung eine Großdemonstration von Arbeitern und Gewerkschaftern organisieren und gemeinsam eine kommunistische Räterepublik fordern. Vielleicht konnten sie Eisner auf diese Weise umstimmen.

Die Vorbereitungen für die Großdemonstration dauerten zwei Wochen. Sie mussten vorsichtig agieren, denn das Ganze sollte wie eine spontane Kundgebung wirken. Das bedeutete, sie mussten die Arbeiterräte informieren, ohne dass Eisner Wind davon bekam. Es war eine komplizierte Aufgabe, doch Andrei, Toller und Bauer waren ihr gewachsen. Sie trafen die Räte einzeln, gingen mit ihnen Kegeln oder ein Bier trinken. Erforschten vorsichtig ihre politischen Ansichten und erzählten ihnen dann diskret von der geplanten Demonstration. Die meisten waren sofort dabei. Sie waren wütend über das Wahlergebnis und hatten auch eigennützige Gründe, eine Räterepublik zu fordern.

Wenn Bayern nicht den Weg des Parlamentarismus, sondern den einer Räterepublik ginge, wären sie, die Arbeiterräte, die einflussreichsten Männer im Land.

Über einhunderttausend Demonstranten versammelten sich am 16. Februar auf der Münchner Theresienwiese. Die Stimmung war weit revolutionärer als noch vor einem Monat in Berlin. Immer wieder riefen die Demonstranten Parolen wie »Räte, Räte, Räterepublik!« oder »Nieder mit dem Kapital!«. Die Leute waren außer sich. Der Kaiser war gestürzt, doch ihr Leben hatte sich kaum verändert. Sie wollten eine *richtige* Revolution.

Als Andrei die tausend roten Fahnen sah und die zornigen Rufe hörten, war er sicher, dass Kurt Eisner seine Meinung ändern musste. Wie könnte sich ein Sozialist gegen den Strom der Zeit stellen?

Doch Eisner blieb bei seiner starren Haltung.

Als Andrei das erfuhr, kochte er vor Wut. Er überlegte, ob sie die Macht ohne Eisner ergreifen konnten. Doch das erschien wenig erfolgversprechend. Zähneknirschend würden Andrei und die anderen Revolutionäre zusehen müssen, wie Kurt Eisner die Macht einfach aus den Händen gab.

Am Morgen des 21. Februars entschied Andrei, einen letzten Versuch zu starten. »Wir werden zu Kurt Eisner gehen«, sagte er zu Bauer, »und so lange auf ihn einreden, bis er zur Vernunft kommt. Solange er nicht im Landtag seinen Rücktritt erklärt hat, ist die Sache noch nicht verloren.«

Bauer blickte ihn zweifelnd an. »Du glaubst, dass ihn irgendetwas überzeugen kann?«

Nein. Aber wir müssen es trotzdem versuchen.

Eisner befand sich im bayrischen Ministerium des Äußeren, das nicht weit von ihrem Hotel entfernt lag. Sie stiegen dennoch in einen Taxiwagen, anstatt zu Fuß zu gehen. München hatte sich in den letzten Wochen in einen Hexenkessel verwandelt. Jeden Tag kehrten mehr Soldaten von der Front zurück. Jeder Vierte, den man auf der Straße traf, hatte Erfahrung mit Waffen, hatte Tod und Leid gesehen, hatte Menschen getötet. Viele waren traumatisiert und viele zu politischen Extremisten geworden. Es kam beinahe ständig zu Überfällen, Angriffen und Morden. Der Krieg hatte die gesamte Gesellschaft roher und brutaler gemacht. Andrei hielt sich darum so selten wie möglich direkt auf den Straßen auf. Er bevorzugte Hinterzimmer, Bibliotheken und andere konspirative Orte.

Das bayrische Ministerium des Äußeren hatte seinen Sitz im Palais Monteglas. Wie alle Schlösser, Palais und Kirchen war das Palais Monteglas mit dem Blut und Schweiß der Arbeiterklasse errichtet worden. Für Andrei war das schöne Gebäude darum nicht mehr als ein Zeichen der Unterdrückung.

Sie wurden am Eingang aufgehalten, doch Andrei war dort schon so oft ein- und ausgegangen, dass man sie hereinließ. »Wo ist Eisner?«, fragte Andrei barsch.

»In seinem Zimmer«, wusste ein dicker Wächter mit Ringen unter den Augen zu berichten. »Es heißt, er schreibe seine Rücktrittsrede«, fügte er dreist grinsend hinzu.

Andrei widerstand dem Drang, den Mann zurechtzuweisen. Vermutlich hatte er noch unter der alten Regierung gedient und verabscheute die

Sozialisten. In Russland hätte man ihn längst vor die Tür gesetzt, doch die deutschen Revolutionäre gingen behutsamer vor.

Vor Eisners Arbeitszimmer wurden sie erneut aufgehalten. Zwei Leibwächter standen davor und bestanden darauf, sie zu durchsuchen. Bauer protestierte, doch Andrei winkte ab. Die Genossen machten nur ihre Arbeit und man konnte in diesen Tagen nicht vorsichtig genug sein.

Wäre Andrei an Eisners Stelle, dann würde er ständig mit einem Angriff rechnen. Die extreme Rechte hasste Eisner für seine Rolle beim Sturz der Monarchie, doch auch viele Linke waren wütend auf ihn und warfen ihm Verrat an ihrer Revolution vor.

Ich hätte nicht zwei, sondern acht Leibwächter vor meiner Tür stehen.

In Eisners Arbeitszimmer befanden sich drei Männer. Kurt Eisner selbst, der ganz in Schwarz gekleidet war, sowie zwei seiner Mitarbeiter. Andrei hatte die beiden kurz getroffen. Sie hießen Felix Fechenbach und Benno Merkle. Die beiden waren für Eisner, was Bauer für Andrei war. Loyale Gehilfen, die von anderen kaum bemerkt wurden.

Eisner saß an seinem Schreibtisch und war über ein Blatt Papier gebeugt. Als Andrei die Tür schloss, blickte er verärgert auf. »Genosse Vasiliev«, sagte er. »Was willst du hier?«

Andrei nickte Fechenbach und Merkle knapp zu. »Du begehst einen Fehler«, sagte Andrei und deutete auf das Papier. Er vermutete, dass es sich um Eisners Rücktrittserklärung handelte.

Eisner schüttelte den Kopf.»Wir haben das bereits diskutiert. Ich erfülle den Willen des Volkes. Die SPD hat die Wahl gewonnen, ihr steht daher auch die Macht in Bayern zu. Ich bin kein Diktator, der mit Gewalt nach der Macht greift.«

Eisner klang bei diesen Worten ein wenig verschnupft. War er etwa beleidigt, weil er die Wahl verloren hatte? Das konnte sein. Bei der Novemberrevolution war er der große Held gewesen. Er hatte den bayrischen König verjagt und den Freistaat Bayern ausgerufen. Sicher hatte er damit gerechnet, dass er die Wahl gewinnen würde.

Andrei blickte Eisner ernst an.»Ich verstehe dich, Genosse. Keiner von uns will als Diktator in die Geschichte eingehen«. Er ließ seinen Blick im Raum umherwandern und sah dann wieder beschwörend zum Noch-Ministerpräsidenten.»Aber deine Eitelkeit darf nicht dem Wohl der Arbeiter im Weg stehen. Wir müssen die Industrie verstaatlichen, das Großkapital enteignen und das Land gerecht zwischen den Bauern aufteilen.«

Das waren die großen kommunistischen Forderungen. Mehr Geld und Besitz für die Armen. Mehr Brot und Wohnraum für die Arbeiterklasse.

Eisner verzog das Gesicht. Er setzte sich seit Jahren für genau diese Dinge ein. Einen Augenblick glaubte Andrei, dass er es sich noch einmal überlegen würde, doch dann schüttelte Eisner den Kopf.»Nein«, sagte er. »Nein. All diese Dinge müssen richtig und geordnet geschehen. Der Ball liegt jetzt bei den Sozialdemokraten. Auch dort gibt es viele, die eine

Neuverteilung des Grundbesitzes und eine Verstaatlichung der Industrie befürworten. Sogar viele, die eine Räterepublik wollen.«

Andrei spürte Wut in sich aufsteigen. »Ja, viele in der SPD *sind* für eine Räterepublik!«, sagte er laut. »Vor allem viele SPD-Wähler. Darum sollten wir *jetzt* eine Räterepublik ausrufen. Wenn wir erst einmal dem Parlament die Macht übergeben, werden die Rechten und Konservativen uns an den Rand drängen!«

Andrei hatte es immer und immer wieder gesagt. Die Arbeiterklasse konnte in einem demokratischen System nicht gegen die Großindustrie, die Medien und die Kirchen bestehen. Nur die Diktatur des Proletariats sicherte ihren Erfolg.

Eisner winkte ab. »Es ist entschieden.« Dann erhob er sich. »Es ist Zeit. Gehen wir zum Landtag. Wir können ebenso gut dort warten.« Er griff nach seinem Papier und steckte es sich in die Brusttasche.

Andrei konnte es nicht fassen. »Wir werden euch begleiten«, erklärte Andrei, was Eisner nur mit einem gleichgültigen Schulterzucken quittierte.

Es war eine ausgesprochen seltsame Prozession, die das Palais verließ. Eisner ging in der Mitte, links und rechts von ihm standen seine beiden Leibwächter, links und rechts von diesen Fechenbach und Merkle und hinter den beiden Andrei und Bauer.

»Wir sollten einen Wagen nehmen«, schlug Andrei vor und sah sich wachsam auf der Straße um. Es hatte in den letzten Tagen eine Reihe von Morddrohungen gegen Kurt Eisner gegeben. Besonders die Rechte fürchtete sich davor, dass er tatsächlich nach der Macht griff, und wollte ihn loswerden.

Doch wie schon zuvor erwies Eisner sich als völlig unbelehrbar. »Man kann sich nicht sein Leben lang vor Attentätern verstecken«, sagte er betont gleichgültig. »Und man kann mich zum Glück ja nur einmal erschießen.«

Es war ein kalter regnerischer Tag. Der Schnee war bereits geschmolzen, doch der Frühling noch nicht angekommen. So blieben nur Nässe und Kälte. Sie gingen langsam Richtung Landtag. Andrei blickte sich aufmerksam um. Die meisten Passanten eilten in verschiedene Richtungen. Niemand wollte sich zu lange in diesem Wetter aufhalten.

Plötzlich berührte Bauer Andreis Arm. »Siehst du den Kerl dort?«, fragte er.

Andrei blickte in die angegebene Richtung. Dort stand ein junger Mann in einem grauen Mantel. Er sah wie ein typischer Student aus: Er trug einen Kinnbart, der noch keine richtige Fülle erreicht hatte, eine Brille und einen Gehstock in der Hand. Nur eines an dem jungen Mann war auffallend.

Der unverhohlene Hass in seinem Blick.

Warum steht er vor dem Palais herum? Das Wetter ist kalt. Trifft er sich mit einem Freund?

Der Student versuchte so offensichtlich, nicht zu ihnen zu sehen, dass es klar war, dass er sie beobachtete. Andrei spannte die Muskeln an. Alle Alarmsignale in seinem Körper aktivierten sich.

Plötzlich setzte der junge Mann sich in Bewegung.

»Genosse Eisner, wir sollten hier verschwinden«, sagte Andrei.

Doch Eisner hörte ihn nicht. Er war in seine Rücktrittserklärung vertieft. »Im Namen des bayrischen Volkes«, las Eisner vor. »Was meinst du, Fechenbach, sollte ich lieber *im Namen des deutschen Volkes* sagen, oder klingt das zu pathetisch?«

Der Student beschleunigte seine Schritte und kam ihnen immer näher.

»Genosse Eisner!«, wiederholte Andrei beinahe panisch.

»Oder besser *im Namen der Bürger Bayerns*?«

»Genosse Eisner!!«

Der Student war jetzt auf derselben Höhe wie sie. Andrei hielt den Atem an, doch der junge Mann ging einfach an ihnen vorbei. Andrei atmete erleichtert aus.

Endlich wandte sich Eisner zu ihm um. »Was ist denn, Genosse Vasiliev?«

Andrei wollte eben sagen, dass er sich nur geirrt hatte, doch in diesem Augenblick blieb der Student stehen und drehte sich um. Er hatte eine Pistole in der Hand.

»Verräterische Judensau!«, schrie er und schoss.

Genau wie Eisners Leibwächter.

Andrei warf sich zur Seite. Der Schusswechsel war viel zu plötzlich gekommen.

Bin ich getroffen?

Andrei spürte keinen Schmerz, also rappelte er sich langsam wieder hoch. Bauer und Eisners Gehilfen tauschten entsetzte Blicke und deuteten auf zwei Gestalten auf der Straße. Es waren Eisner und der Attentäter. Beide waren augenscheinlich tot.

Karl Marx, steh uns bei.

Alle schienen zu fassungslos zu sein, um irgendetwas

zu sagen oder zu tun. Nur Bauer beugte sich über Eisner, um seinen Puls zu fühlen. »Tot«, sagte er und schüttelte den Kopf.

Lenin hatte einmal zu Andrei gesagt, dass ein Revolutionär nicht klug, gebildet oder charismatisch sein musste. Alles, worauf es ankam, war die Fähigkeit, in Krisensituationen rasche Entscheidungen zu treffen. Andrei verfügte über diese Fähigkeit.

»Die Reaktionäre versuchen einen Putsch gegen unsere Revolution!«, verkündete er. »Ihr beide«, er wandte sich an die beiden Leibwächter. »Schafft Eisners Leiche zurück in das Palais. Holt jemanden, der ihn vorbereitet. Seine Beisetzung wird ein Staatsakt.«

Dann wandte er sich an Eisners Stellvertreter, die immer noch geschockt auf ihren ermordeten Arbeitgeber starrten. »Wir müssen sofort die Räteversammlung einberufen!«, erklärte Andrei. »Der Landtag hat keine Legitimation. Die Gesetzgebung liegt bei den Räten, bis die Lage sich aufgeklärt hat.«

Dieser verrückte Student könnte unsere Revolution gerettet haben.

Sie beriefen eine rasche Krisensitzung im Palais ein. Toller, der sich ohnehin in der Nähe befunden hatte, kam binnen weniger Minuten. Andrei zog ihn zur Seite, um sich ungestört mit ihm zu unterhalten.

»Ist es wahr?«, fragte Toller. »Ist er wirklich tot?«

Andrei nickte. »Er liegt im Raum hinter uns.«

Toller legte die Hand an die Stirn. »Der Landtag tritt trotzdem zusammen. Sie werden einen neuen

Ministerpräsidenten ernennen. Eisners Tod ändert nichts.«

Andrei schüttelte den Kopf. »Eisners Tod ändert alles.«

Toller sah ihn verwirrt an. »Inwiefern?«

Andrei musste innerlich über die deutschen Kommunisten lachen, denn diese spielten immer noch nach den Regeln. »Dieses Attentat war ein Versuch der Rechten, die Macht in Bayern zu ergreifen und die Demokratie zu stürzen«, erklärte Andrei.

Toller runzelte die Stirn und zündete sich eine Zigarette an. »Sieht für mich eher wie die Tat eines verrückten Einzeltäters aus.«

»Es *war* ein geplanter Putsch der Reaktionäre«, beharrte Andrei. »Unsere Demokratie ist in Gefahr. In Zeiten wie diesen müssen wir zu Notmaßnahmen greifen.«

Toller begriff: »Wir sollten einen Generalstreik ausrufen?«

Andrei nickte. Ein Generalstreik war das mächtigste politische Mittel der Arbeiterschaft. Da sie die meisten Gewerkschaftsführer auf ihrer Seite hatten, konnten die Linken beinahe jederzeit die gesamte öffentliche Ordnung lahmlegen. Keine Regierung stand das lange durch, und ein rechter Putsch ließ sich nur dann erfolgreich durchführen, wenn alle die neue Regierung anerkannten und weiter ihrem normalen Leben nachgingen. Andrei glaubte nicht wirklich, dass die Rechte nach der Macht griff, doch ein Generalstreik würde helfen, das Krisenszenario zu verschärfen.

Toller wollte schon losgehen, um die Gewerkschaftsführer zusammenzurufen, doch Andrei hielt ihn zurück. »Es ist entscheidend, dass die Zusammenkunft des Landtages verschoben wird«, sagte Andrei.

Toller blickte ihn verwirrt an. »Und wie sollen wir das erreichen?«

Andrei verzog keine Miene. »Wenn die Sicherheit der Abgeordneten nicht gewährleistet werden kann, dann wäre es unverantwortlich, den Landtag zusammentreten zu lassen.«

Sie tauschten einen intensiven Blick. Andrei sah Verständnis in Tollers Augen.

»Gibt es einen Rotgardisten in deinen Reihen, der zu allem bereit ist?«, fragte Andrei.

Toller nickte.

»Gut«, sagte Andrei und wandte sich ab.

Wenige Stunden später erreichte sie die Nachricht, dass der bayrische Landtag aufgelöst worden war. Ein kommunistischer Kellner namens Alois Lindner sei in den Landtag eingedrungen und habe etliche Abgeordnete erschossen. Ein Racheakt für die Ermordung Kurt Eisners.

Über einhunderttausend Münchner nahmen an Eisners Beerdigung teil. Die Wut über das Attentat erfasste die gesamte Linke, auch die SPD. Eine vorläufige linke Gesamtregierung aus SPD, USPD und KPD übernahm die Macht. Weil die bayrische SPD in der Frage jedoch gespalten war, führte die neue Linksregierung immer noch keine Räterepublik ein.

Zusammen mit Ernst Toller übernahmen Andrei und Bauer in den nächsten Wochen den Aufbau der KPD, der Roten Garde und einer bayrischen Version der *Roten Fahne*. Andrei spürte, dass die Geschichte in Bayern noch nicht zu Ende war. Er finanzierte Zusammenkünfte, ließ Toller auf Gewerkschaftsversammlungen sprechen und trieb die Auflage ihrer revolutionären Zeitschrift in die Höhe. Immer offener forderte die KPD von der SPD die Ausrufung einer sozialistischen Republik Bayern. Doch noch fehlte ihnen der Anlass zum Handeln.

Dieser kam am 22. März.

An diesem Tag ging Bauer wie jeden Morgen in die Hotellobby. In der Regel machte er zuerst einen kurzen Spaziergang, rauchte eine Zigarre und legte dann die neusten Zeitungen vor Andreis Schlafzimmertür.

Doch an diesem Tag klopfte er heftig.

»Was ist?«, rief Andrei verschlafen. Er hatte von Estere geträumt.

»Mach die Tür auf. Es ist wichtig!«

Andrei sprang aus dem Bett. Er hatte gelernt, sich auf Bauer zu verlassen. Kaum hatte er die Tür geöffnet, reichte Bauer ihm ohne ein weiteres Wort einen Zeitungsartikel. *Revolution in Ungarn!* stand darauf. Andrei überflog den Artikel. Die ungarischen Kommunisten unter Béla Kun hatten die Macht im Land übernommen. Andrei war davon weniger überrascht als Bauer. Er kannte Lenins Strategie. Sie brauchten mehr Revolutionen, also wurden Kommunisten aus der ganzen Welt in Russland ausgebildet und zurück in ihre Heimatländer geschickt. Lenin hatte vor allem die Kriegsverlierer Deutschland, Österreich, Ungarn und Bulgarien im Blick. In diesen Ländern war die alte

Ordnung zerstört, die Wirtschaft geschwächt und das Vertrauen in die Obrigkeit erschüttert worden. Mitteleuropa befand sich ohnehin bereits im Umbruch und bot damit die besten Chancen für eine erfolgreiche Revolution. Andrei kannte auch Béla Kun. Er hatte im österreichischen Heer gekämpft, war in russische Kriegsgefangenschaft geraten und hatte sich dort den Bolschewisten angeschlossen. Andrei und Béla Kun hatten einige Monate im selben Ausbildungslager verbracht und waren beinahe gleichzeitig nach Mitteleuropa geschickt worden.

Nur ist er erfolgreicher als ich.

Andrei hatte nicht vor, sich von seiner Eitelkeit blenden zu lassen. Der kommunistische Erfolg in Ungarn bot eine großartige Chance für ihre Bewegung in Bayern. Revolutionen erfolgten oft wie ein Flächenbrand. Wenn die Arbeiterklasse sich in einem Land erhob, fragten sich die Menschen in ihren Ländern, warum sie es nicht auch tun könnten.

»Wir müssen sofort einen Revolutionsausschuss einberufen«, erklärte Andrei. Wenn Bayern sich jetzt ebenfalls erheben würde, könnten Bayern und Ungarn zusammen die Revolution nach Österreich tragen und damit einen mächtigen kommunistischen Block im Herzen Europas erschaffen.

Das Haupthindernis zu einer Bildung einer Räteregierung war immer noch die SPD: Diese war in zwei Fraktionen gespalten. Die parlamentarische SPD unter Johannes Hoffmann forderte die Beibehaltung eines demokratischen Systems. Hoffmann war erst am 17. März vom wieder zusammengetretenen Landtag zum

Ministerpräsidenten ernannt worden. Doch der Rätekongress erkannte die Autorität des Landtages nicht an und wählte den der USPD angehörigen Ernst Niekisch zum Ministerpräsidenten. Landtag und Rätekongress riefen jeweils ihre eigenen Regierungen aus, doch es zeigte sich immer deutlicher, dass große Teile der SPD-Basis eine Räterepublik wollten. Die Sozialdemokraten regierten jetzt bereits seit einigen Monaten im Reich, doch für die Arbeiter hatte sich nichts zum Besseren verändert. Mehr und mehr SPD-Mitglieder verlangten deswegen einen Systemwandel.

Die Forderungen nach einer Räterepublik und nach einer *richtigen* Revolution bekamen bald eine Eigendynamik, die nicht mehr aufzuhalten war. Andrei, Bauer und Toller heizten den Unmut an, wo sie nur konnten. Vor allem innerhalb der SPD. Sie reisten durch ganz Bayern, hielten Vorträge, schrieben spitzfindige Artikel. Mit jedem Tag nahm die Zahl derer zu, die eine Umverteilung des Privateigentums forderten. Mit jedem Tag geriet die Führung der SPD mehr unter Druck.

Dann brach in Augsburg ein Generalstreik aus. Am 3. April weigerten sich die Arbeiter dort, ihren Tätigkeiten nachzugehen. Stattdessen zogen sie demonstrierend vor die lokale SPD-Parteizentrale. Die Augsburger SPD hatte keine andere Wahl mehr, als den Ruf nach einem Generalstreik zu unterstützen, und bald schon erreichte die Forderung auch München.

Andrei berief seinen Revolutionsausschuss ein. Der Kern des Ausschusses bestand aus ihm selbst, Niekisch und Toller. Niekisch war ein glatzköpfiger Riese mit Schnauzbart. Er wirkte wie jemand, der ein Problem mit beiden Händen an den Hörnern packte. Andrei verstand, warum die Arbeiterräte ihn zu ihrem Führer gewählt hatten.

»Ich habe noch einmal versucht, Johannes Hoffmann und seine Minister zum Nachgeben zu bewegen«, sagte Niekisch mit seiner tiefen brummigen Stimme.

Toller verzog das Gesicht. »Das hättest du dir sparen können.«

Niekisch nickte. »Ja. Das hätte ich.«

»Warum stellt sich die bayrische SPD-Spitze so sehr gegen eine Räterepublik?«, fragte Bauer.

»Aus demselben Grund, warum sich die deutschlandweite SPD gegen eine richtige Revolution stellt«, sagte Andrei. »Sie fürchten sich vor Instabilität und davor, dass wir die Macht übernehmen.«

Alle nickten.

»Und was tun wir jetzt?«, wollte Toller wissen und zündete sich die dritte Zigarette in Folge an.

Niekisch zuckte mit den Schultern. »Wir haben im Grunde keine Wahl mehr. Die Arbeiter verlangen eine Revolution. Entweder wir stellen uns an ihre Spitze und führen sie oder aber sie werden sich andere Anführer suchen.«

Andrei nickte. »Generalstreik und Großdemonstration. Genauso wie in Augsburg. Spätestens dann kann Hoffmann sich nicht mehr gegen uns stellen.«

Sie bereiteten die Großdemonstration für den 6. April vor. Niekisch meinte, dass sie mehr Zeit benötigten, doch Andrei und Toller wollten die Gelegenheit nicht vergeben. Sie ließen Flugblätter drucken und an die Gewerkschaften verteilen.

»Legt die Arbeit nieder, Genossen. Morgen holen wir uns, was uns zusteht.«

Der Tag begann mit einer Großdemonstration auf der Theresienwiese. Niekisch und Toller hielten Ansprachen und forderten die Demonstranten dann auf, zur bayrischen Staatskanzlei zu ziehen. »Es wird Zeit, die Regierung Hoffmann vor die Wahl zu stellen!«, rief Toller. »Seid ihr für oder gegen uns? Seid ihr für oder gegen die Arbeiterklasse?«

Diese Forderung wurde mit lautem Johlen quittiert. Andrei und Bauer hielten sich wie immer im Hintergrund. Die Arbeiter marschierten quer durch die Stadt, und immer mehr Menschen schlossen sich ihnen an. Musik wurde gespielt und überall Bier ausgeschenkt und getrunken. »Man könnte diese Demonstration hier fast mit einem Straßenfest verwechseln«, merkte Bauer spitz an.

Andrei war es gleich. Sie mussten die Menschen auf die Straße bekommen. Das war alles, was zählte.

Sie zogen vor die Staatskanzlei und skandierten immer wieder dieselben revolutionären Rufe. »Nieder mit dem Kapital!«

»Nieder mit dem Kapital!«

»Revolution! Jetzt. Jetzt! Jetzt!«

Der ganze Nachmittag verging mit lauten Rufen. Immer wieder versuchten wütende und teils betrunkene Demonstranten, in die Staatskanzlei einzudringen. Noch wurden sie von den örtlichen Sicherheitskräften zurückgehalten, doch jedes Mal, wenn eine Gruppe einen Angriff startete, johlten und jubelten die Massen. Andrei suchte Toller in der Menge, um ihn zu überreden, die Rote Garde einzusetzen. Doch das war zum Glück nicht mehr nötig.

Am späten Nachmittag ereilte sie die Nachricht, dass die Regierung Hoffmann geflohen war. Die Massen jubelten, und als sie diesmal auf die Staatskanzlei zustürmten, traten die Sicherheitskräfte beiseite.

»Wir haben es geschafft«, triumphierte Bauer, als Niekisch auf dem Balkon der Staatskanzlei erschien und die bairische Räterepublik ausrief. »Unsere Revolution hatte Erfolg.«

Andrei ließ seinen Blick über die Demonstranten und das rote Fahnenmeer schweifen.

Dann schüttelte er den Kopf.

»Nein, Genosse«, flüsterte er und dachte an die geflüchtete Regierung Hoffmann, die sich genau wie die SPD in Berlin an die Freikorps wenden würde.

»Wir haben nur den ersten Schritt gemacht.«

Der wahre Kampf hat erst begonnen.

Estere

(19. April 1919)

Estere beobachtete die Soldaten, die auf der Straße entlang marschierten.

Es war ein regnerischer Tag, darum trugen die Männer lange Mäntel und schwere Stiefel. Sie marschierten im perfekten Gleichschritt. Selbst Estere, die nichts für Militarismus übrig hatte, spürte den Rhythmus der Stiefel in ihren Knochen.

Heinrich kam von hinten auf sie zu und schlang die Arme um sie. »Mit deinem grauen Wollmantel könntest du beinahe einer von ihnen sein«, flüsterte er ihr ins Ohr.

»Ich bin froh, dass ich es nicht bin.«

Er sah sie fragend an. »Warum nicht?«

»Ich hätte keine Lust, in den Krieg gegen mein eigenes Volk zu ziehen.«

Heinrich zuckte die Achseln. »Das hier wird kein Krieg. Wir verjagen nur ein paar Revolutionäre. Arbeitsscheue Taugenichtse sind keine Gefahr für erfahrene Weltkriegssoldaten.«

Estere war anderer Ansicht. Die Kommunisten hatten praktisch ganz Bayern unter ihrer Kontrolle und längst begonnen, eine Rote Armee nach dem Vorbild Russlands und Ungarns aufzubauen. Diese Rote Armee würde zu Teilen aus erfahrenen Soldaten bestehen. Wenn sie sich nicht völlig irrte, dann stand Bayern ein blutiges Gemetzel bevor.

Laut sagte sie das jedoch nicht. Heinrich verabscheute es, wenn man ihm in politischen Dingen widersprach. Anders als Andrei, der eine politische Diskussion stets geschätzt und seine Position mit Feuereifer verteidigt hatte, hielt Heinrich Debatten für komplett überflüssig.

Die Soldaten marschierten mittlerweile mit dem Rücken zu ihnen. Heinrich vergewisserte sich, dass sich sonst niemand in ihrer Umgebung befand, dann küsste er sie.

Estere erwiderte seinen Kuss gierig und leidenschaftlich wie immer.

»Ich liebe dich«, hauchte Heinrich.

Sie errötete und blickte verlegen zur Seite. »Ich liebe dich auch«, antwortete sie mit gespielter Schüchternheit.

Ihre Liaison mit Heinrich von Naumburg hatte sich auf ganzer Linie bezahlt gemacht. Heinrich hatte ihr sämtliche Türen innerhalb des Militärs geöffnet. Sie konnte befragen, wen auch immer sie wollte, und sich in Kasernen und auf Offiziersfeiern frei bewegen. Die letzten zwei Monatsausgaben des *Märzblattes* hatten sich restlos verkauft.

Jetzt plante Estere einen noch größeren Coup. Die nach Bamberg geflohene bayrische SPD-Regierung hatte sich an die Freikorps gewandt. Die Freikorps würden einen Feldzug gegen das kommunistische Bayern führen und Estere würden diesen Feldzug so weit wie möglich begleiten. Kein Reporter und keine Reporterin würde bessere Einblicke in das Geschehen erhalten als sie.

Estere missfiel es, dass die deutsche Regierung sich wieder einmal an die Freikorps wenden musste. Ihrer Ansicht nach sollte die Regierung ein eigenes Heer besitzen und sich nicht auf bewaffnete Rechtsextreme verlassen müssen.

Die SPD bekämpft Feuer mit Feuer und riskiert dabei,

das ganze Land abzufackeln.

»Wenn es zu Kämpfen kommt, will ich dich nicht an der Front haben«, sagte Heinrich plötzlich.

Estere nickte. Es ging hier ohnehin nicht darum, blutige Kämpfe zu beschreiben. Sie wollte stattdessen mehr über die Motive der beiden Seiten erfahren.

»Wir fahren heute nach Bamberg?«, fragte sie.

»Ja.« Er blickte auf die Straße, auf der die Soldaten davonmarschiert waren. »Franken steht noch unter Kontrolle der Regierung Hoffmann. General Ludendorff will sich mit Hoffmann treffen und das weitere Vorgehen besprechen.«

»Kannst du mich zu diesem Treffen bringen?«, fragte sie. Das Treffen zwischen dem mächtigen General und dem vertriebenen Ministerpräsidenten von Bayern wäre der perfekte Aufhänger für die nächste Ausgabe des *Märzblattes*.

Heinrich runzelte die Stirn. Dann umfasste er ihre Taille. Er hielt sie nur leicht, doch Estere konnte die Kraft in seinen Händen und Armen spüren.

»Ich fürchte nein. Ludendorff wird Militärstrategien besprechen wollen und die dürfen nicht an die Presse geraten.«

Estere nickte, dachte aber nicht daran, so einfach aufzugeben. Sie beugte sich vor und ließ ihre Lippen zärtlich über Heinrichs Wange streifen.

»Ich will keine Nachrichten veröffentlichen, sondern den historischen Augenblick beschreiben«, flüsterte sie. »Sicherlich wird der General eine Dokumentation seines Feldzuges gegen den Kommunismus wollen?«

Heinrich grinste breit. Er schien zu wissen, dass sie ihn

manipulierte. Es funktionierte trotzdem.

»Ich werde sehen, was ich tun kann«, versprach er.

Eine gewöhnliche Frau hätte sich damit zufriedengegeben und auf das Beste gehofft. Doch Estere war keine gewöhnliche Frau.

»Erinnerst du dich an die Fantasie, von der du mir erzählt hast?«, fragte sie leise.

Heinrich hielt den Atem an. Seine Augen fixierten sie.

»Du meinst …?«

Sie nickte. Vor einigen Nächten hatten sie im Bett gelegen und einander ihre wildesten erotischen Fantasien erzählt. Heinrich hatte eine gehabt, die er für beinahe unaussprechbar gehalten hatte, und von der er geglaubt hatte, dass keine Frau sich jemals darauf einlassen würde.

Sie leckte sich verführerisch über die Lippen. Dann beugte sie sich nach vorne und hauchte in sein Ohr: »Wenn du mich zu dem Treffen bringst, dann können wir es tun.«

Heinrich von Naumburg, der Held zahlloser Schlachten, Kommandant von tausenden Soldaten und gestandener Weltkriegsveteran, lief rot an wie ein kleines Mädchen.

Dann ging er ohne ein Wort davon. Das Freikorps verfügte über mobile Funkgeräte, mit denen die wichtigsten Offiziere miteinander kommunizieren konnten. Als Heinrich zurückkehrte, war sein Gesicht immer noch rot. »Ludendorff ist einverstanden«, sagte er knapp.

Estere grinste. Die Gegenleistung würde ihr nicht einmal schwerfallen. Heinrich war zwar kein sonderlich kreativer Liebhaber, aber er hatte einen starken, ausdauernden Körper.

Seine Fantasie war nicht einmal besonders originell. Sie dachte kurz an Andrei Vasiliev und all die Dinge, die *ihm* im Bett gefallen hatten. Andrei war es gelungen, Estere zu schockieren. Wenn auch nicht für lange.

Später an diesem Tag setzten sie sich in Bewegung. Sie bildeten eine Kolonne aus Automobilen und Lastkraftwagen. Estere und Heinrich fuhren in einem eigenen Wagen, doch nicht Heinrich, sondern einer seiner Untergebenen saß am Steuer. Er selbst studierte eine Reihe von Feldzugskarten. Estere verstand nicht viel von Militärdingen, doch sie begriff rasch, dass ein Feldzug viel schwieriger zu organisieren war, als sie es sich vorgestellt hatte. Die Freikorps rückten mit beinahe vierzigtausend Soldaten gegen Bayern vor. Das entsprach ungefähr der Größe der Bevölkerung einer mittelgroßen Stadt, die jeden Tag irgendwo schlafen, essen und trinken musste. Besonders die älteren Offiziere waren weniger mit den Vorbereitungen für die Schlacht, als mit der Organisation von Nachschub und Versorgungswagen beschäftigt.

Die Fahrt nach Bamberg dauerte keine Stunde. Erste Soldaten hatten die Stadt bereits gesichert. »Wir haben auch eine Truppe nach Nürnberg ausgesandt«, erklärte Heinrich. »Ab dann wird es gefährlicher. Besonders südlich der Donau gehört alles den Kommunisten.«

Estere war überrascht gewesen, dass ausgerechnet das konservative Bayern zum Zentrum der kommunistischen Revolution geworden war. Vielleicht lag es daran, dass die bayrische Wirtschaft im Vergleich zum reichen West- und Mitteldeutschland unterentwickelt war. Armut, so hatte ihr Vater immer gesagt, treibe die Menschen zum Extremismus. Genau deswegen glaubte Estere auch, dass der Kampf gegen die Armut der beste Schutz für die junge Republik war. Auf jeden Fall ein besserer Schutz als fanatische Freikorpssoldaten, die die Demokratie nur deswegen verteidigten, weil sie die Kommunisten noch mehr hassten als die Demokratie.

»Der Frühling hat begonnen«, sagte Heinrich, der eine Pause von seinen Karten machte und aus dem Fenster blickte.

»Ist das gut für euch?«

Er schüttelte den Kopf. »Regen und Matsch. Aber wenigstens werden die Soldaten nicht frieren und vielleicht bekommen wir sogar einige schöne Tage. Soldaten kämpfen besser im Sonnenschein.«

Estere glaubte nicht daran, dass das Wetter einen großen Unterschied machen würde, sagte aber nichts dazu. »Was werdet ihr tun, wenn die Freikorps aufgelöst werden?«, fragte sie stattdessen.

Heinrich zog überrascht die Brauen hoch. »Die Freikorps werden nicht aufgelöst. Sie sind offiziell immer noch Teil der Reichswehr.«

Estere zog einen Zeitungsartikel aus der Tasche. »Du musst mehr lesen«, sagte sie und deutete auf die Zeitung. »Erste Forderungen der Siegermächte sind durchgesickert. Es heißt, das Deutsche Heer solle auf einen Minimalbestand reduziert und die Freikorps sollten abgeschafft werden.«

Heinrich schüttelte den Kopf. »Dann wäre Deutschland

ja völlig wehrlos und die Siegermächte könnten mit uns machen, was sie wollten.«

Das können sie doch längst.

Ehe sie genau das sagen konnte, räusperte sich der Fahrer: »Wir sind da.«

Estere blickte aus dem Wagen. Sie befanden sich nicht in Bamberg selbst, sondern in einer Villa vor der Stadt. Warum regierte Hoffmann von hier aus? Fürchtete er, dass auch die Arbeiter in Bamberg sich gegen ihn stellen könnten?

»Ich muss bei der Besprechung an Ludendorffs Seite bleiben«, sagte Heinrich und glättete seine Uniform. »Halt dich einfach im Hintergrund und zieh keine unnötige Aufmerksamkeit auf dich. Du kannst Notizen machen, aber keine Fragen stellen.«

Estere biss sich auf die Lippen. Mit anderen Worten: Sie sollte sich so verhalten, wie so viele Männer ihre Frauen haben wollten. Stumm.

Sie verließen den Wagen und Heinrich eilte sofort zu General Ludendorff, der bereits angekommen war. Estere näherte sich unauffällig und warf einen Blick auf den mächtigsten aller deutschen Generäle.

Erich Ludendorff wirkte wie ein typischer Preuße der alten Schule. Er befand sich in seinen Sechzigern, trug eine graue Uniform mit Eisernem Kreuz und trug einen altdeutschen Schnauzbart. Auf den ersten Blick fand Estere ihn nicht sonderlich eindrucksvoll. Nur die Ergebenheit, mit der seine Offiziere ihn behandelten, verlieh ihm eine besondere Aura. Alle Männer in Ludendorffs Umkreis hingen regelrecht an seinen Lippen. Der General quittierte diese Ergebenheit mit völliger Selbstverständlichkeit.

»Vorwärts Männer«, sagte er knapp und nickte seinen Offizieren zu. Kurz blieben seine Augen an Estere hängen, die seinen Blick, ohne mit der Wimper zu zucken, erwiderte.

Das Kabinett Hoffmann erwartete sie in einem gemütlichen Sitzungssaal. Estere setzte sich ungefragt zu den Männern an den großen Beratungstisch, zückte ihren Stift und schaute sich sorgfältig um. Manche Männer warfen ihr fragende Blicke zu, aber niemand sagte etwas.

Der Unterschied zwischen Ludendorffs Soldaten und Hoffmanns Politikern hätte nicht deutlicher sein können. Die Soldaten trugen allesamt schicke Uniformen und waren mit Ausnahme Ludendorffs jung, groß und schlank. Hoffmann und seine Leute trugen Anzüge, mit denen sie unter anderen Umständen Eindruck gemacht hätten, die sie jetzt aber schwach wirken ließen. Sofort war klar, dass die Macht bei den Freikorps lag.

Hoffmann erhob sich und hieß die Offiziere mit leiser Stimme willkommen.

»Die bayrische Landesregierung ist Ihnen, General Ludendorff, sehr dankbar dafür, dass Sie uns zu Hilfe kommen«, sagte Hoffmann und verstummte dann. Er schien nicht so recht zu wissen, wie er die Besprechung zu leiten hatte.

Vermutlich ist ihm seine Rolle fürchterlich peinlich, überlegte Estere. *Immerhin wurde er von Rebellen aus seiner eigenen Hauptstadt verjagt, und jetzt muss er seine politischen Gegner von rechts um Hilfe bitten.*

Hoffmann sah aus wie ein typischer Bayer. Man konnte

sehen, dass er regelmäßig Bier trank, und neben dem mächtigen General gab er mit seinem Rundgesicht eine recht traurige Figur ab.

Ludendorff beugte sich vor und ließ seinen Blick in der Runde schweifen. Er sah jedem am Tisch direkt in die Augen, ehe er mit tiefer Stimme zu sprechen begann: »Unsere Truppen stehen bereit, um die Ordnung in Bayern wiederherzustellen.«

»Das ist sehr gut —«, erklärte Hoffmann, wurde von Ludendorff jedoch rücksichtslos unterbrochen.

»Aber«, sagte der General, »wir brauchen gewisse Vollmachten.«

Hoffmann runzelte die Stirn. »Welche Vollmachten?«

Estere ließ ihren Stift über ihren Notizblock fliegen. Schon diese wenigen Worte genügten, um sie zu einer ganzen Reihe von Artikeln zu inspirieren. Sie sah die Schlagzeile schon vor sich: *Wer hat die Macht im Reich?* Oder: *Die Freikorps – Deutschlands Rettung oder Untergang?*

Heinrich reichte Ludendorff ein Blatt Papier und warf Estere dabei ein heimliches Lächeln zu. Ludendorff reichte das Blatt weiter zu Hoffmann.

»Wir fordern die Verhängung des Kriegsrechts über Bayern«, erklärte der General. »Das Heer, also die Freikorps, muss das Recht haben, Aufständische ohne rechtliche Folgen zu bekämpfen.«

Hoffmann nickte, doch der General war noch nicht fertig: »Außerdem verlangen wir das Recht, Standgerichte abzuhalten.«

Estere hielt den Atem an. Beinahe hätte sie laut protestiert. Standgerichte bedeuteten, dass die Freikorps gefangene Aufständische verurteilen und hinrichten konnten, ohne dass es zu einem richtigen Prozess kam. Ihr Kopf schnellte zu Hoffmann. Der war ein Mitglied der SPD. Ein Vertreter der Arbeiterklasse. Sicherlich würde er den Freikorps keinen Blankoscheck ausstellen, um nach eigenem Dafürhalten Arbeiter ermorden zu können, oder?

Doch Hoffmann nickte.

Ein Spruch, den Andrei oft gesagt hatte, kam Estere in diesem Augenblick in den Sinn.

Wer hat uns verraten? Die Sozialdemokraten.

Sie schluckte.

Das Gespräch wandte sich nun den kommenden Kämpfen zu. Heinrich erhob sich und stellte ihren Feldzugsplan vor. »Wir sind den Kommunisten zahlenmäßig überlegen«, erklärte er selbstsicher. »Wir haben modernere Waffen, eine führende Kommandostruktur und reibungslose Organisation. Wir werden so schnell und mit so vielen Kräften wie möglich nach München marschieren und den Aufstand niederschlagen. Danach säubern wir die Stadt von Kommunisten, damit in Zukunft Ruhe ist.«

Die SPD-Politiker widersprachen nicht. Heinrich sah zu Hoffmann. »Fahren immer noch Züge zwischen München und Bamberg?«

Zu Esteres Überraschung nickte dieser. »Wir wollten den Normalzustand nach Möglichkeit bewahren«, erklärte der entmachtete Ministerpräsident. »Und die Rebellen in München wollen ihre Wirtschaft am Laufen halten.«

Heinrich wirkte zufrieden. »Gut, wir werden eine

Gruppe von Soldaten mit dem Zug nach München schicken«, sagte er. »Vermutlich werden die Kommunisten den Zug kontrollieren und anhalten, sobald sie merken, dass sich unsere Soldaten darin befinden, doch wenn nicht, könnten wir den Münchner Hauptbahnhof besetzen.«

Hoffmann stimmte allen Vorschlägen ohne Widerspruch zu. In Esteres Augen war er ein schwacher Politiker. Sie an seiner Stelle hätte Garantien gefordert und vor allem die rechtlichen Befugnisse der Freikorps eingeschränkt.

Sie sah das hasserfüllte Funkeln in den Augen der meisten Offiziere, auch in denen Heinrichs, und wusste, dass die Freikorps keine Gnade kennen würden. Bayern stand ein Blutbad bevor.

Nach der Besprechung fuhr Heinrich Estere in ein Hotel im Herzen Bambergs. Sie würde einige Tage in der Stadt bleiben und Interviews mit der Bamberger Exilregierung führen.

»Der Feldzug wird nicht lange dauern«, sagte Heinrich. »Ich will, dass du so lange in Bamberg bleibst, bis die Kämpfe in München vorbei sind.«

Sie tauschten nur einen flüchtigen Kuss. Es war, als ob die politische Situation auch das Verhältnis zwischen ihnen beiden angespannt hätte.

Wenn dieser Feldzug vorüber ist, muss ich die Sache mit Heinrich beenden, entschied Estere. Sie verfügte jetzt ohnehin über Kontakte zu vielen wichtigen Offizieren, und egal was Heinrich sagte, die Freikorps würden früher oder später aufgelöst werden. Ihre

Romanze mit Heinrich würde ihr keinen Mehrwert mehr bieten.

Estere hievte ihren schwarzen Reisekoffer in den zweiten Stock des Hotels hinauf. Die Hilfe eines herbeieilenden Pagen lehnte sie ab. In ihrem Zimmer legte sie sich dann mit Stift und Notizblock auf das Bett. Sie schrieb ein paar Gedanken nieder und sah sich ihre Notizen an. Das Treffen zwischen Ludendorff und Hoffmann würde einen großartigen Artikel abgeben. Ebenso die Interviews mit der Bamberger Exilregierung.

Dennoch missfiel Estere etwas.

Die Ausgabe wird viel zu einseitig.

Ihr Vater hatte ihr stets beigebracht, beide Seiten zu betrachten und eine Geschichte aus verschiedenen Perspektiven zu erzählen. Estere würde die Seite des entmachteten Politikers erzählen, die Seite des Generals, sogar die des Freikorpssoldaten, der, obwohl der Krieg vorüber war, weiter in Schlachten kämpfte.

Doch was war mit der Gegenseite? Was war mit den kommunistischen Revolutionären? Was war mit denen, die sich für die Rote Armee meldeten? Mit den Arbeitern, die die Verstaatlichung der Unternehmen wollten, und mit den Bauern, die eine Neuaufteilung des Landes forderten? Estere hatte genug Zeit mit Andrei verbracht, um die Ansichten der Kommunisten zu kennen, doch wenn *Das Märzblatt* seine Leser wirklich umfassend informieren wollte, dann musste sie auch bayrische Kommunisten interviewen.

Aber die werden schwer zu finden sein.

Wenn Heinrich recht behielt und die Freikorps die Räterepublik in wenigen Wochen besiegen würden, dann würde danach niemand mehr bereit zu einem Gespräch über die Republik sein.

Wenn ich beschreiben will, wie das Leben im kommunistischen Bayern war und ist, dann muss ich mir selbst ein Bild schaffen.

Estere atmete tief ein. Sie wusste, was sie tun musste, doch der Gedanke bereitete ihr Angst. Sie war keine Heldin.

Sie schloss die Augen und sah ihren Vater vor sich. Seine runde Brille, seine gütigen Augen, seine fast immer gerunzelte Stirn. Er hätte gewollt, dass sie die ganze Geschichte erzählte.

Aber das ging nur auf eine Art: Sie musste nach München.

Nachdem sie den Gedanken einmal formuliert hatte, stellten sich erste Fragen.

Sie musste nach München.

Aber wann?

Jetzt.

Jetzt, noch ehe es zu Kämpfen kam, denn dann würde es unmöglich sein, in die Stadt zu gelangen. Ihre Interviews in Bamberg konnte sie auch später führen.

Aber wie sollte sie in die Stadt gelangen? Tausende Soldaten marschierten in den Süden. Als Frau konnte sie schlecht einfach auf ein Pferd steigen und in die Mittagssonne reiten. Es gab andere Möglichkeiten. Sie könnte sich an Heinrich wenden, doch dieser würde sich sträuben, und selbst wenn sie ihn überzeugen konnte: Mit den Freikorps könnte sie erst dann nach München gelangen, wenn die Stadt gefallen wäre.

Was dann? Sie überlegte, einen Wagen samt Fahrer zu

mieten. Sie könnte an der Rezeption ihres Hotels fragen. Wenn sie den Fahrer ausreichend gut bezahlte, wäre es möglich. Aber hatte sie die nötigen Finanzreserven? Die letzten Ausgaben des *Märzblattes* hatten Geld in ihre Kasse gespült, doch sie hätte ihr Budget lieber nicht für teure Automobilfahrten ausgegeben. Nur reiche Familienerben wie Heinrich leisteten sich einen Wagen. Normalsterbliche fuhren mit dem Zug.

Der Zug!

Hoffmann hatte selbst gesagt, dass der Zugverkehr nicht eingestellt worden war. Wenn das der Wahrheit entsprach, dann könnte sie einfach in den nächsten Zug nach München steigen.

Sie stand auf und rief nach dem jungen Pagen von eben. Der Junge kam sofort herbeigelaufen. »Ja?«, fragte er respektvoll.

»Fährt heute noch ein Zug nach München?«

Er blickte sie mit großen Augen an. »Aber in München herrschen doch die …«

»Fährt noch ein Zug?«

Er nickte. »Jeden Abend. Der Nachtzug um sieben. Aber …«

»Danke.« Mehr brauchte sie nicht zu wissen.

Sie brach viel zu früh zum Bahnhof auf. Das Gefühl, zu spät zu kommen, ließ sie nicht los. Im Hotel versuchte man, sie zum Bleiben zu bewegen. Aber sie ignorierte die Andeutungen darüber, dass München doch viel zu gefährlich sei und dass der Herr von Naumburg sie sicher hier erwarten würde.

Estere mietete sich ein Schlafabteil. Sie plante, auf der Zugfahrt im Kerzenlicht an ihren Artikeln zu schreiben und dann zu schlafen. Doch am Ende tat sie kein Auge zu. Bei jedem Ruckeln und bei jedem Stopp stellte sie sich vor, dass kommunistische Soldaten in den Zug eindrangen und die Abteile durchsuchten.

Kurz vor Nürnberg wurde der Zug tatsächlich angehalten und durchsucht. Jedoch von Freikorpssoldaten, die nur kurz in ihr Abteil eintraten, sahen, dass sie eine Frau war, und mit einer raschen Entschuldigung das Weite suchten. Die Kommunisten dagegen ließen den Zug ungeprüft bis nach München fahren. Aus Esteres Sicht zeigte das die Schwäche der Münchner Revolutionsregierung. Die Räterepublik war gerade erst ausgerufen worden und befand sich bereits im Krieg. Die Revolutionäre hatten womöglich nicht genügend Zeit gehabt, um eine ordentliche Verwaltung aufzubauen, und ließen die meisten Dinge einfach laufen.

Am nächsten Morgen stieg Estere zusammen mit Hunderten anderen aus dem Zug und war überrascht, wie normal alles schien. Der Bahnhof wirkte geschäftig, die Läden waren geöffnet und die meisten Menschen gingen wie gewöhnlich ihrer Arbeit nach. Nur eine große rote Fahne, die an der Decke des Bahnhofs befestigt worden war, gab einen Hinweis darauf, dass die Machtverhältnisse sich verändert hatten.

In der Stadt selbst stieß sie auf mehr Zeichen der neuen Regierung. Kommunistische Plakate, die mutige Arbeiter mit roten Mützen zeigten, waren an vielen Wänden zu sehen. *Genossen zur Wehr!* stand auf diesen Plakaten. Oder *Proletarier erhebt euch!*

Als Estere zu einem Kiosk ging und sich aktuelle Zeitungen kaufen wollte, erfuhr sie, dass die meisten liberalen Blätter verboten worden waren.

»Ich hoffe, dieser Spuk ist bald vorbei«, sagte der Kioskverkäufer. »Die reden immer von Brot und Arbeit, aber ohne Pressefreiheit habe ich weder das eine noch das andere.«

Der Mann hielt nichts von den Kommunisten und war ein Unterstützer des moderaten Kurses der SPD. Estere traf jedoch auch leidenschaftliche Befürworter der Revolution.

»Ja!«, riefen einige Bauarbeiter begeistert, als Estere sie fragte, ob sie die Räterepublik gut fänden. »Im Parlament wird ja doch nichts für uns entschieden«, erklärten die Männer. »Wenn die Freikorps erst abgewehrt sind, werden die Dinge hier in Bayern ganz anders laufen.«

Estere bezog ein Zimmer in einem Münchner Nobelhotel. Im Augenblick mochte in München alles recht friedlich sein, doch wenn es zu Kämpfen kommen würde, dann wäre ein teures Hotel zumindest von einer bewaffneten Schutztruppe gesichert.

Sie wählte das Hotel Königshof, weil es nahe am Regierungszentrum lag, jedoch nicht so nahe, dass es Teil von möglichen Kämpfen sein würde. Als sie das Hotel betrat, kam ihr ein Mann entgegen, der so gar nicht in die teure Umgebung zu passen schien. Er war recht klein, hatte schwarze Haare und trug einen ziemlich abgetragen aussehenden Mantel. Außer Estere schien jedoch niemand seine ärmliche Kleidung seltsam zu finden. Die Rezeptionisten grüßten den Mann freundlich, so als würden sie ihn regelmäßig sehen.

Estere verbrachte den restlichen Tag damit, in der Stadt mit allen möglichen Leuten zu sprechen: alten Frauen, die aus der Kirche kamen, jungen Studenten, die vor der Universität rauchten, Bauern, die am Markt ihr Gemüse loswerden wollten, und Handwerkern, die ungestört ihren Tätigkeiten nachgingen.

Die meisten erzählten nur zu gerne, was sie von der Räteregierung hielten. Es gab in München ohnehin seit Tagen kein anderes Thema mehr. Estere traf entschiedene Befürworter und Gegner der neuen Regierung. Viele hatten jedoch keine Meinung und wollten nur, dass Bayern endlich zur Ruhe kam.

»Spielt doch ohnehin keine Rolle, was wir hier in Deutschland für eine Regierung wollen«, sagte ein junger Mann. »Am Ende entscheiden Frankreich und England, was passiert.«

Am Abend trank Estere recht zufrieden mit sich selbst ein Glas Gin an der Hotelbar. Ihre Reise nach München war weitgehend problemlos verlaufen. Jedenfalls bis jetzt.

Vor sich hatte sie einen Stapel Zeitungen liegen. Wenig überraschend waren die meisten dem linken Spektrum zuzuordnen. Estere schlug die neuste Ausgabe der *Roten Fahne*, dem Propagandablatt der KPD, auf. Dort wurde von Kämpfen zwischen Freikorps und der Roten Armee in Franken geschrieben. Die Parolen und wortreichen Beschreibungen in dem Blatt erinnerten Estere an Andrei. Aber auch die blumigen Beschreibungen des Heldenmuts der bewaffneten Proletarier konnten nicht überdecken, dass die Freikorps sich weiter auf dem Weg in den Süden befanden. Hatte Heinrich recht und die kommunistische Revolution würde binnen weniger Wochen zusammenbrechen?

Wenn ja, musste sie schneller an ihren Artikeln schreiben. Sie hatte viel brauchbares Material zusammen. Die Begegnung zwischen Hoffmann und Ludendorff würde der Leitartikel werden. Ein Artikel würde sich mit den Motiven der Freikorps beschäftigen, ein anderer mit der Lage in München während der Räterepublik.

Plötzlich bewegte sich etwas in Esteres Sichtfeld und sie sah auf. Die Hotelbar war belebt. Viele wohlhabende Bürger schienen hier vor den kommunistischen Unruhen Zuflucht zu suchen. Doch weder die sorgfältig gekleideten Kellner noch die Zigarre rauchenden und Whiskey trinkenden Kapitalisten hatten sie aufgeschreckt.

Es war der Mann vom Morgen. Er war eben durch die große Eingangstür auf der anderen Seite des Saals hereingekommen. Er trug denselben geflickten, braunen Mantel, dieselben schäbigen Stiefel und erneut wurde er vom Hotelpersonal ohne Fragen begrüßt und eingelassen. Nicht nur das: Diesmal verbeugte die hübsche Rezeptionistin sich sogar. Erst als der schäbig gekleidete Mann an ihr vorbeiging, konnte Estere erkennen, dass er jetzt einen Begleiter hatte.

Der Begleiter war Andrei Vasiliev.

Estere starrte ihren ehemaligen Liebhaber mit offenem Mund an. Instinktiv hob sie das Glas Gin vor das Gesicht. Hätte Andrei in diesem Augenblick in ihre Richtung geschaut, hätte es jedoch nichts geholfen. Sie und Andrei würden einander überall erkennen.

Was tat er hier?

Während sie zusah, wie Andrei und der Mann zum Hotellift gingen und er einem Pagen, der ihnen die Tür öffnete, eine Münze in die Hand drückte, realisierte sie, wie dumm diese Frage war. Natürlich befand er sich in München! Wo sonst? Die kommunistische Revolution war sein Lebenswerk. Entweder er hatte geholfen, die Revolution in Bayern durchzuführen, oder aber er war bei ihrem Beginn sofort hergereist.

Estere hielt den Atem an. Sie stellte sich vor, dass er sich umdrehte und sie erblickte. Wie würde er reagieren? Sie kauerte sich in ihren Sitz, denn plötzlich bekam sie es mit der Angst zu tun. Sie hatte Andrei verraten. Jetzt befand sie sich in seinem Machtbereich. Gut möglich, dass er sie verhaften und als Verräterin hinrichten lassen würde.

Sie holte eine Zeitung aus ihrer Tasche und vergrub ihr Gesicht dahinter. Aus dem Augenwinkel sah sie, wie Andrei in den Lift trat, sich umdrehte und direkt in ihre Richtung blickte. Er runzelte die Stirn und öffnete den Mund, doch noch ehe etwas geschehen konnte, schloss der Page die Lifttür.

Estere verlor keinen Augenblick. Sie stand auf, warf ein paar Mark auf den Tisch und eilte zur Treppe. Ein Kellner rief ihr etwas nach, doch sie ignorierte ihn.

Hat er mich erkannt? Wenn ja, muss ich sofort verschwinden!

Aber wohin? Es war später Abend. Sie befand sich in einer fremden von Revolutionären regierten Stadt und ein feindliches Heer war im Anmarsch.

Estere zog sich zuerst auf ihr Zimmer zurück. Das Zimmer war ein großer Raum mit einem breiten Bett und etwas zu kitschigen Möbeln. Sie schloss die Tür ab, stellte einen Stuhl vor den Eingang, vergrub sich in ihrem Bett und wartete.

Nichts geschah.

Hatte er sie doch nicht erkannt?

Andrei hatte bestenfalls einen Teil ihres Gesichtes und ihre Haare sehen können. Genug, um eine Ähnlichkeit festzustellen – aber auch genug, um zum Hotelschalter zu gehen und nach der Gästeliste zu fragen?

Warum habe ich keinen Decknamen verwendet?!

Andrei, so wusste sie, verwendete immer einen Decknamen. In kommunistischen Kreisen war er als Andrei Vasiliev bekannt, doch ansonsten gab er sich als russischer Baron aus.

Estere verbrachte den restlichen Abend in Angst, konnte sich aber auch nicht entscheiden, das Hotel zu verlassen.

Andrei kam nicht, doch wann immer sie Schritte oder Stimmen im Korridor hörte, setzte ihr Herz für eine Weile aus. Erst um Mitternacht kam sie zu dem Ergebnis, dass Andrei sie nicht erkannt hatte.

Sie träumte in dieser Nacht von ihm.

Von seinen klugen Kommentaren, von dem Feuer in seinen Augen, wenn er davon sprach, eine gerechtere Gesellschaft zu bauen. Sie träumte sogar von seinen Küssen und der Art, wie er nachdenklich mit der Hand über sein Kinn fuhr.

Am nächsten Morgen öffnete sie die Augen halb in der Erwartung, Andrei vor sich zu sehen.

Er ist nicht hier. Er hat mich nicht gesehen.
Sie setzte sich auf und rieb sich den Schlaf aus den Augen. Sie fühlte sich seltsam unwohl. Sollte sie ihn aufsuchen? Eines war Estere in dieser Nacht klar geworden: Sie hatte Andrei benutzt und manipuliert, doch ihre Gefühle für ihn hatte sie nicht gespielt. Auf eine verdrehte Art und Weise fühlte sie sich zu ihm hingezogen.

Sie *musste* mit ihm sprechen.

Sie stand auf und zog sich an. Sie würde zu ihm gehen und ihm die Lage erklären. Sie glaubte nicht mehr, dass Andrei ihr schaden würde. Er würde begreifen, dass sie keine andere Wahl gehabt hatte.

Als sie an der Tür stand, wurde der seltsame Geschmack in Esteres Kehle plötzlich stärker. Sie wankte ins Badezimmer und übergab sich.

Es dauerte eine Weile, ehe sie begriff, was das bedeutete.

Andrei

(Garching bei München, 1. Mai 1919)

Sie hatten die Straße mit allem abgeriegelt, was ihnen zur Verfügung stand.

Fässer, Bretter, sogar einige Lastwagen standen in einer Reihe zwischen den beiden Häusern, die den Eingang zum Dorf markierten. Es war nur eine notdürftige Barrikade, aber besser als nichts.

Andrei ging die Stellung entlang und nickte den Rotgardisten zu, die hastig neue Bretter herbeitrugen. »Schickt Männer auf die Dächer!«, befahl er. »Wir nehmen die Schweine von oben unter Beschuss!«

Er ging weiter und überprüfte, ob auch alle Rotgardisten ihre Positionen kannten. Manche warteten hinter den Ecken, manche verschanzten sich hinter den Lastwagen, andere hinter den aus Brettern aufgebauten Schutzwänden.

Andrei dachte an ihre Besprechung vor zwei Tagen. »Wenn die Freikorps München erobern wollen«, hatte Toller gesagt, »dann müssen sie mit ihren Truppen die Straße von Ingolstadt entlangkommen. Wenn wir die Straße blockieren, können wir ihren Vormarsch aufhalten.«

»Wo?«, hatte Andrei gefragt.

Toller hatte auf die Landkarte gedeutet. »Garching bei München. Den Ort müssen sie auf jeden Fall nehmen und wir auf jeden Fall verteidigen.«

Also waren sie hier. Garching war ein hässlicher Ort. Eines von den Dörfern, die nur deshalb existierten, weil sie an einer viel genutzten Straße lagen.

Er entdeckte Ernst Toller, der auf dem Marktplatz stand und seine Truppen einwies. Wie immer hatte Toller eine Zigarette im Mund.

»Wir haben über tausend Rotgardisten im Ort«, sagte Toller anstatt einer Begrüßung und blies eine Rauchschwade aus.

Andrei nickte. »Wie sieht der Schlachtplan aus?«

»Sie werden die Straße entlang anrücken«, sagte Toller, der im Weltkrieg gekämpft hatte. »Das müssen sie, oder sie können keinen Nachschub nach München bringen. Wir halten die Straße, und wenn sie versuchen, uns zu umgehen und den restlichen Ort zu besetzen, werden sie eine Überraschung erleben.«

Sie hatten Soldaten um ganz München herum positioniert. Über zehntausend Rotgardisten. Eine beachtliche Zahl, doch die Freikorps verfügten über wenigstens viermal so viele.

Andrei hätte viele Dinge anders gemacht als die bayrische Räteregierung. Es zeigte sich, dass es ein Fehler gewesen war, Teile der SPD miteinzubeziehen. Denn diese blockierte eine Bodenreform und eine Verstaatlichung der Industrie. »Zuerst müssen wir den Krieg gewinnen«, wurde Andrei gesagt. Er glaubte jedoch, dass sie, um den Krieg zu gewinnen, zuerst Veränderung bringen mussten.

Wenn wir den Bauern Land geben, werden sie für uns kämpfen, um es zu behalten. Wenn wir die Löhne der Arbeiter erhöhen und die Betriebe verstaatlichen, werden die Arbeiter in Scharen ihre neue Republik verteidigen.

Doch dafür war es jetzt zu spät.

Die Rotgardisten blickten zitternd und furchtsam auf die Straße. Jeden Augenblick würden ihre Feinde diese Straße entlangkommen.

»Heute geht es um alles, Genossen!«, hörte Andrei sich laut sagen. Er war kein Volksredner wie Lenin oder Trotzki, doch diese Genossen waren bereit, für ihre Sache ihr Leben zu riskieren. Sie verdienten ein paar inspirierende Worte. Er erblickte Bauer, der mit einem Gewehr in der Hand hinter einem Fass kauerte.

»Wir sind die Speerspitze der Revolution«, rief Andrei. »Über Jahrtausende wurden wir ausgebeutet. Zuerst als Sklaven, dann als Leibeigene und jetzt als Proletarier!« Er funkelte die Genossen an. »Die Sklaverei ist verboten, die Leibeigenschaft ist abgeschafft, und heute werden wir auch den Kapitalismus überwinden!«

Die Gardisten stampften mit den Füßen. Jene, die noch keine Waffen in den Händen hielten, klatschten. »Heute geht es um unsere Freiheit!«, rief Andrei. »Heute –.«

Heute ändern wir unser Schicksal, hatte er rufen wollen. Doch seine Worte gingen in einem lauten Grollen unter.

»Alle auf eure Posten!«, schrie Toller über den Marktplatz.

Andrei schluckte und verschanzte sich hinter demselben Fass wie Bauer. Die Schlacht hatte begonnen.

Eine Kolonne von Soldaten war in der Ferne aufgetaucht. Sie marschierten in einer perfekten Formation und trugen die grauen Uniformen der Reichswehr.

»Gewehre bereithalten!«, rief Andrei.

Wenn sie einfach so auf uns zumarschieren, werden wir sie abknallen wie die Hasen.

Das schien auch der Kommandant der Soldaten erkannt zu haben. Die Männer hielten an und begannen sich aufzuteilen. Andrei schätzte, dass sie wenigstens einen Kilometer weit weg waren. Zu weit für ihre Gewehre.

Anstatt die Straße entlangzumarschieren, versteckten sich die Soldaten in den Feldern vor dem Ort. Andrei vermutete, dass sie durch die Felder robben würden. »Gewehre bereithalten!«, rief er erneut.

Es war gespenstisch. Mit jeder Minute kamen mehr Soldaten die Straße entlang und verschwanden dann in den Feldern. Fast so, als würden die grünen Halme sie einfach verschlucken. Das Gras stand hoch, trotzdem konnte Andrei gelegentlich einen Helm aufblitzen sehen.

Er blickte zu ihren eigenen Männern. Alle starrten gebannt auf die Straße. Manche bewegten dabei die Lippen. Andrei nahm an, dass sie die Feinde zählten. Eine deprimierende Aufgabe, denn es mussten tausende sein.

Andrei brachte sein Gewehr in Anschlag. »Schießt erst auf Kommando!«, rief er. Dann bemerkte er, dass Bauer neben ihm zitterte.

»Alles in Ordnung mit dir?«

Bauer nickte. »Meine erste richtige Schlacht«, sagte er so, als fiele es ihm schwer, Worte aus seinem Mund zu bringen. »Vier Jahre Weltkrieg und jetzt erlebe ich meine erste richtige Schlacht.«

»Irgendwann musste es ja passieren.«

Bauer verzog traurig das Gesicht. In der Regel hatte er sich stets unter Kontrolle, doch im Angesicht des Todes verlor so mancher Mann die Beherrschung. »Ja, ich wünschte nur, ich hätte ein paar Sachen anders gemacht. Es gibt da ein Mädchen in Kiel ...«

Andrei legte ihm mitfühlend die Hand auf den Arm. »Du kannst ihr deine Liebe gestehen, wenn wir die Revolution nach Norden tragen.«

Wenigstens hat er ein Mädchen, das er vermissen kann. Andrei dachte an Estere.

Er wusste nicht, welches Schicksal sie in dasselbe Hotel wie ihn getrieben hatte, doch ihre Anwesenheit hatte ihn beinahe um den Verstand gebracht. Wie ein Nervenbündel hatte er, ein Held der Arbeiterklasse und Mitanführer der russischen Revolution, in seinem Zimmer gesessen und überlegt, was er tun sollte. Bauer hatte an der Rezeption nach der blonden Frau in dem grauen Mantel gefragt. Mit stürmischer Miene war Bauer zurückgekommen. »Sie ist es«, hatte er gesagt. »Sie ist es. Soll ich sie befragen? Soll ich sie festnehmen lassen?«

Nein. Andrei hatte es nicht über sich gebracht. Aber was tat sie hier? Hatte sie ihn verfolgt?

Nein, so wichtig bin ich ihr nicht. Sie arbeitet vermutlich an einer Reportage.

Drei Tage lang konnte Andrei nicht schlafen. Drei Tage lang stellte er sich vor, dass er hinunter in den zweiten Stock zu ihrem Zimmer mit der Nummer 214 ging, gegen die Tür klopfte und sie konfrontierte. Je nach Laune wollte er sie küssen oder ihr wütend ins Gesicht schlagen.

Der bloße Gedanke an sie brachte sein Blut zum Kochen.

Sie hatte ihn verraten. Sie hatte ihn benutzt.

Aber er liebte sie immer noch.

Am dritten Tag hatte er Toller gebeten, ihm ein Kommando bei den Fronttruppen zu geben. Sie brauchten ohnehin dringend Kommandanten. Die Freikorps rückten immer weiter in den Süden vor. Von Nürnberg aus marschierten sie in Ingolstadt ein, und von da aus war es nicht mehr weit nach München. Andrei hatte sich lieber in Arbeit gestürzt, als Estere aufzusuchen.

Das war die richtige Entscheidung, sagte er sich jetzt. *Ich brauche einen klaren Kopf.*

Ein Raunen riss ihn aus seinen Gedanken. Andrei reckte den Hals. Eine Reihe von Lastwagen war auf der Straße aufgetaucht.

Wollen sie unsere Barrikaden einfach niederfahren?

Genau das schienen die Soldaten vorzuhaben. Fassungslos sah Andrei zu, wie sie in die Lastwagen stiegen.

»Gewehre bereithalten!«, rief Andrei erneut. Hier an der Barrikade hatten sie über hundert Genossen. Eine ganze Menge. Aber waren es auch genug?

Andrei wusste es nicht. Er fixierte die Lastwagen und griff sein Gewehr fester. Seine Hände schwitzten so sehr, dass der Griff zwischen seinen Fingern hin und her rutschte. Rasch wischte er sich seine Hand an der Hose ab.

Dann ertönte ein Schuss.

Andrei wusste nicht, ob einer ihrer Gardisten den Schuss abgegeben hatte, oder ob es ein Signal für die Angreifer war. Doch in diesem Augenblick stürmten die

Freikorpssoldaten aus dem Feld.

Es waren Unzählige! Eine graue Flut, die mit raschen Schritten näher und näher kam. Bereit, alles Rot in München und Bayern zu verschlingen.

»Noch nicht schießen!«, rief Andrei. Sie mussten warten, bis ihre Feinde nahe genug waren. Doch irgendein Dummkopf schien das *Noch nicht* überhört zu haben und feuerte.

»Feuer einstellen!«, rief Andrei und sah den Mann wütend an.

Die Soldaten kamen immer näher. Toller, der das Kommando über den Vorort hatte, ließ das Feuer an einigen Stellen eröffnen. Andrei sah zu, wie einige der grauen Soldaten getroffen zu Boden fielen.

Aber nicht genug.

Als die Feinde etwa die Hälfte der Strecke zwischen ihnen und dem Dorf hinter sich gebracht hatten, fuhren die Lastwagen los.

Die Lastwagen sind die wirkliche Gefahr. Wir müssen sie loswerden!

Er blickte sich um. Sie hatten eine Reihe von Brandbomben vorbereitet. Einfache Benzinflaschen, die mit einem Stofffetzen versehen und dann auf den Gegner geschleudert wurden. Die russischen Revolutionäre hatten diese Waffe als Ersatz für Handgranaten erfunden.

Er packte Bauer an der Schulter und deutete auf die Brandbomben. Sie hatten nur sieben Stück. Andrei hätte am liebsten den ganzen Ort mit Benzinbomben vollgestellt und ihn dann, wenn ihre Feinde hier ankamen, angezündet. So wie die Russen es vor hundert

Jahren gegen Napoleon in Moskau gemacht hatten. Doch Toller und die anderen Räte hatten sich gegen so eine brutale Methode ausgesprochen.

»Feuer!«, erklang plötzlich Tollers Stimme. »Feuer!«, wiederholten Andrei und Bauer. Die Rotgardisten schossen mit allem, was sie hatten. Einen Augenblick lang vergaß Andrei die Lastwagen und sah zu, wie zahlreiche graue Soldaten schreiend und blutend zu Boden gingen.

Erst nach einer Weile begriff Andrei, dass auch die restlichen Soldaten sich zu Boden fallen ließen. Sie robbten weiter auf ihre Gegner zu und feuerten gleichzeitig Schüsse ab. Bald schon war die Schlacht völlig unübersichtlich. Die Gardisten kauerten in ihren Stellungen und schossen, wann immer sie einen Helm aufblitzen sahen.

Die Lastwagen!

Andrei blickte über das Fass. Die Wagen waren beinahe hier. Ihm blieb keine Zeit mehr! Andrei griff sich ein Klappfeuerzeug, kniete sich hin und zündete die erste Glasbombe an.

Der Stoff brannte, doch Andrei warf die Flasche viel zu früh. Sie zersplitterte auf der Straße und nichts geschah. Die Lastwagen waren mittlerweile nur noch hundert Meter von ihnen entfernt.

Wenn sie die Barrikade durchbrechen, sind wir geliefert.

Er griff nach der nächsten Glasflasche. Es waren insgesamt sechs Lastwagen. Andrei schätzte, dass sich in jedem von ihnen wenigsten fünfzig Soldaten befanden.

»Greif dir auch eine!«, schrie er in Bauers Ohr.

Obwohl die beiden vordersten Wagen sich jetzt unmittelbar vor der Barrikade befanden, fuhren sie sogar noch schneller, anstatt abzubremsen.

Andrei und Bauer zündeten ihre Glasflaschen an. Das Feuer flackerte den Stoff entlang und näherte sich langsam der explosiven Substanz, die sie alle vernichten würde.

»Jetzt!«, rief Andrei und schleuderte seine Flasche auf den rechten der beiden Wagen. Bauer tat es ihm nach.

Sie trafen.

Andrei sah zu, wie die Feuersbrunst sich um die Wagen hüllte. Die Schreie der verbrennenden Soldaten waren so laut, dass er ein Schaudern nicht unterdrücken konnte. Die Wagen brannten lichterloh.

Doch sie hielten nicht an.

»Weg hier!«, rief Andrei, als ihm klar wurde, was das bedeutete. Aber es war zu spät. Die brennenden Wagen prallten gegen ihre Barrikade. Bretter flogen durch die Gegend und es kam zu weiteren Explosionen. Unterdessen fuhren die restlichen Lastwagen herbei.

»Rückzug!«, rief Andrei.

Er hätte es nicht rufen müssen. Ihre Truppe bestand aus Freiwilligen, die weit selbstständiger agierten als jahrelang gedrillte Soldaten. Die meisten Rotgardisten waren bei der Explosion aufgesprungen und liefen jetzt nach Schutz suchend zu ihrer nächsten Stellung.

Wir müssen die verdammte Straße halten!

Andrei erblickte den Korb mit den Flaschenbomben. Er ergriff den Korb und rannte hinter die nächste Ecke. »Geh auf die andere Seite!«, wies er Bauer an und drückte ihm zwei der Flaschen in die Hand. Bauer schluckte schwer und rannte über die Straße. Einige Schüsse wurden abgefeuert, trafen ihn jedoch nicht.

Andrei lugte um die Ecke. Zwischen den brennenden Brettern und Wagen bewegten sich graue Schemen. »Aufteilen!«, schrie irgendjemand.

Jetzt beginnt der Straßenkampf.

Eine Abteilung des Feindes, etwa dreißig Soldaten, stürmte die Straße entlang. Andrei gab Bauer ein Signal. Er zündete seine Brandbombe an und schleuderte sie auf die Männer. Die Explosion traf zwar nicht viele, doch die Soldaten ließen sich sofort zu Boden fallen und robbten zurück. Der Jubel der Rotgardisten hallte über die Straße.

Aber er dauerte nicht lange.

Die verbleibende Schlacht wurde ein Gemetzel. Die Freikorps überrannten ihre Stellungen und es dauerte nicht lange, ehe ihre Verteidigung völlig in sich zusammenbrach.

Nur vier Stunden nach Beginn der Schlacht führte Andrei die wenigen Überlebenden nach München zurück. Sie hatten niemals eine Chance gehabt. Ihre Gegner waren in der Überzahl, besser bewaffnet und disziplinierter gewesen. Kaum war klar geworden, dass sie die Schlacht nicht gewinnen konnten, hatten die ersten Rotgardisten ihre Waffen fallen gelassen und waren davongelaufen. Spätestens als die Freikorps Ernst Toller gefangen genommen hatten, gab es kein Halten mehr.

Als sie München erreichten, teilte Andrei die Gruppe auf. »Geht nach Hause und haltet euch bedeckt,

Genossen«, sagte er zu den Überlebenden. »Die Freikorps werden jeden töten, den sie für einen Kommunisten halten. Verbergt euch bei euren Familien und wartet. Unsere Zeit wird kommen.«

Die Männer nickten trostlos und verschwanden. »Du glaubst doch nicht wirklich, dass sie jemals wieder bei einer bewaffneten Revolution mitmachen, oder?«, fragte Bauer, während er sich ein Tuch auf eine Wunde in seinem Gesicht drückte.

Andrei schüttelte den Kopf. »Natürlich nicht. Die Zeit der bewaffneten Revolutionen ist vorbei.«

Während er das sagte, blickte Andrei sich um. Sie mussten sich irgendwo umziehen und frisch machen, ehe sie sich in ihr Hotel zurückzogen.

Bauer blickte ihn fragend an. »Wie sollen wir dann die Macht erobern?«

Andrei seufzte. Seine neue Erkenntnis stand im Gegensatz zu den Lehren Lenins, doch Lenins Methoden funktionierten in Deutschland nicht. Das Zarenreich war marode gewesen und die hungernden Massen hatten gar keine Wahl gehabt, als sich zu erheben. In Deutschland ging es den Proletariern aber so gut, dass sie nicht unbedingt ihr Leben bei einer Revolution riskieren wollten. Darum gab es nur einen Weg. »Wir werden die Wahlen gewinnen müssen«, erklärte Andrei. »Wir müssen die KPD aufbauen, und wenn wir ausreichend Stimmen gewinnen, auf diesem Weg nach der Macht greifen. Das ist unsere einzige Chance.«

Bauer nickte und wollte etwas sagen, doch plötzlich blieb er stehen.

»Was ist denn?«, flüsterte Andrei. Dann hörte er es

auch: das Geräusch schwerer Stiefel, die gleichzeitig auf den Boden aufstampften.

Die Freikorps waren hier.

Heinrich

(München, 1. Mai 1919)

Heinrich griff nach der Pistole in seiner linken Manteltasche. Das kalte Metall in seiner Hand beruhigte ihn. Waffen hatten ihm immer schon ein Gefühl der Sicherheit gegeben. Ein Gefühl der Kontrolle.

»Da sind sie!«, schrie plötzlich einer seiner Soldaten. Heinrich blickte nach vorne. Dort liefen zwei Gestalten die Straße entlang. Heinrich baute sich vor dem Gefangenen auf. »Ist einer von denen derjenige, den wir suchen?«

Es war noch ein junger Mann. Ein Student, der noch nie einen Tag in seinem Leben gearbeitet hatte, aber von Weltrevolution träumte. Jetzt weinte er.

»Ja«, keuchte der junge Gefangene und blickte sich panisch um. »Lenins Schatten.«

»Ist der Russe der links oder der rechts?«

»Links!« Er weinte noch stärker. »Bitte, bitte lasst mich gehen. Ich habe euch alles gesagt. Mehr weiß ich nicht.«

Heinrich glaubte ihm.

»Verfolgt sie!«, rief er seinen Männern zu. Die beiden Kommunisten am Ende der Straße hatten sie längst bemerkt und die Beine in die Hand genommen. Doch Heinrich machte sich keine Sorgen. Seine Soldaten waren erfahren und ausdauernd. Sie würden sie schon fangen.

Heinrich und die zwei Soldaten, die den Gefangenen bislang mitgezerrt hatten, blieben zurück. »Wie alt bist du, Junge?«, fragte Heinrich.

»Neunzehn«, schluchzte der und blickte Heinrich mit großen Augen an. »Es tut mir leid! Es tut mir alles so leid!«

Heinrich nickte mitfühlend. Eine Schlacht zu verlieren war keine leichte Sache. Niemand wusste das besser als er. Er griff in seine Manteltasche und zog die Pistole diesmal heraus. Der Junge tobte und schrie, als er die Waffe entdeckte.

»Ich wünschte, es gäbe einen anderen Weg«, sagte Heinrich und schüttelte bedauernd den Kopf. »Aber der Kommunismus ist eine Pest, die man mit Stumpf und Stiel ausrotten muss. Haltet ihn ruhig.«

Er richtete die Waffe auf die Stirn des Jungen und drückte ab. Der Junge brach blutend zusammen.

»Räumt seine Leiche von der Straße und folgt mir danach. München ist eine saubere Stadt.«

Langsam steckte Heinrich die Pistole wieder ein und ging weiter.

Jetzt zu dir, du verdammter russischer Agent. Du läufst mir schon zu lange davon.

Der Feldzug gegen die bayrischen Kommunisten war beinahe zu einfach gewesen. Sie hatten die Roten von den Straßen gefegt wie Ratten. Die meisten Städte hatten sich kampflos ergeben. Nur vor München war es zu größeren Kämpfen gekommen, doch jetzt drangen ihre Truppen scharenweise in die Stadt ein. Die Kommunisten hatten längst ihre Waffen fallen gelassen.

Heinrich hatte darum gebeten, von seinem Kommando freigestellt zu werden. »Die Schlacht ist entschieden«, hatte er gesagt. »Jetzt geht es darum, die Anführer zu erwischen, ehe sie untertauchen und neue Unruhe stiften können.«

Toller hatten sie bereits in ihrer Gewalt, doch Heinrich hatte ein noch größeres Ziel.

Der russische Agent. Im Laufe der Schlacht bei Garching hatte Heinrich einige Gefangene verhört und rasch begriffen, dass Lenins Schatten an den Kämpfen teilgenommen hatte.

Plötzlich rissen ihn Schreie gefolgt von einer Explosion aus seinen Gedanken.

Was war da los?

Heinrich lief los. Eine alte Frau mit einem Korb Eier stand ihm im Weg. Er umging sie, doch das kostete wertvolle Zeit. Ansonsten war die Straße leer. Die meisten Zivilisten hatten rasch begriffen, dass man sich in diesen Stunden besser nicht draußen aufhielt. Am Ende der Straße angekommen, blickte er rasch um die Ecke und fand einen seiner Soldaten blutend auf dem Boden liegend. »Was ist passiert?«, fragte Heinrich.

»Die Schweine haben uns eine Falle gestellt!«, keuchte der Mann. »Eine verdammte Brandbombe!«

Erst jetzt sah Heinrich, dass der Soldat am ganzen Körper Verbrennungen hatte. »Es kommen gleich zwei Kameraden, die dich ins Lazarett bringen«, versprach Heinrich ihm. »Bleib hier.«

Der Soldat nickte tapfer. Ein echter deutscher Recke, dachte Heinrich stolz. *Genau deswegen sind wir den Kommunisten überlegen.*

»Wo sind die anderen?«

Der Mann deutete die Straße entlang und Heinrich wollte schon zu einem neuen Sprint ansetzen, als ihm etwas verdächtig vorkam und er innehielt. Warum sollten die Kommunisten einfach so eine Brandbombe einsetzen? Sie konnten nicht hoffen, damit alle ihre Verfolger zu erledigen.

Aber sie könnten versuchen, in der Verwirrung zu entkommen.

Heinrich hielt inne und sah sich um. Auf der anderen Straßenseite brannte ein Mülleimer. Ansonsten waren sie von Gebäuden umringt. Mit einer Ausnahme: Ein kleiner, auf den ersten Blick kaum wahrzunehmender Durchgang führte in einen Innenhof.

Heinrich entriegelte seine Waffe.

Geduckt und wachsam umhersehend betrat er den kleinen Durchgang. Zimmerpflanzen standen auf den Fensterbrettern links und rechts von ihm. Der Innenhof war kleiner, als es von der Straße aus schien. Ein paar Fahrräder standen in einer Ecke und dazu einige größere Mülleimer. Er ging zu der Tür, die in eines der Hochhäuser führte, und rüttelte an ihrem Griff. Sie war verschlossen.

Hatte er sich geirrt? Er atmete tief ein.

Vielleicht werde ich alt.

Er wollte sich bereits abwenden, als sein Blick auf die Mülleimer fiel. Es waren große, monströse Dinger. Groß genug, um einen Mann darin zu verbergen. Vielleicht auch zwei.

Heinrich hatte im Krieg gelernt, seinen Instinkten zu vertrauen. Sie hatten ihm mehr als einmal das Leben gerettet. Er hob seine Waffe, richtete sie auf die Eimer und schoss.

Hatte er jemanden getroffen? Niemand hatte geschrien, doch nicht immer schrien Schussopfer. Manchmal starben sie so schnell, dass ihnen dafür keine Zeit mehr blieb. Besonders, wenn die Kugel ihren Schädel durchschlug.

Langsam näherte Heinrich sich dem ersten der Mülleimer. Mit der linken Hand zog er den Deckel nach oben. Mit der rechten hielt er die Pistole schussbereit. Er stellte sich auf die Zehenspitzen und lugte hinein.

Nichts.

Enttäuscht ließ er den Deckel fallen, doch in diesem Augenblick nahm er eine Bewegung wahr. Ein Mann sprang aus der Ecke hervor. Wie er sich verborgen hatte, wusste Heinrich nicht, doch Heinrich zögerte keine Sekunde. Er schoss – daneben.

Verdammt!

Er wollte dem Mann nachlaufen, doch plötzlich wurde er umgerissen. Ein zweiter Mann war hervorgesprungen. Der Mann riss ihn zu Boden und griff sofort nach Heinrichs Pistole. Heinrich hielt sie eisern fest, also schlug der Fremde ihm ins Gesicht, aber nicht so hart, dass Heinrich nicht mehr hätte reagieren können.

Ich bin ein Soldat, du Schwächling. Hast du wirklich geglaubt, dass du mich überwältigen kannst?

Er stieß seinen Gegner mit einem gewaltigen Stoß von sich. Schwer atmend richtete er sich auf. Der Mann war viel kleiner und schwächer als er selbst. Er hatte schwarzes Haar und typisch slawische Gesichtszüge. Heinrich musste nicht überlegen, um zu wissen, um wen es sich hier handelt.

»Andrei Vasiliev?«, fragte er und richtete seine Pistole auf den Mann.

Der Russe keuchte, erwiderte seinen Blick aber ohne

Furcht. »Und mit wem habe ich es zu tun?«

»Heinrich von Naumburg.«

Vasiliev zuckte die Achseln. »Noch nie gehört.«

»Man nennt mich den Kommunistenschlächter«, sagte Heinrich. »Jedenfalls wird man das in ein paar Tagen.«

Er hatte erwartet, dass Vasiliev jetzt um Gnade flehen würde, doch der russische Kommunist grinste. »Du solltest besser achtgeben, Schlächter.«

Fluchend fuhr Heinrich herum. Er hatte angenommen, dass der andere Kommunist davongelaufen war, doch der Mann stand mit einer Pistole vor ihm.

»Waffe fallen lassen!«, rief der Kommunist.

Heinrich dachte nicht daran, den Befehl zu befolgen. Es wäre sein Tod gewesen. Stattdessen riss er seine Waffe herum und schoss. Seine Reflexe waren denen eines arbeitsscheuen Berufsunruhestifters weit überlegen. Der Kommunist brach reglos zusammen. Vasiliev sah es, schrie auf und stürzte sich mit einer Kraft auf Heinrich, die er dem kleinen Kerl niemals zugetraut hatte.

»Wie kannst du es wagen?!«, schrie Vasiliev und hämmerte mit den Fäusten auf Heinrich ein.

Heinrich hatte Probleme, Luft zu holen. Vasiliev war so in Rage, dass er ihm tatsächlich die Waffe aus der Hand schlug. Die Pistole schlitterte unter die Mülleimer.

Der Russe war immer noch in Wut, doch langsam gewann Heinrich die Kontrolle zurück. Er spannte seine Muskeln an, wehrte einen weiteren Schlag ab und schlug selbst zurück. Der Winkel war ungünstig und er traf seinen Gegner nicht richtig, trotzdem hatte das Blatt sich eindeutig gewendet.

Das schien auch Vasiliev zu verstehen. Geschickt sprang er auf, warf einen Blick auf seinen blutenden Genossen und lief davon, noch ehe Heinrich sich voll aufrichten konnte. Heinrich versuchte, ihn einzuholen, doch die Schläge hatten seine Balance zerstört. Er brauchte einige Augenblicke, ehe er laufen konnte, und als Heinrich den Innenhof verließ, war Vasiliev längst verschwunden. Nur der verwundete Soldat saß noch auf der Straße und deutete in eine Richtung. »Er ist dorthin gelaufen!«

Heinrich machte sich nicht die Mühe, Vasiliev zu verfolgen. Sein Vorsprung war zu groß. Stattdessen fuhr er sich über das Gesicht. Seine Nase blutete.

Er ging zurück in den Innenhof und blickte auf den toten Kommunisten.

Keine Sorge Vasiliev, dich kriege ich auch noch.

Nach und nach kehrten Heinrichs Soldaten zurück. »Bringt den Verwundeten zum Truppenlazarett«, wies er sie an. »Danach geht zu euren Einheiten zurück. Die örtlichen Kasernen sollten sich mittlerweile in unserer Hand befinden.«

Heinrich zweifelte nicht daran, dass der kommunistische Widerstand in München längst zusammengebrochen war. Die Räteführer mochten sich noch ein oder zwei Tage in den Regierungsgebäuden verschanzen, doch mehr nicht.

»Und wohin geht Ihr, Oberst?«, fragte einer der Männer.

Heinrich grinste derb. »Es gibt da eine Frau, um die mich kümmern muss.«

Die Männer lachten. Sie wussten genau, von welcher

Frau er sprach. Das ganze Freikorps hatte Estere kennengelernt und war verrückt nach ihr. Heinrich zweifelte nicht daran, dass die Hälfte seiner Soldaten nachts wach lag und sich die hübsche Journalistin nackt vorstellte.

Doch Estere gehörte ihm. Ihm ganz allein.

Ich werde ihr trotzdem eine Strafpredigt halten müssen. Was hat sie sich nur dabei gedacht, nach München zu kommen?

Sie hatte ihm ein Telegramm geschickt, in dem sie schrieb, dass sie sich im Münchner Hotel Königshof aufhielt und dass sie reden müssten.

Das mussten sie in der Tat.

Andrei

(München, 1. Mai 1919)

Mit zitternder Hand öffnete Andrei die Hoteltür. Als die Rezeptionistin ihn sah, schlug sie überrascht die Hand vor den Mund. »Baron von Belsky!«, rief sie entsetzt. »Was ist denn mit Ihnen passiert?«

Andrei blickte an sich herab. Seine Kleidung war verschwitzt und voller Erde und Ruß. Sein Gesicht blutete und auch sonst sah er eher wie ein betrunkener Straßenschläger als wie ein Baron aus. Er hätte sich eigentlich umziehen wollen, doch dazu war keine Zeit mehr gewesen.

»Die Kommunisten«, fluchte Andrei und ging auf die Rezeption zu. »Diese verdammten Schläger haben mir aufgelauert und mich ausgeraubt. Ich hab mich gewehrt, aber es waren zu viele.«

Die Rezeptionistin blickte ihn mitleidsvoll an. Andrei wusste, dass sie ein Auge auf ihn geworfen hatte, sie hielt ihn immerhin für einen reichen Baron.

»Soll ich Ihnen einen Arzt rufen?«, fragte sie.

»Schon gut. Ich werde mich waschen und meine Kleidung in Ordnung bringen. Ansonsten ist ja nichts geschehen.«

Sie nickte. »Ich werde Herrn Bauer Verbandsmaterial mitgeben, wenn er zurückkommt.«

Andrei, der sich bereits in Richtung Lift bewegt hatte, hielt inne. »Ja«, sagte er hastig. »Ja. Das wäre gut.«

Ohne ein weiteres Wort ging er davon.

Bauer. Andrei und er hatten die letzten Monate zusammen verbracht und waren mit der Zeit Freunde geworden. Mehr als Freunde. Genossen im Kampf. Berufsrevolutionäre. Doch jetzt war Bauer tot. Erschossen von einem Verrückten. Heinrich von Naumburg. Andrei würde diesen Namen nicht vergessen.

Und eines Tages werde ich Bauer rächen.

Andrei betrat seine Suite. Alles hier erinnerte ihn an seinen toten Genossen. In der Ecke standen Bauers Ersatzstiefel und hing eine Jacke, die Andrei ihm besorgt hatte. Von den Zigaretten auf dem Tisch ganz zu schweigen. Am liebsten hätte Andrei sich auf das Sofa gesetzt und geweint. Er hatte auf ganzer Linie versagt: Bauer war tot, die Revolution gescheitert, Estere verloren. Wenigstens befand er sich jetzt in Sicherheit. Andrei wollte sich am liebsten eine Flasche Schnaps holen, sich betrinken und ein paar Tage im Selbstmitleid versinken.

Er ging ins Badezimmer und entledigte sich hastig seiner dreckigen Kleidung. Sein Körper hatte einige Schrammen und ein paar blutende Platzwunden abbekommen, doch nichts Schlimmeres. Wenn er daran dachte, wie viele Genossen heute den Tod gefunden hatten, dann hatte er außergewöhnliches Glück gehabt.

Trotzdem war das hier meine letzte Schlacht.

Die Zeit der bewaffneten Aufstände war vorüber. Die Arbeiterklasse konnte die rechten Soldaten im Straßenkampf nicht besiegen. Sie mussten andere Mittel verwenden. Streiks und Wahlen.

Wenn wir die Wahlen gewinnen, können uns die Rechten nichts anhaben.

Andrei hatte sich immer gegen den sogenannten

demokratischen Weg ausgesprochen. Denn dieser war schwer und langwierig. Eine bewaffnete Revolution dagegen wirkte auf den ersten Blick einfacher.

Andrei dachte wieder an Bauers Leiche. *Aber ihr Preis ist zu hoch.*

Er wusch sich notdürftig und zog sich dann eine frische Hose und ein sauberes Hemd an. Zurück im Wohnzimmer griff er nach der Schnapsflasche, hielt jedoch mitten in der Bewegung inne.

Befand er sich wirklich in Sicherheit?

Ich bin hier als Baron von Belsky angemeldet und niemand weiß, dass ich mich hier aufhalte.

Er öffnete die Flasche und senkte sie über das Glas. Seine Hand zitterte so sehr, dass ein Teil der Flüssigkeit über den Rand schwappte.

Niemand weiß von mir. Niemand.

Estere wusste von ihm.

Würde sie ihn verraten?

Nein. Trotz allem glaube ich das nicht.

Seine Gedanken wanderten zurück zu Heinrich von Naumburg. Wie hatte er sich selbst genannt? *Der Kommunistenschlächter.* Andrei dachte daran, was die Freikorps in Berlin getan hatten. Ohne jeden Zweifel würden sie die ganz Stadt nach Kommunisten durchsuchen. Sie würden die Gefangenen foltern, um so an weitere Namen zu kommen. Andrei mochte sich nicht vorstellen, was Naumburg in diesem Augenblick mit Ernst Toller tat.

Toller.

Toller wusste, wo Andrei sich aufhielt. Zwar hatte er Andreis Decknamen nie gehört, doch er kannte die Suite.

Toller könnte ihn verraten, und wenn er es nicht tat, gab es andere im kommunistischen Hauptquartier. Wenn Naumburg nur tief genug bohrte, würde er früher oder später auf Andrei stoßen.

Andrei leerte den Schnaps in die Spüle.

Ich muss von hier verschwinden.

Die Erkenntnis fiel ihm nicht leicht. Er hatte die Säuberung in Berlin überstanden, indem er sich in seiner Wohnung versteckt hatte. Doch die Lage in Berlin, war mit der jetzigen nicht zu vergleichen.

Hastig packte Andrei seine Sachen. Nur das Nötigste. Am liebsten hätte er gar nichts mitgenommen, aber damit hätte er sich verdächtig gemacht. Kein reicher Mann ließ seine Besitztümer zurück. Er packte seinen schwarzen Lederkoffer und zog sich einen teuren Ledermantel über. Dann blickte er auf die Uhr. Viertel nach zehn. Seit der Schlacht waren etliche Stunden vergangen.

Wenn ich Glück habe, sind die meisten Gäste, die im Eingangsbereich saßen, bereits schlafen gegangen.

Andrei musste eine Entscheidung treffen. Er könnte entweder bis spät in die Nacht warten und erst dann versuchen, die Stadt zu verlassen. Das wäre sicherer, weil ihn kaum jemand sehen, geschweige denn aufhalten würde. Oder aber er könnte sofort aufbrechen. Damit entging er der Gefahr, dass die Freikorps seinen Aufenthaltsort noch heute Nacht herausfanden und ihn in seinem Hotel überfielen.

Ich werde hierbleiben. Wenn ich noch ein paar Stunden warte, ist es sicherer.

Er setzte sich auf die Couch. Trinken sollte er in dieser

Lage nicht, also zog er eine Zeitung hervor. Doch die Buchstaben verschwammen vor seinem Auge. Immer wieder tauchte das Bild des erschossenen Bauers vor ihm auf.

Plötzlich sprang er auf. Er hatte ein Knarren gehört. Rechte Soldaten? Er lauschte mit erstarrtem Atem. Nein. Da war nichts.

Wenn ich länger hierbleibe, werde ich verrückt. Ich muss verschwinden.

Er griff nach seinem Koffer, holte tief Luft und machte sich auf den Weg zur Rezeption.

»Können Sie mir einen Wagen rufen?«, fragte er die Empfangsdame höflich.

Die Hotelbar war beinahe leer. Nur ein Pärchen saß von ihm abgewandt an einem schwach beleuchteten Fenstertisch. Doch nirgendwo schienen rechte Schläger oder bewaffnete Soldaten zu warten. Andrei entspannte sich ein wenig.

Die Frau nickte. »Wir haben einige Fahrer vor dem Hotel. Es sollte nicht lange dauern.« Sie rief einen Pagen herbei, der damit beauftragt wurde, einen Fahrer zu organisieren. »Sie können in der Zwischenzeit in der Bar eine Erfrischung zu sich nehmen«, bot die Rezeptionistin an.

Andrei winkte ab. Das Letzte, wonach ihm gerade der Sinn stand, war, für alle sichtbar in der Hotelbar zu sitzen. Am liebsten wäre er zurück in seine Suite gegangen, doch das hätte verdächtig gewirkt, und der Page würde hoffentlich nicht lange brauchen.

Er setzte sich auf einen der Mahagonistühle, die vor der Rezeption standen, und griff sich eine der bereitliegenden Zeitungen. Er las nicht, er wollte nur beschäftigt wirken.

»Wohin reisen Sie denn?«, fragte die Rezeptionistin. Sie schien in der Stimmung für eine Unterhaltung zu sein. Andrei biss die Lippen zusammen.

»Nach Karlsruhe«, log er. »Ich muss einige Geschäfte erledigen.«

Sie lächelte. »Ich hoffe, Sie kommen bald wieder?«

Andrei nickte. »Mein Assistent Bauer wird hierbleiben.«

Zum Glück belästigte sie ihn nicht mit der Begleichung der Hotelrechnung. In weiser Voraussicht hatte Andrei die Suite bereits für den gesamten Monat im Voraus bezahlt.

Die Rezeptionistin wollte noch etwas sagen, wandte sich dann aber ab, um dem Pärchen aus der Hotelbar eine gute Nacht zu wünschen.

Andrei warf dem Paar einen kurzen Blick zu und erstarrte.

Die Frau war Estere, der Mann Heinrich von Naumburg. Die beiden waren in ein Gespräch vertieft und beachteten ihn gar nicht.

Andrei starrte sie fassungslos an. Er spürte keine Panik und keine Furcht. Alles, was er spürte, war rasende Eifersucht. Wütend registrierte er, wie selbstverständlich Naumburgs Hand an Esteres Seite lag.

Die Bedeutung war offensichtlich. Naumburg war nicht hier, um Andrei eine Falle zu stellen, sondern um Estere zu sehen.

Er ist ihr Liebhaber.

Die Erkenntnis schmetterte ihn genauso nieder wie

Bauers Tod. Instinktiv zog er sich die Zeitung vor das Gesicht, doch die raschelnde Bewegung lenkte Esteres Aufmerksamkeit auf ihn. Sie erstarrte und riss die Augen auf.

Andrei warf ihr einen Blick voller Hass und Verachtung zu. Das war alles, was sie noch von ihm bekommen würde.

Unterdessen plapperte Naumburg einfach weiter: »Wir werden die ganze Stadt auseinandernehmen. Wäre das nicht einen Artikel wert?«

»Ja«, sagte Estere schwach. »Aber lass uns heute nicht von solchen Dingen sprechen, in Ordnung?«

»Was hast du denn?« Naumburg blieb stehen. »Du zitterst ja.«

»Baron von Belsky?« Der Page war zurückgekommen. »Ihr Wagen steht bereit.«

Andrei brach in Schweiß aus. Estere und Naumburg standen nur wenige Schritte von ihm entfernt. Er stand auf und hob seinen Koffer. In diesem Augenblick drehte Naumburg sich zu ihm um.

Wenn er mich erkennt, bin ich tot.

Naumburg runzelte die Stirn. Andrei wusste, dass er völlig anders aussah als noch vor einigen Stunden. Er trug teure Kleidung. Außerdem war es bei seinem Kampf mit Naumburg schon recht dunkel gewesen.

Trotzdem haben wir einander in die Augen gesehen und gewusst, dass wir fortan Todfeinde sein werden. So jemanden vergisst man nicht so einfach.

Naumburg machte einen Schritt auf ihn zu.

»Heinrich, lass uns schlafen gehen«, sagte Estere bestimmt.

Er hielt sie mit einer Hand zurück. »Einen Augenblick, ich will nur etwas überprüfen.«

Er machte noch einen Schritt auf Andrei zu. »Kenne ich Sie?«, fragte er.

Ja du verdammter Bastard!

»Nicht dass ich wüsste«, antwortete Andrei mit gespielt arroganter Stimme und wandte sich zum Gehen. Er fing einen panischen Blick von Estere auf. Was auch immer sie sonst getan hatte, sie schien Andrei nicht ausliefern zu wollen.

»Sicher?« Naumburg ging um ihn herum. »Ihr Russen seht euch alle so verdammt ähnlich.«

Das musst du gerade sagen, Milchgesicht.

»Heinrich!«, rief Estere erneut. Doch Naumburg beachtete sie nicht.

»Heinrich, ich bin schwanger!«, rief Estere plötzlich.

Das wirkte. Andrei und Naumburg drehten sich beide fassungslos zu Estere.

»Wir erwarten ein Kind?«, fragte Naumburg und ging zurück zu ihr.

Andrei schluckte und zählte die Monate. Binnen Sekunden begriff er, dass *er* nicht der Vater sein konnte, denn nichts an ihrem schlanken Körper deutete darauf hin, dass sie schon länger schwanger war.

»Ja«, sagte Estere und blickte Andrei bedauernd an. »Ja. Das tun wir.«

Naumburg schlang seine Hände um Estere und küsste anschließend ihren Bauch. Auch die Rezeptionistin eilte herbei, um der glücklichen Familie zu gratulieren.

Andrei nutzte die Ablenkung und eilte zur Tür.

Naumburg war zu überwältigt, um ihn aufzuhalten,

doch beinahe wünschte Andrei sich, sein Rivale würde ihn einfach erschießen.

Andrei war auf ganzer Linie gescheitert.

Der Versailler Vertrag

Estere

(Berlin, 10. Mai 1919)

Estere legte die Hand auf ihren Bauch und fuhr die Linie zwischen ihren Muskeln entlang. Noch fühlte er sich an wie immer, doch bald schon würde ihr Bauch nicht mehr flach und sportlich, sondern aufgebläht und unförmig sein. Estere zitterte bei dem Gedanken. Sie hatte niemals mit einer Schwangerschaft gerechnet. Sie führte einen Kalender. Sie hatte gelesen, dass man die fruchtbaren Tage einer Frau vorherbestimmen könnte. An *gefährlichen* Tagen hatte sie keinen Sex. Außerdem verwendete sie fast immer einen Pariser. Doch Heinrich hatte die unförmigen Gummidinger nicht leiden können und Estere musste zugeben, dass es sich besser anfühlte, ihn direkt in sich zu spüren.

Ich war kindisch und dumm und jetzt muss ich die Konsequenzen tragen.

Wenigstens war sie sich bezüglich der Vaterschaft sicher. Nicht auszudenken, wenn sie nicht wüsste, ob Heinrich oder Andrei der Vater war.

Wie schon tausende Male zuvor saß Estere über ihren Schreibtisch gebeugt und versuchte, an einem Artikel zu schreiben. Sie hatte Schwierigkeiten, sich zu konzentrieren. Immer wieder ließ ihre Hand den Stift los und wanderte zu ihrem Bauch. Befand sich da wirklich ein Lebewesen darin?

Sie stellte sich vor, wie ein Dämon in ihrem Inneren

langsam ihre Eingeweide verzehrte.

Estere schauderte. Sie wollte kein Kind.

Soll ich es wegmachen lassen?

Sie wusste, dass das ging. Offiziell waren Abtreibungen verboten, doch in einer Weltstadt wie Berlin war alles möglich. Würde sie es später bereuen?

Estere wünschte sich jemanden, mit dem sie die Sache bereden konnte. Ihrer Mutter konnte sie davon nicht erzählen und Freundinnen hatte Estere nicht. Die meisten Frauen waren fürchterlich einfältig und hätten ihr ohnehin nur geraten, dankbar zu sein, dass sie sich einen Offizier geangelt hatte.

Als würde Heinrich mich im Entferntesten interessieren.

Ihre Gedanken wanderten zu Andrei und ihrer Begegnung im Hotel. Estere unterdrückte ein Schluchzen.

Du darfst jetzt nicht daran denken. Wenn Vater nur noch hier wäre.

Estere hielt inne. Was würde er ihr sagen? Janis Kalnini war ein überzeugter Atheist gewesen. Er würde ihr nicht mit der ewigen Verdammnis drohen oder von ihrem Seelenheil schwafeln, wenn sie ihm von der Möglichkeit einer Abtreibung erzählte. Er würde sie nüchtern nach ihren Gründen fragen, und jetzt gab es tausend Gründe. Jetzt war einfach nicht die Zeit und sie liebte Heinrich nicht.

Ich müsste das Kind alleine großziehen.

Estere lächelte. Ihr Vater würde sie fragen, ob sie denn glaubte, dass sie es alleine nicht schaffen könnte. Natürlich könnte sie das und …

Was, wenn es nach meinem Vater kommt?

Estere schluckte. Sie hatte das Baby bislang nur als Heinrichs Baby gesehen, aber es war auch zur Hälfte ihres.

Ich könnte ihm alles beibringen, was er mir beigebracht hat.

Sie lehnte sich zurück und atmete tief ein. Sie würde das Kind behalten.

»Du bist härter geworden«, stellte Johannes später an diesem Tag fest.

Sie saßen im *Auge Gottes* und gingen gemeinsam die Zahlen durch. *Das Märzblatt* hatte einige Erfolge errungen. Ihre Auflage war gestiegen, ihre Vertriebswege hatten sich verbessert. Sorgen bereiten musste ihnen nur die ungewisse wirtschaftliche und politische Lage. Johannes schlug vor, Rücklagen zu bilden für den Fall, dass die Druckpreise steigen würden oder den Leuten das Geld für teure Zeitungen ausgehen würde.

»Ja, das bin ich«, antwortete Estere und nippte an ihrem Kaffee.

Er sah sie nachdenklich an. »Warum?«

Vor Esteres Augen tauchten Bilder von Soldaten auf. Sie dachte an die Straßenschlachten von München und an all das Leid, das sie gesehen hatte. Vor allem aber dachte sie an Andrei und sein hasserfülltes Gesicht, als er begriff, dass sie von Heinrich schwanger war.

Sie zuckte mit den Schultern. »Die Zeiten sind hart. Das färbt ab.«

Sie wandten sich wieder dem *Märzblatt* zu. Sie hatten sich einen Stamm von festen Abonnenten aufgebaut und einige Kioske in gebildeteren Gegenden gefunden, die große Stückzahlen einkauften. Das war eine gute Basis.

»Die Siegermächte werden bald zu einem Ergebnis kommen«, sagte Estere, ehe sie sich einen weiteren Kaffee bestellte. Durfte eine schwangere Frau Kaffee trinken? Sie war sich nicht sicher.

Der Krieg war jetzt schon ein halbes Jahr zu Ende. Deutschland hatte kapituliert und große Teile Westdeutschlands standen unter französischer, britischer und belgischer Besatzung. Die Siegermächte tagten seit Monaten im Spiegelsaal des Schlosses Versailles, wo sie die Zukunft Deutschlands festlegen würden. Die deutsche Delegation war nicht zu den Verhandlungen zugelassen und durfte sich nur schriftlich an die Verhandler von Versailles wenden.

Johannes nickte. »Laut einer meiner Quellen haben die Mächte der Entente der deutschen Delegation bereits einen ersten Entwurf für einen Friedensvertrag vorgelegt.«

Estere runzelte die Stirn. Sie hatte nichts in der Richtung gehört. Andererseits waren die Dinge in Bayern auch drunter und drüber gegangen. »Warum ist noch nichts über so einen Vertrag bekannt?«

Johannes beugte sich vor. »Es heißt, die Forderungen seien so hart gewesen, dass die deutsche Delegation den Entwurf abgelehnt und die Siegermächte gebeten hat, ihre Ansprüche zu überdenken.«

»Unsinn.« Estere konnte das nicht glauben. »Jeder kennt die vierzehn Punkte des US-Präsidenten Wilson.

Er will einen gerechten Frieden, der zu einem richtigen Ausgleich in Europa führt.«

Doch Johannes schien mehr zu wissen: »Meine Quelle sagt, dass Präsident Wilson mit dem Vertrag nicht zufrieden ist. Die Amerikaner könnten sogar aus den Friedensverhandlungen aussteigen, weil die Franzosen und Briten zu harte Bedingungen stellen.«

Die neue Kaffeetasse kam und Estere trank einen Schluck. »Wer ist diese Quelle?«

Johannes biss sich auf die Lippe. »Hast du schon mal von Professor Max Weber gehört?«

»Der Soziologe?« Natürlich hatte Estere das. Max Webers Forschungen und Arbeiten galten als Standardwerke.

Johannes nickte. »Ich habe mit ihm in Göttingen studiert. Wir sind befreundet.«

»Warum sollte ein Soziologieprofessor wissen, was die Siegermächte für Forderungen stellen?«

»Er ist Teil der deutschen Delegation in Paris. Nachdem sie den ersten Entwurf erhalten haben, ist er zurück nach Berlin gereist. Vermutlich um die deutsche Regierung zu informieren. Wir haben uns gestern getroffen.« Johannes lehnte sich zurück. »Er wollte mir keine Details verraten, aber er hat angedeutet, dass die Forderungen höher sein könnten, als wir dachten.«

Unruhe breitete sich in Estere aus. Wenn Frankreich und England übertriebene Forderungen stellten, könnte das langfristig zu einem neuen Krieg führen. Doch vorerst überdeckte ihr Reporterinstinkt diese Sorgen.

»Weißt du, wo Professor Weber sich im Augenblick aufhält?«, fragte sie.

Johannes seufzte schwer. »Ich wusste, dass du das fragen würdest.«

»Also weißt du es?«

Er verdrehte die Augen. »Ja. Aber lass ihn in Ruhe. Wenn er mehr hätte sagen wollen, hätte er mir mehr gesagt.«

Damit schien die Sache für ihn erledigt zu sein. Das war typisch für Johannes. Er war ein großartiger Autor und ein hervorragender Geschäftsführer, doch ihm fehlte der Biss eines Reporters. Nur weil jemand etwas nicht verraten *wollte*, bedeutete nicht, dass er es nicht verraten *würde*.

Wenn wir herausfinden, was die Siegermächte in Versailles von uns fordern, wird man uns eine entsprechende Sonderausgabe des Märzblattes *regelrecht aus den Händen reißen.*

»Wo ist er?«, fragte Estere erneut.

Johannes sah sie lange an. »Im Hotel Adlon«, sagte er schließlich. »Von mir aus geh zu ihm, aber Estere, versprich mir, dass du es nicht zu weit treibst. Ich weiß nicht, wie du immer an deine Artikel kommst, aber das kann auf Dauer nicht gut gehen.«

Sie nickte, versprach jedoch nichts dergleichen. »Ich breche besser sofort auf«, sagte sie. »Wer weiß, wie lange er noch in der Stadt ist.«

Sie verließ das Café so zügig, dass Johannes keine Zeit mehr blieb, Einspruch einzulegen. Als sie auf die Straße trat, dachte sie an seine letzten Worte.

Aber das kann auf Dauer nicht gut gehen.

Estere lachte. Sie bekam ein Kind von einem Mann, den sie nicht liebte. Was sollte ihr jetzt noch geschehen?

Sie verdrängte den Gedanken rasch und machte sich auf den Weg zur nächsten Straßenbahnstation. Die kalte und regnerische Jahreszeit gehörte endlich der Vergangenheit an. Bäume und Blumen blühten jetzt und überall zwitscherten Vögel. Es war einer jener angenehm warmen, jedoch nicht heißen Maitage, an denen Estere sich am liebsten mit einem guten Buch in den Park gesetzt hätte.

Es dauerte keine Stunde, ehe sie das Hotel Adlon erreichte. Das Gebäude wirkte noch genauso beeindruckend wie im Winter, als sie Heinrich dort getroffen hatte. Estere holte tief Luft, ließ sich die Hoteltür von einem Wärter öffnen und betrat die riesige Rezeptionshalle. Selbstbewusst ging sie zur Rezeption und verlangte Professor Max Weber zu sprechen.

»Erwartet der Professor Sie denn?«, fragte der Rezeptionist. Es war ein alter Mann mit miesepetrigem Gesicht. Einer von der Sorte, die alles korrekt und in Ordnung haben wollte.

Estere errötete. »Ich ...« Sie gab sich mädchenhaft und klimperte mit den Wimpern. »Ich hoffe doch. Wir ... wir sind seit langem befreundet«, sagte sie vieldeutig.

Der Mann sah sie missbilligend an. Es war nicht unüblich für respektierte, ältere Männer, sich eine junge Geliebte zu halten. Aus irgendeinem Grund jedoch wurde stets die Geliebte, niemals aber der ältere Herr Objekt gesellschaftlicher Missachtung.

»Also gut«, sagte er. »Aber Ihren Ausweis müssen Sie hinterlegen.« Estere starrte ihn fassungslos an.

Der Mann zuckte gleichgültig mit den Schultern.

»Wenn Sie wüssten, wie oft Frauen wie Sie Dinge mitgehen lassen.«

Wütend klatschte Estere ihren Ausweis auf die Theke.

»Zimmernummer?«, fragte sie knapp.

»Neunhundertneunzehn«

Wie passend.

Sie nahm den elektrischen Lift in den neunten Stock. Nachdem sie den Lift verlassen hatte, verharrte sie eine Weile am Fenster und genoss den Ausblick. Sie konnte von hier aus direkt auf das Brandenburger Tor sehen. Es war mit den Farben der neuen Republik behangen. Schwarz-Rot-Gold: die Farben der deutschen Revolution und des deutschen Aufbruchs. Im Gegensatz zu den schwarz-weiß-roten Fahnen des alten Kaiserreichs.

Sie riss sich von dem Anblick los und legte die letzten Meter bis zur Tür mit der Nummer 919 zurück. Ihre Hand klopfte betont, aber langsam gegen die Tür.

»Ja?«, rief eine tiefe Stimme.

»Professor Weber? Ich bin eine Freundin von Johannes Winkler«, sagte Estere laut.

Schritte waren zu vernehmen, dann wurde die Tür mit einem Ruck aufgerissen. Vor Estere stand ein Professor wie aus dem Bilderbuch. Er trug einen Anzug, hatte sein Haar zurückgekämmt und seinen langen Vollbart fein säuberlich gestutzt. Seine klugen Augen schienen Estere mit einem einzigen Blick zu durchdringen und einzuordnen.

»Eine Freundin von Johannes Winkler«, wiederholte Weber langsam. »Ich nehme an, Sie sind Estere Kalnini?«

»Ja, aber woher –.«

Er lachte. »Dinge zu wissen ist mein Beruf. Es war ein Fehler, Johannes zu treffen. Er ist zu gutmütig, um zu begreifen, was für Haifische die meisten seiner Kollegen sind.«

Trotz dieser recht harschen Worte öffnete er die Tür. »Kommen Sie ruhig herein. In meinem Alter wird man nicht mehr oft von einer hübschen Frau überrascht. Einen Tee kann ich Ihnen anbieten, aber ich fürchte, ansonsten sind Sie vergeblich gekommen.«

Estere trat ein und betrachtete die stilvolle Einrichtung und die exquisiten Gemälde an den Wänden. »Sie kennen meinen Namen?«, rief Estere durch die Hotelwohnung, denn Weber war um eine Ecke verschwunden.

»Natürlich«, kam es zurück. Plötzlich klirrten Tassen.

»Brauchen Sie Hilfe?«

»Nein, schon gut«, rief Weber. »Ich bin nur … Diese Dinge sind nicht meine Stärke. In der Regel kümmert sich meine Haushälterin um so etwas. Aber zwei Tassen Tee werde ich hinbekommen.«

Estere nutzte die Gelegenheit, um sich sorgfältig umzusehen. Hatte Weber vielleicht irgendwo Papiere liegen, die einen Aufschluss über die Forderungen der Siegermächte gaben?

Sie konnte auf den ersten Blick nichts finden und kurze Zeit später kam er in der Tat mit zwei dampfenden Tassen Tee zurück.

»Setzen Sie sich nur«, sagte Weber freundlich.

Estere machte es sich auf der teuren Ledercouch bequem und trank einen Schluck.

»Natürlich kenne ich Ihren Namen«, sagte Weber,

nachdem er sich selbst gesetzt hatte. »Johannes und ich sind alte Freunde. Als er Ihren Vater kennenlernte und mit ihm seine eigene Zeitung gründete, hat er mir vieles von ihm erzählt, und in späterer Folge natürlich auch von der Tochter, die ihrem Vater in vielen Dingen so ähnlich ist.«

Er nahm einen Schluck. »Als ich Johannes traf, rechnete ich beinahe damit, dass Sie mich aufsuchen könnten. Nach allem, was er mir erzählt hat, sind Sie niemand, der sich eine solche Chance durch die Finger gehen lässt.«

»Warum haben Sie ihn dann getroffen?«, wollte Estere wissen. Etwas an Professor Weber faszinierte sie. Alles an diesem Mann strahlte beiläufige Intelligenz und Weisheit aus. Seine Klugheit und Kombinationsgabe waren auf schwer zu beschreibende Art und Weise attraktiv.

Er lehnte sich zurück. »Vermutlich musste ich mit jemandem darüber reden«, sagte er mehr zu sich selbst als zu Estere.

»Aber Sie haben ihm doch nichts gesagt.«

Er nickte. »In der Tat. Wie auch? Er ist trotz allem Reporter.«

Estere blickte ihn selbstsicher an. »Sie leben nicht in Berlin, oder? Sie sind doch nicht extra hergekommen, um mit einem alten Freund zu sprechen und ihm dann doch nichts zu erzählen. Was machen Sie hier?«

Weber schwieg, nickte aber anerkennend. Estere verstand es als Aufforderung, ihre Spekulationen fortzusetzen.

»Natürlich müsste irgendein Mitglied der deutschen

Delegation die Regierung über den Stand der Verhandlungen informieren«, überlegte sie weiter.

»Verhandlungen?«, fragte Weber bitter. »Das sind keine Verhandlungen. Monatelang haben wir nur Däumchen gedreht und darauf gewartet, dass die Siegermächte uns ihre Forderungen unterbreiten.«

»Und das haben sie jetzt.« Estere blickte Weber intensiv an.

Er ist zu klug, um ihn zu überlisten. Er weiß genau, was ich von ihm will. Die Frage ist: Ist er bereit, es mir zu geben?

»Das haben sie.« Weber nahm einen großen Schluck Tee. »Aber mehr werde ich dazu nicht verraten. Wir haben die Forderungen der Siegermächte zurückgewiesen. Wir erwarten jetzt ihre Antwort. Es hat keinen Sinn, die Öffentlichkeit vorher zu beunruhigen.«

»Die Öffentlichkeit wird es ohnehin erfahren«, hielt Estere dagegen.

»Nicht von mir.«

Sie fluchte innerlich. Gab es keinen Weg, ihn zu überzeugen?

Er leerte seine Teetasse. »Ich nehme an, Sie werden als Nächstes versuchen, mich zu verführen«, sagte er ohne jeden Anflug von Scham.

Die Röte auf Esteres Wangen war ausnahmsweise nicht gespielt.

»Der Gedanke ist mir in den Sinn gekommen«, gab sie zu.

Er lachte. »Ich fürchte, ich bin zu alt, um eine Frau wie Sie zufriedenzustellen.«

Ich muss ihn doch irgendwie überzeugen können!

Diese Chance ist zu groß, um sie aufzugeben.

Estere wurde zunehmend verzweifelt. Sie war es nicht gewohnt zu versagen. »Was kann ich dann tun?«, fragte sie.

Weber schüttelte bedauernd den Kopf. »Gar nichts, und ich fürchte, ich muss Sie jetzt bitten zu gehen.« Estere stand auf, doch ihre Gedanken rasten. Plötzlich kam ihr eine Idee.

»Die Siegermächte werden ihre Forderungen nicht überdenken. Sie haben vier Jahre gegen uns Krieg geführt.«

Er nickte bedauernd. »Das fürchte ich auch.«

»Aber was, wenn sie ihre Forderungen überdenken *müssen?* Was, wenn die Forderungen einen solchen Protest in Deutschland auslösen, dass sie nachgeben müssen, um keinen neuen Krieg zu riskieren?«

Der Vorschlag war Esteres letzte Hoffnung. Sie deutete an, dass Weber Deutschland helfen könnte, indem er die Forderungen der Presse zukommen ließ.

Sie tauschten einen langen vielsagenden Blick.

Er weiß genau, was ich vorhabe.

Weber seufzte und nickte dann langsam. »Ich fürchte, nichts wird die Franzosen umstimmen«, sagte er bitter und holte ein Blatt Papier aus seiner Aktentasche hervor. »Sie hassen uns zu sehr. Aber wenn es eine Chance gibt, diese Katastrophe zu mildern, dann will ich sie ergreifen.«

Er hielt ihr das Papier hin und plötzlich befiel sie eine unbestimmte Angst. Mit zitternden Händen griff sie danach. Nachdem sie es gelesen hatte, ließ sie es einfach zu Boden fallen.

Estere war geschockt.

»Sehen Sie?«, fragte Weber traurig und hob das Papier auf. »Das ist eine Katastrophe.«

»Wenn diese Forderungen bekannt werden, bricht in Deutschland die Hölle los«, sagte sie entsetzt.

»Ja«, sagte Professor Weber und blickte in die Ferne. »Ja. Das fürchte ich auch.«

Heinrich

(Berlin, 12. Mai 1919)

Fassungslos lauschte Heinrich dem deutschen Reichskanzler Scheidemann, der eben die Forderungen der Siegermächte verlas.

»Das Deutsche Reich und seine Verbündeten tragen die alleinige Schuld am Ausbruch des Weltkrieges«, las der Kanzler mit zitternder Stimme. »Das Deutsche Reich tritt zehn Prozent seines Territoriums an seine Nachbarn ab. Darunter Westpreußen, Posen und Teile Schlesiens an Polen, das Elsass an Frankreich, das Memelgebiet an Litauen und Flensburg an Dänemark.« Scheidemann stockte, so als fehlte ihm die Kraft weiterzusprechen.

Sie saßen zu fünft im Sitzungssaal des Kabinetts in der Reichskanzlei. Der Sitzungssaal war ein überraschend schlichter Raum. Ein runder Tisch umringt von vielleicht zwölf einfachen Holzstühlen. Das war alles. Ein typisches Beispiel preußischer Bescheidenheit. Unter anderen Umständen wäre Heinrich stolz gewesen, in diesem ehrwürdigen Gebäude an einer Sitzung teilzunehmen, doch im Augenblick fühlte er sich so schlecht, dass er damit kämpfte, sich nicht zu übergeben.

Friedrich Ebert, provisorischer Reichspräsident und Parteiführer der SPD, ging um den Tisch herum und nahm Scheidemann das Papier aus der Hand. Die beiden Politiker kannten die Forderungen bereits, die drei Militärs Heinrich, Ludendorff und General Otto von Below hörten sie jedoch zum ersten Mal.

Ohne auch nur einmal Luft zu holen, las Ebert das Blatt zu Ende: »Das Deutsche Reich verpflichtet sich für die nächsten Jahrzehnte, Reparationen an die Siegermächte zu leisten und diese so für die Kosten des vom Deutschen Reich verursachten Krieges zu entschädigen. Das Deutsche Reich verpflichtet sich, sein Heer auf die Größe von einhunderttausend Soldaten zu reduzieren und sämtliche Freikorps aufzulösen. Das Deutsche Heer darf keine schweren Waffen erwerben oder selbst produzieren. Die Deutsche Flotte wird auf einige Schlachtkreuzer reduziert. Deutschland darf keine Truppen an seiner westlichen Grenze stationieren und keine Festungs- oder Verteidigungsanlagen errichten. Das Deutsche Reich verpflichtet sich, keine Luftwaffe aufzubauen.«

Ebert legte das Blatt beiseite. »Das sind die wesentlichen Forderungen«, sagte der Reichspräsident. »Es gibt noch eine Reihe von Nebenforderungen, aber die erspare ich Ihnen vorerst.«

»Weiß man, wie hoch die Reparationszahlungen sein sollen?«, fragte Heinrich. Ludendorff und Below schwiegen immer noch.

Reichskanzler Scheidemann räusperte sich. Heinrich musterte Scheidemann eingehend. Er sah aus wie ein typischer Politiker. Er trug einen Anzug, hatte einen leichten Bauch und sein mächtiger weißer Schnauzbart betonte nur die Kahlheit seines Kopfes.

So ein Mann sitzt heute auf dem Stuhl Bismarcks. Wie tief ist Deutschland gefallen?

»Wir kennen keine genauen Zahlen«, sagte Scheidemann. »Aber der französische Ministerpräsident Clemenceau hat sinngemäß gesagt, dass er Deutschland auspressen wolle wie eine Frucht.«

Das ergab in Heinrichs Augen Sinn. Die immer Wein trinkenden Franzosen waren der deutschen Wirtschaftskraft nicht gewachsen. Natürlich wollten sie sich jetzt an Deutschland bereichern! Die Deutschen sollten fortan als Sklaven für ihre französischen Herren arbeiten.

Reichspräsident Ebert wandte sich an General Ludendorff. »Die Freikorps haben uns seit dem Kriegsende bereits zweimal gerettet. Zuerst in Berlin und dann in Bayern. Ich frage Sie General: Können Sie uns auch diesmal retten?«

Das war der springende Punkt. Die Entente hatte den Krieg gewonnen. Wenn Deutschland ihre Forderungen ablehnte, befänden sie sich wieder im Krieg. Doch diesmal ohne Verbündete und mit einer zerrütteten Reichswehr.

Ludendorff ließ sich mit seiner Antwort Zeit. »Die Franzosen rechnen natürlich damit, dass wir uns widersetzen«, brummte er. »Unsere Spione berichten, dass sie vorhaben, bei dem geringsten Widerstand mit ihren Truppen den Main entlang zur tschechischen Grenze zu marschieren und Deutschland damit in Nord und Süd zu teilen.«

»Können wir sie daran hindern?«, fragte Ebert.

Heinrich kannte die Antwort, doch ein Teil von ihm hoffte darauf, dass Ludendorff doch noch irgendeinen geheimen Trick auf Lager hätte.

»Nein«, antwortete Ludendorff zu Heinrichs Enttäuschung. »Die Siegermächte halten das Rheinland, unser industrielles Herzland, besetzt und wir haben keine Truppen in Westdeutschland. Bayern, Baden und

Württemberg würden sofort fallen.«

Reichspräsident Ebert nickte, so als hätte er mit keiner anderen Antwort gerechnet. »Dann bleibt uns keine andere Wahl, als die Forderungen von Versailles anzunehmen.«

»Nein!«

Scheidemann war mit einer Kraft aufgesprungen, die Heinrich dem alten Mann gar nicht zugetraut hätte.

»Nein?«, wiederholte Ebert. »Wie meinst du das, Genosse?« Scheidemann und Ebert gehörten beide der SPD an und duzten einander deswegen.

Die beiden Sozialdemokraten tauschten einen langen Blick. Scheidemann schluckte schwer.

»Ich kann das nicht unterschreiben. Dieser Vertrag würde Deutschland für Jahrzehnte zu einem Vasallen Frankreichs machen. Wenn wir unser Heer auflösen, sind wir vollkommen von Frankreich abhängig. Es könnte die Reparationszahlungen nach Belieben hochschrauben!«

Die drei Militärs nickten. Heinrich musste sein Urteil über Scheidemann revidieren. Der Kanzler schien zumindest ein bisschen Mumm in den Knochen zu haben.

Anders als Ebert.

»Und was sollen wir stattdessen tun?«, fragte der Reichspräsident und gestikulierte wütend mit den Händen. »Wenn wir die Bedingungen nicht freiwillig annehmen, dann werden die Franzosen hier einmarschieren und uns dazu zwingen!«

Scheidemann biss sich trotzig auf die Lippe. »Immerhin hätten wir uns gewehrt.«

Ebert lief rot an. »Wir haben uns vier Jahre lang gewehrt! Was hat es uns gebracht?«

»Ich werde diesen Vertrag nicht unterschreiben«, erklärte Scheidemann bestimmt.

»Du musst. Du bist der Reichskanzler.«

»Dann trete ich zurück«, sagte Scheidemann. »Aber unterschreiben werde ich nicht. Welche Hand müsste nicht verdorren, die sich und uns in solche Fesseln legt?«

Damit hat er den Nagel auf den Knopf getroffen, dachte Heinrich.

Während die beiden Politiker einander wütend maßen, meldete sich General von Below erstmals zu Wort: »Vielleicht gibt es doch einen Weg zum Widerstand.«

Below war ein massiger, glatzköpfiger Mann mit dem Gesicht einer Bulldogge. Die Art von Offizier, der man als junger Soldat am besten aus dem Weg ging.

Heinrich blickte Below hoffnungsvoll an. »Was für ein Weg wäre das?«, fragte er.

Der General erhob sich ungefragt und skizzierte seinen Plan mit wenigen knappen Sätzen. Sie konnten West- und Süddeutschland nicht halten. Da waren sie sich alle einig. Doch war Preußen nicht der Kern ihres Widerstands? War Preußen nicht das Zentrum der deutschen Einigung gewesen? Preußen hatte immer noch starke Reichswehrverbände und könnte mobilmachen. Sie könnten einen Angriff Frankreichs an der Elbe stoppen und in Ostdeutschland ein Widerstandszentrum gegen die Entente aufbauen.

Ebert hörte aufmerksam zu, schüttelte dann aber den Kopf. »Preußen gegen den Rest Europas? Chancenlos.«

»Friedrich der Große hat im Siebenjährigen Krieg

gegen ganz Europa gekämpft!«, erinnerte Heinrich den Reichspräsidenten. »Preußen war damals viel kleiner *und* er musste es mit Russland aufnehmen. Wir müssen uns um Russland nicht kümmern.«

Das war das einzig Gute an der kommunistischen Machtergreifung in Russland. Ihr langjähriger Feind im Osten befand sich im Bürgerkrieg zwischen Kommunisten und dem alten Heer und war darum weitgehend mit sich selbst beschäftigt.

Doch Ebert ließ sich nicht umstimmen. »Friedrich der Große lebte vor der Industrialisierung, Kriege wurden damals anders geführt *und* Preußen hatte damals England auf seiner Seite. Wir hätten England und das britische Empire gegen uns.«

Heinrich deutete auf das Papier. »Aber wir können doch diesen Vertrag nicht annehmen!«

»Das müssen wir.« Ebert sah sich um, traf mit seinem Blick jedoch nur auf Wut und Unverständnis. »Wir haben den Krieg verloren. Ich werde ihn nicht wieder entfachen. Nicht, wenn es keine realistische Chance auf Erfolg gibt. Wir werden tun, was die Siegermächte wollen, und darauf hoffen, dass sich in Frankreich und England irgendwann Stimmen der Vernunft durchsetzen.«

Heinrich ballte unter dem Tisch seine Hände zu Fäusten.

Verräter. Du verdammter Verräter.

Er hatte es immer gewusst. Die Sozialdemokraten und Linken hatten sie nicht nur den Sieg gekostet, jetzt knechteten sie Deutschland auch noch auf Jahrzehnte. Männer wie Scheidemann, die zumindest ein wenig Ehre besaßen, wurden rücksichtslos hinausgedrängt. Alle, die blieben, waren Verräter.

Mit steinernen Mienen verließen Heinrich, Ludendorff und Below die Besprechung. Nur Scheidemann blieb zurück, um mit Ebert die Details seines Rücktritts zu besprechen.

Schweigend gingen sie durch die Reichskanzlei. Was sollten sie auch sagen? Ohne Rückendeckung durch die Politik konnten die Freikorps und die verbleibende Reichswehr keinen Krieg beginnen.

»Das ist dann wohl das Ende«, murmelte Heinrich. »Ab jetzt sind wir Sklaven.«

Die beiden Generäle blieben stehen.

»Ja«, sagte Ludendorff. »Das sind wir jetzt.«

»Aber nur so lange, bis wir jemanden finden, der den Mut hat, uns gegen die Siegermächte zu führen«, fügte Below hinzu.

»Wer sollte das sein?«, fragte Heinrich. »Der Kaiser?«

Below zuckte mit den Schultern. »Nicht der Kaiser. Jemand Stärkeres. Jemand Rücksichtloseres. Jemand, der sich nicht davor fürchtet, einen neuen Krieg zu beginnen.«

Ein Glitzern war in Belows Augen getreten.

Heinrich gab zu, dass der Gedanke verlockend war. Die schwächlichen deutschen Parlamentarier hatten nicht die Kraft, um sich gegen die Versailler Forderungen zu stellen. Aber was, wenn ein mutiger, selbstbewusster Mann an ihrer Spitze stand?

Die ganze Nation würde sich hinter ihm versammeln.

Mit diesem Gedanken verließ Heinrich die Reichskanzlei.

»Brauchen Sie mich heute noch, General?«, fragte Heinrich.

Ludendorff deutete auf seine Adjutanten und seinen Fahrer, die bereits vor dem Gebäude auf ihn warteten. »Ich denke, ich komme zurecht.« Plötzlich lächelte er. »Hatten Sie nicht noch etwas vor, Naumburg?«

Heinrich nickte.

»Dann lassen Sie sich nicht aufhalten. An diesem schrecklichen Tag sollte zumindest *etwas* Gutes geschehen.«

Damit ging er. Heinrich blieb allein auf der Wilhelmstraße zurück. Automobile fuhren die Straße entlang und ein Pärchen schlenderte zufrieden Hand in Hand an ihm vorbei.

Wenn die Leute nur wüssten, was uns bevorsteht.

Heinrich griff in seine Tasche und zog einen goldenen Ring hervor. Kurz besah er den teuren, grünen Edelstein. Es war der alte Verlobungsring seiner Großmutter, der sich seit Generationen in den Händen der von Naumburgs befand. Heinrich konnte sich keinen unpassenderen Zeitpunkt für einen Heiratsantrag vorstellen, doch irgendwann musste er es tun, und der Gedanke an Estere und ihr gemeinsames Kind brachte ihn trotz allem zum Lächeln.

Wir von Naumburgs sind eine der edelsten Familien des Reiches. Estere wird mir hervorragende Kinder schenken. Sie ist klug und schön und sie hat ein Feuer in sich, wie man es nur bei wenigen Frauen findet.

Ihr Vater stammte zwar aus Lettland, doch die Letten waren zum Glück keine Slawen, sondern im Kern eine Art von Germanen. Das hatte Heinrich nachgeschlagen, nachdem er Estere zum ersten Mal getroffen hatte. Die Blutlinie der von Naumburgs rein zu halten war Heinrich ein großes Anliegen. Estere würde ihm dabei helfen.

Er dachte an seine Familie. Sein Vater wollte, dass er den Soldatendienst quittierte und die Leitung ihrer Fabrik in Schwaben übernahm. Vermutlich sollte er das tun. Wenn sich die Freikorps wirklich auflösen würden, dann hätte Heinrich keine Aufgabe mehr. Es fühlte sich nur seltsam an, nach all diesen Jahren plötzlich nicht mehr für Deutschland zu kämpfen.

Vielleicht sollte ich in die Politik gehen.

Es gab im ganzen Reich überall neue politische Gruppierungen. Ginge es nach Heinrich, würden sie den Kaiser zurückholen und die alte Ordnung wiederherstellen, doch wenn das nicht möglich wäre, sollte zumindest eine der rechten Parteien die Macht übernehmen. Die DNVP vielleicht.

Während er sich in Gedanken mit der Möglichkeit einer politischen Karriere beschäftigte, setzte er sich in seinen Benziner und fuhr los. Es war erst Nachmittag und Estere befand sich vermutlich noch bei der Arbeit. Heinrich wollte sie nicht in ihrem Büro stören, stattdessen fuhr er zu ihrem Elternhaus. Er empfand es als anstößig, dass sie trotz ihrer Schwangerschaft arbeitete. Sie sollte zu Hause bleiben und sich ausruhen.

Mit seinen Gedanken war er immer noch bei der Besprechung. Hätte Belows Plan Erfolg haben können? Heinrich stellte sich vor, wie sich die Reichswehr an der Elbe positionierte und die Siegermächte so davon abhielt, nach Preußen einzudringen.

Heinrich verfügte über ausreichend Kriegserfahrung,

um zu wissen, dass Preußen alleine Frankreich und England nicht besiegen konnte. Aber das mussten sie ja auch gar nicht. Sie mussten den Feinden nur so lange Widerstand leisten, bis diese ihnen bessere Friedensbedingungen anboten.

Reichspräsident Ebert ist ein Feigling und ein Verräter.

Präsident. Das Wort fühlte sich falsch in Heinrichs Mund an. Es klang zu amerikanisch. Mit Deutschland hatte es nicht viel zu tun. Sollte er in die Politik gehen, würde er sich für eine Wiederherstellung der Monarchie einsetzen. Wenn sie schon nicht Kaiser Wilhelm zurückholten, so könnte doch zumindest einer seiner Neffen diese Rolle übernehmen. Deutschland käme damit endlich zur Ruhe und die ständigen Debatten über ihre Staats- und Regierungsform hätten ein Ende.

Er erreichte Potsdam. Die Villa, in der Estere lebte, war sicher einmal schön gewesen, verfiel aber zunehmend. Die Außenwände waren angegraut und die Eingangstür war morsch geworden. Nach ihrer Verlobung würde Heinrich Estere Geld zur Renovierung des Hauses geben.

Er klopfte vorsichtig an die Tür. In der linken Hand hielt er einen Strauß Rosen, den er hastig auf dem Weg gekauft hatte. Wann, wenn nicht bei einem Heiratsantrag, sollte ein Mann Rosen kaufen?

Esteres Mutter öffnete. Evita Kalnini entsprach mit dem züchtigen Tuch um den Kopf und der konservativen Kleidung dem Bild einer typischen Hausfrau. Heinrich war froh zu sehen, dass Estere, obwohl sie aus dem Bürgertum stammte, aus einer anständigen Familie kam und ihre Mutter sich zu benehmen wusste. Nur Frau Kalninis Übergewicht bereitete Heinrich Sorgen.

Hoffentlich überträgt sich das nicht auf Estere.

»Herr von Naumburg!«, rief Frau Kalnini aus und richtete sich rasch die Schürze. »Ich hatte Sie nicht erwartet. Sie wollen sicher zu Estere? Sie ist noch nicht hier, aber kommen Sie doch herein. Sie wird bald kommen. Wie gut, dass ich eben gebacken habe!« Ihr Blick fiel auf die Rosen und sie grinste. »Für Estere nehme ich an? Sie sind mir ja ein Kavalier.«

Noch ehe Heinrich auch nur ein Wort zur Begrüßung herausgebracht hatte, hatte sie ihm die Rosen schon aus der Hand genommen, um sie in eine Vase zu stellen. Heinrich grinste. Die heimelige Art von Frau Kalnini stand ganz im Gegensatz zu der von Heinrichs eigener Mutter, die sich stets edel und elegant gab.

Er setzte sich in die Küche und nahm dankend eine Tasse Tee entgegen. »Wie geht es Estere?«, fragte er. »Ich habe sie schon seit einer Weile nicht mehr gesehen.«

Zwei Wochen, um genau zu sein. Nachdem sie ihm eröffnet hatte, dass sie schwanger war, hatte sie sich seltsam verhalten. Zeit zum Reden hatten sie kaum gehabt, denn Estere war schon am nächsten Tag zurück nach Berlin gereist.

Evita zuckte mit den Schultern. »Wissen Sie, meine Tochter ist mir ein Rätsel. Sie kommt nach ihrem Vater, und den habe ich auch nie wirklich verstanden.« Sie blickte gedankenverloren an die Wand.

Sie weiß nicht, dass Estere schwanger ist.

Heinrich hatte früh gelernt, Informationen aus

scheinbar unverfänglichen Antworten herauszufiltern. Hätte Estere ihrer Mutter von der Schwangerschaft erzählt, hätte diese ganz anders reagiert. Warum hatte Estere es nicht erzählt? Fürchtete sie sich vor der Schande, dass sie nicht verheiratet war? Oder …

Plötzlich beschlich Heinrich ein schrecklicher Verdacht. Es gab moderne Frauen, die keine Kinder wollten. War Estere eine von ihnen? Würde sie gar so weit gehen, dass sie sich das Baby wegmachen ließ?

Dann hätte sie mir gar nicht erst davon erzählt, oder?

Er unterdrückte seine Nervosität. »Wann kommt sie denn normalerweise nach Hause?«

Frau Kalnini zuckte die Schultern. »Das ist ganz unterschiedlich. Es hängt immer davon ab, wo sie am Abend schreiben will. Aber machen Sie es sich einfach gemütlich. Soll ich Ihnen ein paar alte Bilder zeigen, die Estere als Kind gemalt hat?«

Heinrich bejahte das, weil in so einem Fall ein *Ja* die einzig akzeptable Antwort war. Nervös blickte er auf seine Armbanduhr. Er fühlte sich wie im Schützengraben, wenn sie auf einen feindlichen Angriff gewartet hatten. Sie wussten, dass die Feinde angreifen würden, aber nicht wo und in welcher Stärke. Das Warten in den Gräben hatte zu den härtesten Geduldsproben des Krieges gehört.

Er verbrachte die nächste Stunde damit, sich mit Evita Kalnini zu unterhalten, Esteres schreckliche Jugendbilder zu bestaunen und allerhand interessierte Fragen zu stellen, obwohl in seinen Gedanken alles danach schrie zu erfahren, ob mit seinem Kind alles in Ordnung war.

Als Estere endlich die Tür aufschlug und »Mutter, ich bin zu Hause!« rief, atmete Heinrich erleichtert aus.

Frau Kalnini lächelte ihm verschwörerisch zu. »Ich lasse Sie besser allein mit ihr. Wenn Sie vorhaben, was ich glaube, dann viel Glück!«

Zufrieden grinsend ging sie davon.

»Mutter?«, ertönte Esteres Stimme aus der Halle. »Ich habe frische Milch mitgebracht. Wir ...«

Sie trat in die Küche und erstarrte. »Heinrich«, sagte sie überflüssigerweise und strich sich eine Haarsträhne aus dem Gesicht.

Estere sah besser aus denn je. Die Schwangerschaft – oder vielleicht auch das warme Maiwetter – verlieh ihrem Gesicht eine rosige Frische. Am liebsten hätte Heinrich sie in die Arme genommen und stürmisch geküsst, doch etwas hielt ihn zurück.

Er lächelte ihr schwach zu. »Du warst so schnell aus München verschwunden, wir konnten gar nicht richtig *darüber* reden.« Bei diesen Worten behielt er sie genau im Auge. Zuckte sie schuldig zusammen? Nein. Er konnte nichts in der Richtung feststellen.

Dann hat sie das Kind noch. Gott sei Dank.

Sie stellte den Korb in ihren Händen ab. »Ich bin schwanger. Was gibt es da zu bereden?«

»Was gibt es da *nicht* zu bereden?«, fragte er sprachlos. »Ich meine, wo werden wir leben? Mein Familiensitz ist in Augsburg, aber ich weiß, dass dir deine Arbeit hier wichtig ist. Ich bin bereit, Kompromisse einzugehen.«

Sie blickte ihn argwöhnisch an. »Wir?«

Er grinste verlegen. »Du hast recht, ich mache alles in der falschen Reihenfolge.« Mit einer eleganten

Bewegung kniete er sich hin, holte den Ring hervor.

»Estere Kalnini, willst du meine Frau werden?«

Heinrich hatte sich tausendmal vorgestellt, wie er einer Frau einen Antrag machen würde. Es sollte auf einem Ball geschehen, er würde einen teuren Anzug und sie ein edles Kleid tragen. Er hätte seine Angebetete aus dem Ballsaal in einen dunklen Park führen und dann vor einem Springbrunnen um ihre Hand anhalten wollen.

Dieser Antrag entsprach nicht seinen Vorstellungen. Doch die Zeiten waren härter und weniger romantisch geworden. Estere war schwanger, also mussten sie heiraten. Er wusste, dass sie ohnehin nicht viel für Romantik übrig hatte. Sie war ein durch und durch praktisch veranlagter Mensch. Er hatte darum erst gar nicht damit gerechnet, dass sie rot anlaufen oder gar vor Überraschung die Hände vor den Mund schlagen würde.

Er hatte jedoch damit gerechnet, dass sie Ja sagen würde.

Heinrich kniete auf dem Boden und wartete auf eine Reaktion. Nach einer Weile kam er sich dämlich vor. »Ich denke, jetzt bist du am Zug«, sagte er verkniffen.

Esteres Augen hatten einen seltsamen Ausdruck angenommen. »Ich kann dich nicht heiraten.«

Er starrte sie sprachlos an. Zuerst begriff er nicht, was sie meinte. »Aber wieso denn nicht?«, fragte er dann fassungslos. »Mit dem Kind ist doch alles in Ordnung, oder?«

Sie nickte rasch. »Natürlich. Ich war bei einem Arzt. Es sieht alles gut aus.«

Seine Gedanken rasten. Warum wollte sie ihn dann nicht heiraten? Plötzlich überkam ihn ein fürchterlicher

Verdacht. »Ist es nicht mein Kind?«

Er sah Schmerz in ihren Augen aufblitzen, doch dann schüttelte sie den Kopf. »Nein, es ist dein Kind, Heinrich«

»Aber was zum Teufel hast du denn dann?«

»Ich liebe dich nicht.«

Er schluckte. Er hatte noch nie um die Hand einer Frau angehalten, und diese Antwort war niederschmetternd. Er riss sich zusammen.

»Du erwartest *mein* Kind«, sagte er streng. »Ob du mich liebst oder nicht, hättest du dir vorher überlegen sollen.« Das Ganze war lächerlich. Sie bekamen ein Kind, also würden sie heiraten. Das war der Lauf der Welt.

»Heinrich, ich …« Sie blickte ihn traurig an. »Es geht so nicht. Ich weiß nicht … Ich weiß nicht, was ich will.«

Er seufzte und beherrschte seine Emotionen. Jetzt wütend zu werden brachte ihn nicht weiter.

»Estere«, sagte er eindringlich. »Du magst mich nicht lieben, aber wir kommen seit Monaten gut miteinander zurecht. Vielleicht müssen wir uns nur besser kennenlernen?«

Sie nickte schwach. »Vielleicht. Ja, vielleicht.«

»Gut«, er wurde geschäftig. »Dann werden wir uns regelmäßig treffen. Ob du mich heiratest oder nicht, du bist jetzt die Mutter meines Kindes.«

Sie willigte ein. Er plante, sie nach der Geburt des Kindes erneut zu fragen. Sein Kind wäre damit zwar ein Bastard, doch das spielte in diesen Tagen keine so große Rolle mehr.

Das Kind hat mein Blut. Das ist alles, was zählt.

Estere

(Berlin, 21. August 1919)

Das Reichspräsidentenpalais gehörte zu den prachtvollsten Gebäuden Berlins. Friedrich Wilhelm I. von Preußen, der sogenannte Soldatenkönig, hatte es vor Jahrhunderten als seinen Regierungssitz errichten lassen. Es lag wie die meisten Amtsgebäude auf der Wilhelmstraße im Regierungsviertel der Stadt.

Estere stand vor dem Eingangstor. Ein Zaun grenzte den Park, der zum Schloss führte, von der Straße ab. Sie nahm sich einen Augenblick Zeit, um den Springbrunnen und die kunstvoll errichteten Türme zu bewundern. Das Palais war kleiner als andere Schlösser, wirkte jedoch gerade deswegen auf verwunschene Art und Weise romantisch.

Estere hatte sich eine elegante Bluse angezogen, die ihren Bauchansatz verdeckte. Die Schwangerschaft behinderte sie noch nicht, doch das würde sie bald. Zum Glück ging sie einem Beruf nach, der keine zu große körperliche Anstrengung erforderte. Sie konnte auch dann weiterarbeiten, wenn sie ein Baby zu versorgen hatte.

Estere hatte entschieden, ein Kindermädchen einzustellen. Sie verdiente genug, um allein zurechtzukommen. Sie brauchte keinen Mann. Ihre Gedanken wanderten zu Heinrich. Er war in diesen Tagen besonders zuvorkommend. Er hatte sie auf seinen Familiensitz in Augsburg eingeladen und kam alle zwei Wochen nach Berlin, um sich nach ihrem Wohlbefinden zu erkundigen. Am liebsten hätte Estere ihn einfach abgewiesen, doch sie fühlte sich einsam, und es war einfach, in seinen starken Armen zu versinken und ihren Kummer über Andrei zu vergessen.

Sie schüttelte den Gedanken ab und ging auf das Tor des Präsidentenpalais zu. Zwei brummige Wächter standen dort. Der eine dick, der andere alt.

»Ausweis?«, fragte der Dicke unhöflich. Sie reichte ihm das Papier. »Fräulein Kalnini«, las der Alte vor und lächelte sie an. »Ah, die Reporterin. Gehen Sie einfach durch den Park und durch die große Tür.« Estere zwinkerte ihm zu. »Ich hoffe, ich verlaufe mich nicht.«

»Wenn ja, kommen wir Sie suchen.« Sie lachten beide und der Dicke sah nun noch verdrießlicher drein. »Jetzt aber los!«, drängte er. »Wir haben nicht den ganzen Tag Zeit.«

Estere ging rasch weiter. Ihr Herz schlug. Sie hatte in diesem Jahr einige wichtige Interviews geführt, aber dieses Gespräch war der bisherige Höhepunkt ihrer Laufbahn.

Friedrich Ebert fungierte seit dem 11. Februar als Präsident des Deutschen Reiches. Gestern jedoch war er offiziell auf diese Position vereidigt worden. Ebert schwor, dass er sich, obwohl er ein Sohn der Arbeiterklasse war, für das Wohl des gesamten deutschen Volks einsetzen werde. Estere hielt viel von Friedrich Ebert. Der jahrelange Anführer der SPD gehörte zu ihren politischen Vorbildern.

In den letzten Monaten hatte seine Zustimmung zum Versailler Vertrag ihn jedoch zum Feindbild der deutschen Rechten gemacht. Die Bestimmungen des

Vertrages würden erst nächstes Jahr in Kraft treten, doch die Forderungen der Siegermächte hatten schon jetzt einen Proteststurm in ganz Deutschland ausgelöst. Überall entstanden rechte Splittergruppen und Vereine, die wieder und wieder gegen das Diktat von Versailles wetterten und Friedrich Ebert als Verräter bezeichneten. Während die Linke nach den zahlreichen gescheiterten Räteregierungen weitgehend mit sich selbst beschäftigt war, erwachte die deutsche Rechte zu neuem Leben. Estere bereitete der unverhohlene Hass, der Friedrich Ebert entgegenschlug, Angst.

Die Leute sind lächerlich. Was hätte er denn sonst tun sollen?

Männer wie Heinrich setzten sich lieber dafür ein, den Krieg wieder aufzunehmen, als die Bedingungen von Versailles zu akzeptieren. Dabei wusste doch jeder, dass Frankreich und England das geschwächte Deutschland binnen weniger Wochen überrennen würden. Widerstand war zwecklos.

Aber das einzusehen benötigt Charakterzüge, über die nicht jeder verfügt.

Sie bestaunte die Marmorfiguren und perfekt geschnittenen Hecken und trat dann in den Palast ein. Ein Hausdiener hieß sie willkommen.

»Der Präsident wird jeden Augenblick kommen«, sagte der Diener freundlich und führte Estere in einen kleinen Raum.

Es war ein diskretes Zimmer mit modernen Gemälden und zahlreichen Zimmerpflanzen. In der Ecke stand ein Kamin, der jetzt im Sommer natürlich nicht beheizt wurde, aber im Winter eine heimelige Atmosphäre versprach.

Als die Tür aufging, erhob Estere sich rasch. Doch es war nur der Diener, der mit einem Tablett mit Tee und Keksen hereinkam. Er lächelte Estere wissend zu. »Machen Sie sich keine Sorgen, er ist der umgänglichste Mensch, den Sie sich vorstellen können.«

Das war er tatsächlich. Als Friedrich Ebert schließlich erschien, war Estere sichtlich nervös. Doch sie beruhigte sich rasch. Ebert hatte eine charismatische Ausstrahlung und schaffte es trotz seines teuren Anzugs und der Tatsache, dass er das höchste Amt im Staat innehatte, wie der Nachbar von nebenan auszusehen. Estere befragte ihn zuerst zu den Dingen, die sie bereits wusste: seine bescheidenen Anfänge als Sattler, wie er nach Bremen gezogen war, in der lokalen SPD seinen Aufstieg begonnen hatte und im Jahr 1913 Parteivorsitzender geworden war. Erst nach diesem Vorgeplänkel kamen sie zu den wirklich interessanten Themen.

Estere musterte den imposanten Schnauzbart des Reichspräsidenten. Ebert saß entspannt zurückgelehnt in seinem Stuhl und schlürfte immer wieder an seinem Tee. Estere hielt ihr Notizbuch und ihre Füllfeder in der Hand und machte sich konzentriert Notizen.

»Sie haben im August 1914 für die Kriegskredite gestimmt«, sagte sie behutsam. »Das ist jetzt fünf Jahre her. Würden Sie sich heute anders entscheiden?«

Ebert funkelte Estere wissend an. Er wusste genau, dass sie jetzt mit dem *eigentlichen* Interview begann. »Ich mache mir keine Gedanken um die Vergangenheit«, sagte er ausweichend.

Es war die typische Antwort eines Politikers. Sie versuchte, die Frage anders zu formulieren: »Warum haben Sie damals für die Kriegskredite gestimmt? Die SPD galt zu diesem Zeitpunkt als *die* Antikriegspartei.«

»Das gelten wir immer noch«, sagte er entschieden. »Aber wir hatten keine Wahl. Das ganze Land fühlte sich eingekreist und angegriffen. Wir waren gegen den Krieg, aber als wir uns erst einmal im Krieg befanden, mussten wir unser Bestes geben, dass wir ihn auch gewannen.«

Estere nickte. Sie selbst hätte sich von der SPD eine stärkere Position gewünscht, konnte Eberts Standpunkt aber nachvollziehen.

Sie sprachen als Nächstes über das Kriegsende und die Novemberevolution. Ab wann Ebert gesehen hatte, dass Deutschland verlieren würde, und wann er begonnen hatte, Druck auf den Kaiser auszuüben, damit dieser abdankte. Wie es sich angefühlt hatte, die Republik auszurufen. Danach fragte Estere nach Eberts Entscheidung, die Freikorps gegen die aufständischen Kommunisten in Berlin, Bayern und Bremen einzusetzen.

»Wirklich gefährlich war nur der Aufstand in Berlin«, erklärte Ebert. »Aber da hatten wir Hilfe.« Er zwinkerte ihr zu. »*Sie* haben uns damals gewarnt, oder?«

Estere nickte. Nur deswegen hatte sie dieses Privatinterview mit dem Reichspräsidenten überhaupt bekommen können.

Er drehte die Frage um: »Warum haben Sie das getan?«

Dass er *ihr* Fragen stellte, war eigentlich gegen die

Regeln, doch Estere genoss das Gespräch mit diesem mächtigen Mann. Sie legte ihren Stift beiseite.

»Ich hatte keine Wahl«, sagte sie. »Diese Republik ist Deutschlands große Chance. Wir mussten sie verteidigen.«

Der Präsident musterte sie eingehend. »Sehen Sie, aus demselben Grund haben wir uns mit den Freikorps verbündet. Auch wenn wir ihnen ideologisch nicht nahestehen. Weil wir keine Wahl hatten.«

Sie unterhielten sich über die Entscheidung, das Parlament in Weimar und nicht in Berlin tagen zu lassen. Estere führte an, dass viele die Weimarer Republik als bloßes Provisorium betrachteten, eine Ansicht, die Ebert heftig zurückwies.

Dann zog Estere einen Entwurf der Weimarer Verfassung aus ihrer Aktentasche. Sie hatte einige Fragen zu den Details der Verfassung. Diese technischen Details würde sie vermutlich nicht in ihren Artikel packen. Aber sie interessierten Estere persönlich. Sie wollte wissen, warum es keine Prozenthürde für in den Reichstag gewählte Parteien gab und warum der Reichspräsident mit so weitreichenden Vollmachten ausgestattet war.

»In Wahrheit kann der Reichspräsident mittels Notstandsgesetzen ganz ohne Parlament regieren«, führte sie an und deutete auf den entsprechenden Punkt in der Verfassung. »Besteht da nicht die Gefahr, dass der Präsident sich zu einer Art Diktator aufschwingt?«

Ebert zog die Augenbrauen hoch. »Die Notstandsgesetze sind für Notfälle gedacht. Glauben Sie wirklich, dass ich dieses Instrument derart missbrauchen würde?«

Estere schüttelte den Kopf. Sie hatte auch nicht von Ebert geredet, sondern von seinem möglichen Nachfolger. *Sollte einer der extremen Rechten jemals Präsident werden, besteht kein Zweifel daran, was er tun würde.*

Am Ende ihres Gesprächs zog Estere die gestrige Ausgabe der *Berliner Illustrirten* aus ihrer Tasche.

Ebert lief rot an, als er das Blatt erkannte. Sie wusste, warum. Die Titelseite zeigte Friedrich Ebert und zwei seiner Minister beim Baden in der Ostsee. In Badehose. Neben dem Reichspräsidenten in Badehose hatte die Zeitung ein Bild von Kaiser Wilhelm in seiner prächtigsten Uniform platziert. Darüber der Titel *Das neue und das alte Deutschland.*

»Packen Sie das weg«, sagte Ebert angewidert. Das Badehosenfoto war längst zu einer Staatsaffäre geworden. Im ganzen Land lachten die Rechten über ihren neuen Präsidenten, den sie als würdelos und des Amtes nicht angemessen empfanden.

»Herr Präsident, die Rechten haben Sie offensichtlich zur Zielscheibe auserkoren. Fürchten Sie sich nicht, dass die ständigen Versuche, die Institutionen der Republik lächerlich zu machen, irgendwann Früchte tragen werden?«

»Sie sorgen sich sehr um unsere Republik, oder?«, stellte Ebert erneut eine Gegenfrage.

»Natürlich tue ich das«, sagte Estere und strich sich eine Strähne aus dem Gesicht. »Ich glaube an freie Wahlen und die Gleichberechtigung der Frauen.«

Er lehnte sich nach vorne. »Sollten Sie als Reporterin

nicht unvoreingenommen sein und neutral über die Dinge berichten?«

Neutralität. Estere hielt davon nichts. Niemand war neutral, warum sollte sie so tun, als wäre sie es? »Mein Vater hat *neutrale* Reporter immer Feiglinge genannt.«

Der Präsident zog die Brauen hoch: »Ach ja?«

»Ja. Solche Reporter verstecken sich hinter ihrer scheinbaren Neutralität. ›Person A sagt folgendes, Person B widerspricht!‹. Solchen Reportern sind die Nachrichten egal. Sie wissen selbst nicht, was sie glauben sollen, und verbergen ihre Uniformiertheit hinter ihrer scheinbaren *Neutralität.*« Estere hatte sich in Rage geredet. Das gehörte sich nicht, wenn man dem Reichspräsidenten gegenübersaß, doch Ebert schien es ihr nicht übel zu nehmen. Also brachte sie ihren Gedanken zu Ende: »Ich glaube, ein guter Reporter weiß, wann ein Politiker ihm Unsinn erzählt, und er sollte es auch seine Leser wissen lassen. Wenn ein Politiker sich gegen das Frauenwahlrecht, soziale Reformen und die Demokratie stellt, dann werde ich meinen Lesern klar sagen, was ich von solchen Ansichten halte.«

Er lehnte sich vor und musterte sie mit seinen haselnussbraunen Augen. »Sie haben Feuer«, sagte Ebert. »Feuer und Leidenschaft, und Sie können gut mit Worten umgehen. Haben Sie nie über eine Karriere in der Politik nachgedacht?«

Estere öffnete sprachlos den Mund. Nein, das hatte sie in der Tat noch nie.

»Ich wollte immer nur Reporterin sein«, sagte sie unbestimmt.

»Und dennoch scheint Ihre Leidenschaft der Politik zu gelten. Ich glaube, wir könnten jemanden wie Sie gut in der SPD gebrauchen.«

Estere wollte widersprechen.

Aber sie tat es nicht.

Estere

(München, November 1919)

Esteres Lieblingsjahreszeit war immer schon der Herbst gewesen. Nicht der kalte, regnerische Herbst, bei dem kaum jemand vor die Tür gehen wollte, sondern der goldene Herbst voller Sonnenschein und mit in allen Farben schimmernden Wäldern. Noch war der Zauber des Goldherbstes nicht ganz verflogen. Estere saß in ihrem Zugabteil, las in einem Buch und blickte gelegentlich auf die rasch vorbeiziehende Landschaft.

Sie spürte einen Stoß in ihrem Bauch. Er war nun bereits ordentlich gewölbt und Estere fühlte sich mit jedem Tag unattraktiver und schwerfälliger. Auch ihre Angst wuchs immer mehr. Sie schämte sich, es zuzugeben, doch bei dem Gedanken an die Geburt stellten sich ihr die Haare auf.

Bald ist es so weit. Aber wie soll ich einen ganzen Menschen aus meinem Körper pressen?

Sie hatte gelesen, dass manche Ärzte einer Frau den Bauch aufschnitten, um das Kind auf diese Art und Weise herauszuholen. Doch dieser Gedanke machte ihr nur noch mehr Angst.

Sie schluckte heftig und versuchte, sich wieder auf ihr Buch zu konzentrieren. Es war ein riesiger Wälzer. Der Untergang des Abendlandes von Oswald Spengler. Spengler hatte das Buch vor einem Jahr veröffentlicht, und es hatte seit Kriegsende immer mehr an Popularität gewonnen. Estere las es, weil sie begriff, dass Spenglers Werk zu den Büchern gehörte, die eine ganze Generation beeinflussen konnten.

Der Schreibstil war oftmals schwurbelig, Spengler arbeitete ohne Quellen und stellte großteils einfach Behauptungen auf. Dennoch konnte Estere verstehen, warum sich so viele zu Spenglers Ideen hingezogen fühlten. Das Buch war ein großer Wurf, mit dem er versuchte, die Weltgeschichte neu zu definieren. Politisch besonders brisant war der Teil, in dem Spengler eine Parallele zwischen dem Untergang des Römischen Imperiums und dem von ihm prophezeiten, in diesem Augenblick stattfindenden Untergang Europas oder des Abendlandes darstellte.

Für die Rechten ist das der ideale Vorwand, ihre fanatischen Vorstellungen umzusetzen.

Sie hatte noch keine abschließende Meinung zu Spenglers Werk. Sie wollte sein Buch durcharbeiten und dann einen Analyseartikel darüber schreiben. In den letzten Wochen ihrer Schwangerschaft hatte sie ohnehin wenig anderes zu tun.

Die Stimme des Schaffners ertönte: »Nächster Halt: München Hauptbahnhof.«

Estere blickte aus dem Fenster. München. Sie fragte sich, wie die Stadt sich wohl verändert haben mochte? Angeblich war München seit dem Untergang der Räterepublik zur Hochburg der Rechten und der völkischen Bewegung geworden. Die Thule-Gesellschaft hatte hier ebenso ihren Sitz wie zahlreiche rechte Parteien. Eine davon hatte in letzter Zeit besonderen Zulauf.

Der Zug kam langsam zum Stehen und die Gäste standen auf. Estere blieb sitzen. Sie gehörte zu denen, die lieber in letzter Sekunde losgingen, als minutenlang in einer Schlange zu stehen. *Außerdem bin ich schwanger.*

Als sie ihre Schwangerschaft nicht mehr hatte verbergen können, hatte sie schließlich Johannes, ihren Mitarbeitern und ihrer Mutter davon erzählt. Johannes war fassungslos gewesen, ihre Mutter außer sich.

Die Schlange wurde größer, doch die Zugtüren blieben immer noch geschlossen. Estere packte das Buch ein und holte stattdessen eine Zeitung hervor. *Die Rote Fahne.*

Estere las die Zeitung täglich. *Die Rote Fahne* war ganz anders gemacht, als Esteres *Märzblatt*. Sie erschien täglich und war kurz. Nur vier Seiten lang. Die Wörter und Artikel waren einfach gehalten, zeugten jedoch von einer außergewöhnlichen Effektivität. Parolen und bildhafte Vergleiche fassten das politische Geschehen geschickt so zusammen, dass auch die einfachsten Arbeiter es verstehen und die Dinge wiedergeben konnten. Estere selbst bevorzugte detaillierte Analysen, doch *Die Rote Fahne* hatte mit ihrer simplen Sprache gewaltigen Erfolg. Die Auflage wurde in Fabriken und Wohnblocks massenhaft verteilt. Eine einzelne Ausgabe kostete so gut wie nichts, und es hieß, dass die Auflagen mit russischem Geld finanziert würden. Die Zeitung gewann innerhalb kürzester Zeit großen Einfluss auf die Meinung und Sichtweisen der Arbeiterschaft.

Doch Estere las *Die Rote Fahne* nicht aus diesem Grund. Sie las sie, weil Andrei Vasiliev ihr neuer Geschäftsführer war.

Heute hatte Andrei keinen der Artikel verfasst, doch manchmal schrieb er einen Leitartikel zu gewissen Themen. Andreis Artikel waren lang und detailliert. Sie gingen in die Tiefe und waren trotzdem einfach genug, dass jeder sie verstehen konnte. Estere bewunderte seinen Schreibstil. Die Art, wie er mit Worten umzugehen verstand, war für sie attraktiver als alle Orden und Uniformen auf der Welt.

Traurig steckte sie die Zeitung ein und verließ schließlich den Zug. Heinrich wartete am Bahnsteig. Sie trafen einander regelmäßig. Heinrich gab ihr wieder und wieder zu verstehen, dass er sie gerne endlich heiraten würde. Estere aber konnte Heinrich einfach nicht heiraten.

»Da bist du ja«, sagte er und schlang die Arme um sie. Sie küssten einander leidenschaftlich. Estere machte sich niemals etwas vor. Ihr Körper fühlte sich zu Heinrich hingezogen und sie sah keinen Schaden darin, seine starken Hände zu genießen.

»Ich hoffe, ich bin nicht zu spät«, sagte sie besorgt. »Die Bahn hatte Verspätung«.

Er legte ihr beruhigend die Hand auf die Schulter. »Keine Sorge. Wir haben Zeit.« Er führte sie durch die Massen. »Das hier ist die seltsamste Verabredung, die wir jemals hatten.«

Sie nickte. »Vermutlich. Danke, dass du mich begleitest.«

Er zuckte die Achseln. »Ich hatte keine andere Wahl. Ich kann dich in deinem Zustand ja kaum allein zu so einer Veranstaltung gehen lassen.«

Sie verließen den Bahnhof und stiegen in Heinrichs Auto. Er wollte wissen, ob mit dem Kind auch alles in Ordnung sei.

»Ich überlege in letzter Zeit, mich politisch zu

betätigen«, eröffnete Heinrich ihr, nachdem sie ihm versichert hatte, dass es ihr gut ging.

Estere starrte ihn sprachlos an. *Sie* überlegte sich in letzter Zeit dasselbe.

»Beim Zentrum?«, fragte sie vorsichtig. Das Zentrum war eine katholisch-konservative Kraft, die besonders in Bayern und Westdeutschland viele Wähler hatte.

Heinrich schüttelte den Kopf. »Nein. Die meisten Zentrumspolitiker unterstützen die Weimarer Republik.«

Estere blickte aus dem Fenster. Genau solche Reden waren der Grund, warum sie Heinrich nicht heiraten konnte. In den letzten Monaten war seine Einstellung immer republikfeindlicher geworden. Sie versuchte, die Antwort, die ihr auf der Zunge lag, herunterzuschlucken, am Ende konnte sie sich jedoch nicht zurückhalten:

»Du hast in Berlin und Bayern genau diese Republik verteidigt«, sagte sie. Aber er winkte nur abfällig ab.

»Gegen die Kommunisten. Jetzt ist die Lage eine andere. Der Kommunismus ist praktisch tot, und Friedrich Ebert hat uns alle verraten.«

Obwohl sie das ganz anders sah, schwieg Estere dazu. Es hatte keinen Sinn, mit Heinrich zu streiten. »Welche Partei hast du dann im Kopf?«, fragte sie.

Er starrte auf die Straße. »Das hängt von heute Abend ab. Dieser Hitler soll Feuer haben.«

Estere riss erstaunt die Augen auf. Sie hatte gewusst, dass er politisch rechts stand, aber *so* rechts?

Sie waren auf dem Weg zum Münchner Hofbräuhaus. Das Hofbräuhaus konnte auf eine lange Geschichte zurückblicken. Seit Jahrhunderten fanden hier Versammlungen statt. Estere wusste, dass auch die kommunistische Räterepublik hier ausgerufen worden war. Doch seitdem hatten sich die Zeiten geändert. Seit der Niederschlagung des Kommunismus hatten rechte Parteien das Hofbräuhaus übernommen, die aggressivste und am schnellsten wachsende von ihnen war die Deutsche Arbeiterpartei, kurz DAP.

»Seltsam, dass sich eine rechte Partei *Arbeiterpartei* nennt, oder?«, meinte Heinrich.

Estere fand das ganz und gar nicht seltsam. Die Idee, dass eine rechte Partei versuchte, die links stehende Arbeiterklasse zu umwerben, war erschreckend genial. Aber konnte so ein Versuch gelingen? Die DAP unterstützte trotz ihres Namens die Forderungen der Großindustrie.

Als Heinrich und Estere das Hofbräuhaus betraten, war dieses bereits weitgehend gefüllt. Estere sah sich um. Die meisten Besucher waren Männer. Viele von ihnen trugen Lederhosen, manche auch Uniformen. Alle hatten einen Bierkrug vor sich stehen.

»Ich hole uns etwas zu trinken«, sagte Heinrich und drängte sich durch die Massen. »Du besetzt uns besser einige Plätze.«

Weil sie eine Frau und darüber hinaus schwanger war, hatte Estere keine Probleme, einen Tisch zu ergattern. Ein älterer Herr rückte zur Seite. Er hob seinen Bierkrug und prostete ihr zu. »Das wird hoffentlich ein schöner deutscher Soldat!«, rief er fröhlich und deutete auf Esteres Bauch. Die umstehenden Besucher lachten und prosteten dem Herrn zu. Eine Frau neben ihr beglückwünschte sie zu ihren blonden Haaren. »Der Vater ist arisch?«, fragte ein junger Bursche.

Estere zog die Brauen hoch. Hatten diese Leute den Verstand verloren? Sie wollte eben eine spitze Erwiderung abgeben, als Heinrich zurückkehrte. Er hielt einen Bierkrug für sich selbst und ein Glas Wasser für Estere in der Hand. »Arisch genug«, sagte er lachend und klopfte dem Burschen auf den Rücken.

Heinrich schien sich in dem umtriebigen Saal voller derber Witze und Kommentare ganz zu Hause zu fühlen. Estere dagegen setzte ihre Reportermiene auf. Sie sah sich nicht als Teil der Masse, sondern als Beobachterin.

»Ist das dort Hitler?«, fragte sie, als ein Mann in Anzug auf die Bühne trat.

Heinrich wusste es nicht, doch der Bursche neben ihm schüttelte den Kopf. »Nein, nein. Herr Hitler spricht immer als Letztes. Das dort ist Anton Drexler, der Parteichef der DAP.«

Die DAP war im Kern eine Splitterpartei wie jede andere. In ganz Deutschland schossen diese Gruppen jetzt aus dem Boden. Ein Mann unterschied die DAP jedoch von anderen Gruppierungen ihrer Art: Adolf Hitler.

Der aus Österreich stammende Maler scharte mit seinen Reden Radikale und Rechte um sich und war binnen weniger Monate zu einem Phänomen in München geworden. Seine Redeversammlungen wurden so groß und seine Thesen waren so absurd, dass man selbst in Berlin von ihm hörte. Mit ihrem üblichen Gespür für kommende Entwicklungen hatte Estere entschieden, nach München zu reisen und sich eine seiner Reden anzuhören.

Zuerst sprach Anton Drexler. Drexler war ein

Langweiler. Er redete davon, dass die DAP soundsoviele neue Mitglieder bekommen hatte, dass die Partei sich stetig entwickelte und sie an neuen Statuten arbeiteten. Niemand schenkte ihm die geringste Beachtung. Die Leute tranken ihr Bier, rauchten ihre Zigarren und unterhielten sich genüsslich. Irgendjemand reichte Heinrich ein rechtes Magazin. Er schlug es auf und lachte über eine Karikatur, die einen dicken Juden als einen die Welt beherrschenden Kapitalisten zeigte. »Ganz falsch ist das nicht«, meinte er.

»Seit wann bist du denn Antisemit?«, fragte Estere entsetzt. Heinrich mochte rechts und konservativ sein, aber sie hatte ihn nie für einen Judenfeind gehalten. »Hast du nicht selbst erzählt, dass in deinem Regiment einige tapfere Juden gedient haben?«

»Ja natürlich«, versicherte Heinrich rasch. »Aber du kannst nicht leugnen, dass ein paar Juden fast alle großen Industrien kontrollieren, von den Medien ganz zu schweigen. Und dass sie den Kommunismus erfunden haben, stimmt auch. Karl Marx war Jude.«

Estere schürzte die Lippen. Es gehörte zu den größten Unsinnigkeiten des Antisemitismus, dass dieser den Juden sowohl den Kapitalismus als auch den Kommunismus vorwarf.

Was denn nun? Sind die Juden die Welt beherrschende Kapitalisten oder aber antikapitalistische Kommunisten?

»Tritt die DAP denn bei den nächsten Reichstagswahlen an?«, fragte Heinrich den alten Herrn von zuvor interessiert. Der schüttelte den Kopf. »Wozu? Die Wahlen sind alle manipuliert.«

Heinrich nickte, wirkte aber ein wenig enttäuscht.

»Und jetzt, meine Damen und Herren«, verschaffte Anton Drexler sich endlich Gehör, »begrüßen Sie mit mir zusammen: Adolf Hitler!«

Alle Köpfe rückten herum. Manche jubelten.

»Wo ist er denn?«, wollte Heinrich wissen. Auch Estere reckte den Kopf, doch auf der Bühne stand immer noch nur ein etwas verlegen aussehender Drexler.

»Herr Hitler?«, rief der Parteichef der DAP fragend, woraufhin Gelächter ausbrach.

Wenn er nicht auftaucht, war meine Reise nach Bayern völlig umsonst.

Der Bursche neben Heinrich wurde wütend. »Wir wollen Hitler!«, schrie er laut. Er schien mehr Bier getrunken zu haben, als er vertragen konnte.

Doch nicht nur er. Die von Alkohol und der allgemeinen Stimmung berauschten Zuhörer begannen einer nach dem anderen, nach Hitler zu rufen. Sie hatten schließlich Eintritt gezahlt.

»Hitler!«, rief auch der alte Herr und zahlreiche andere stimmten ein. »Hitler! Hitler! Hitler!« Estere und Heinrich blieben stumm und blickten einander etwas verlegen an. Sie nahm an, dass er ohne sie mitgerufen hätte.

Die Hitlerrufe erfüllten nun den gesamten Saal und verwandelten sich in einen rhythmischen Singsang. Die Leute begannen zu klatschen und blickten einander zwischen den Rufen grinsend an.

»Hitler!«

»Hitler!«

»Hitler!«

Nach etwa einer Minute schrien die Leute in der

vordersten Reihe begeistert auf.

Adolf Hitler war auf die Bühne getreten.

Estere konnte nicht umhin, die Genialität dieses Auftrittes zu bewundern. Wäre Hitler sofort gekommen, hätte er sich erst Aufmerksamkeit verschaffen müssen. Genau wie bei Drexlers Rede hätten die Leute geraucht, getrunken und sich weiter unterhalten. Jetzt dagegen blickten alle gespannt zur Bühne.

Estere und Heinrich saßen zu weit entfernt, um Hitler gut sehen zu können. Estere kam er kaum besonders vor. Mit seiner Lederhose sah er wie ein typischer Bayer aus. Nur sein Bart war ungewöhnlich. Hitler trug einen *Zahnbürstenbart*, der eher in Amerika als in Deutschland üblich war, wo die meisten Männer einen *Kaiserbart* trugen. Auch Heinrich fiel Hitlers Bart auf. »Sieht lächerlich aus«, kommentierte er so leise, dass niemand außer Estere ihn hören konnte.

Hitler trat an das Rednerpult und bedeutete der Menge mit einer beiläufigen Handbewegung, das Klatschen und die Rufe sein zu lassen. Binnen weniger Augenblicke verstummte der Saal. Eine angespannte Erwartung machte sich breit, die auch Estere umfasste.

Ihm ist es irgendwie gelungen, den gesamten Raum zu hypnotisieren.

Hitler zog ein Blatt Papier hervor. Dann begann er so leise zu sprechen, dass viele Zuhörer sich instinktiv vorbeugten, um ihn besser verstehen zu können:

»Ich halte hier in meinen Händen den Vertrag von Versailles«, flüsterte er. Auch das war der Kunstgriff eines Redners. Indem er leise sprach, erzwang Hitler komplettes Schweigen. Estere hatte während ihres

Literaturstudiums einen Professor gehabt, der sich derselben Technik bedient hatte.

Hitler las jeden Punkt des Versailler Vertrags vor, kommentierte die Punkte aber nicht, sondern ließ die Menge zu ihrem eigenen Urteil kommen. »Deutschland und seine Verbündeten übernehmen die Gesamtschuld am Krieg«, las Hitler vor und machte eine lange Pause, um dem Saal Zeit zu geben zu protestieren. Der betrunkene Bursche vor ihnen stieß wütend seinen Bierkrug auf den Tisch. Auch Heinrich protestierte erbost.

Der Versailler Vertrag war die größte Dummheit der Siegermächte. Die Franzosen und Engländer hätten vorhersehen müssen, welchen Hass sie damit erzeugen würden.

Als Hitler den letzten Punkt vorgelesen hatte, blieb er still. Die Menge buhte und johlte, ohne dass Hitler seine Stimme auch nur einmal erhoben hätte.

Er hob das Papier hoch und sagte: »Unterschrieben von Außenminister Hermann Müller und Verkehrsminister Johannes Bell im Namen und Auftrag des Reichspräsidenten Friedrich Ebert.«

Dann zerriss er das Papier. Die Menge jubelte.

»Meine Damen und Herren, ich möchte, dass Sie sich diese Namen merken«, rief Hitler. Zum ersten Mal wurde seine Stimme laut. »Hermann Müller. Johannes Bell. Friedrich Ebert. Die Unterzeichner des Versailler Vertrags, der diesen Januar in Kraft treten wird. MERKEN SIE SICH DIESE NAMEN!«, schrie er plötzlich so laut, dass Estere instinktiv zurückwich. »Merken Sie sich die Namen dieser Verräter. Denn Sie werden dereinst vor Gericht stehen. Die Anklage: Hochverrat!«

Die Menge klatschte und stampfte mit den Füßen. »Genau!«, rief der alte Herr von vorhin. »Genau!«

»Verräter! Verräter!«, skandierte der Saal.

Estere stellte es die Haare auf. Der Hass und die Wut, die sich plötzlich breitgemacht hatten, waren förmlich greifbar. Der Hass der Menschen richtete sich gegen alles und jeden. Hitler hätte nur auf jemanden deuten müssen und die Hälfte des Saals wäre gewaltbereit aufgesprungen.

»Die Opfer dieses Hochverrats«, rief Hitler nach einer Weile, »sind nicht die Verräter selbst. Die leben in ihren Schlössern und teuren Vierteln. Die Opfer, das seid ihr! Das sind wir alle! Der Versailler Vertrag wurde mit Blut unterschrieben. MIT DEUTSCHLANDS BLUT!!«

»Nieder mit Versailles! Nieder mit Versailles!«, riefen die Menschen. Estere fühlte sich immer angewiderter. Hitler bot keine Alternative zu Versailles an. Er hetzte dagegen, sagte aber nicht, was die Regierung denn stattdessen hätte tun sollen.

Doch dass er keine Sachargumente nutzte, schien niemanden zu stören. Im Gegenteil, als Hitler sich vor das Podium stellte und mit weit ausholenden Händen verkündete, dass das deutsche Volk künftig nicht nur Opfer, sondern auch Ankläger, Richter und vielleicht auch Henker sein würde, tobte der Saal. Wieder und wieder forderten wütende Stimmen, Friedrich Ebert zu hängen und die Regierung zu stürzen. Auch Heinrich.

Es brach Estere beinahe das Herz, als sie den Vater ihres Kindes die Faust heben und in das allgemeine

Geschrei einfallen sah. In diesem Augenblick wusste Estere, dass sie Heinrich unter keinen Umständen jemals heiraten würde. Voller Abscheu starrte sie auf sein von Hass zerfressenes Gesicht.

Ich habe ihn für einen besseren Mann gehalten.

Estere legte sich die Hand auf den Bauch. Sie fürchtete sich davor, dass das Geschrei dem Kind Angst machen könnte. Sie hatte von Frauen gehört, die in solchen Situationen Fehlgeburten erlitten. Also beruhigte sie ihren Atem und versuchte, sich nicht von der Hysterie um sich herum anstecken zu lassen. Es gelang ihr mit Mühe, und während Hitler von den Juden zu sprechen begann, versuchte Estere, sich geistig zurückzuziehen. Dumpf hallten seine Worte durch ihren Kopf, dass die Juden die Moral zerstörten, die Zeitungen kontrollierten, die Welt beherrschten und wie sie Deutschland während des Krieges das Messer in den Rücken gestoßen hatten, wie Deutschland nur wegen der Juden und der Kommunisten den Krieg verloren hatte.

Als die Rede zu Ende war und Heinrich und Estere den Hofbräukeller verließen, wusste sie, dass Friedrich Ebert recht gehabt hatte. Sie war in ihrem Herzen eine Politikerin.

In den Bierzelten und Sälen Deutschlands braute sich etwas zusammen, das sie nicht hinnehmen konnte und das Estere bis zu ihrem letzten Atemzug bekämpfen würde.

Der Kapp-Putsch

Heinrich

(Berlin, 11. Januar 1920)

Heinrich hielt seinen Wagen vor dem unscheinbar wirkenden Haus. Er stieg aus und ging rasch auf die Tür zu. Er wollte nicht unnötig lange auf der Straße stehen. Sogar seine Uniform hatte er ausnahmsweise einmal abgelegt, denn er wollte keine Aufmerksamkeit auf sich ziehen. Männer in Uniform wurden immer seltener. Eines der vielen Zeichen dafür, dass Deutschland vor die Hunde ging.

Aus genau diesem Grund war Heinrich der Nationalen Vereinigung beigetreten. In dieser versammelten sich Offiziere der Reichswehr und der Freikorps ebenso wie Führer der Deutschnationalen Volkspartei, der größten der bestehenden rechten Parteien. Heinrich hatte überlegt, sich Hitlers Arbeiterpartei anzuschließen, jedoch tat sich mit der Nationalen Vereinigung ein anderer Weg auf. Die Freikorps verfügten über bewaffnete Soldaten, die ihren Anführern treu waren. Zusammen könnten sie die schwächliche sozialdemokratische Regierung mühelos stürzen und eine Herrschaft des Militärs errichten.

Noch tat die Nationale Vereinigung nicht mehr, als sich regelmäßig zu treffen und zu beratschlagen. Aber das könnte sich bald ändern. Die wichtigsten Mitglieder der Vereinigung waren Hauptmann Waldemar Papst, der Offizier, der Rosa Luxemburg und Karl Liebknecht erschossen hatte, Wolfgang Kapp, Vorstandsmitglied der Deutschnationalen Volkspartei, und General Ludendorff. Die Treffen fanden stets an unterschiedlichen Orten statt. Heute in der Stadtvilla der Familie Kapp.

Heinrich klopfte an die Tür und wurde von einer schüchtern aussehenden Haushälterin eingelassen. Die anderen hatten sich bereits versammelt. Es waren mehr Teilnehmer als üblich, denn es gab einiges zu besprechen.

»Der Versailler Vertrag ist gestern in Kraft getreten«, sagte Heinrich anstatt einer Begrüßung. Er setzte sich auf einen der freien Stühle an der langen Festtafel.

»Das wissen wir«, brummte General Ludendorff.

Heinrich war in den letzten Monaten zunehmend eigene Wege gegangen und hatte Ludendorff nicht mehr so oft gesehen. Er hatte das Gefühl, dass der General ihm das übel nahm.

Heinrich griff in seine Tasche, zog einen Brief heraus und klatschte ihn auf den Tisch. »Von Reichswehrminister Noltke«, sagte er verächtlich. »Ich soll meine Truppen entwaffnen und auflösen.«

Die anderen Freikorpsführer hatten ähnliche Befehle erhalten. »Die Reichswehr soll tatsächlich auf nur einhunderttausend Mann reduziert werden«, erklärte Kapp. »Das bedeutet, etwa eine halbe Million Offiziere und Berufssoldaten werden in die Arbeitslosigkeit entlassen.«

Die versammelten Militärs blickten einander wütend an. Auch Heinrich konnte diese Ungerechtigkeit kaum fassen. Männer, die ihr ganzes Leben lang im Deutschen Heer gedient und für Deutschland im Krieg gekämpft hatten, wurden plötzlich einfach entlassen und auf die Straße gesetzt. Viele hatten nie ein anderes Handwerk erlernt.

Diese Regierung treibt Deutschlands beste Männer in den Hungertod.

»Wir müssen handeln«, sagte Heinrich.

»Das werden wir«, erklärte Kapp. Alle wandten sich ihm zu. »Wie meinen Sie das?«, fragte Ludendorff.

Kapp deutete in die Runde. »Wir alle sind unzufrieden mit der Regierung, und jetzt hat die Regierung es sich mit dem gesamten Heer verscherzt. Welchen besseren Zeitpunkt für eine Machtergreifung könnte es geben?«

Heinrich ließ sich das eine Weile durch den Kopf gehen. Auch die anderen blieben vorerst stumm.

»Wie?«, fragte irgendjemand dann.

»Wir besetzen das Regierungsviertel«, antwortete Kapp sofort. »Wir haben die Soldaten auf unserer Seite. Wir nehmen die Verräterregierung in Gewahrsam und rufen unsere eigene Regierung aus.«

Es war das, was sie alle sich heimlich seit Monaten wünschten, doch bislang hatte niemand die Möglichkeit eines Putsches konkret angesprochen. Heinrich musterte Kapp. Mit seinen kahlen Haaren und seinem breiten Gesicht sah Kapp eher wie ein preußischer Beamter als wie ein Held oder Putschist aus.

»Das Regierungsviertel besetzen?«, fragte ein Freikorpsführer. »Das ist doch genau das, was die Kommunisten vor einem Jahr im Zeitungsviertel versucht haben.«

Kapp nickte. »Nur werden wir Erfolg haben.«

Vielen in der Runde gefielen solche Methoden nicht. Heer und Regierung sollten eine Einheit bilden. Das Heer sollte gegen äußere Feinde kämpfen, nicht gegen innere. Doch wenn die Regierung das Heer und das Land verriet, verlangte ihr Treueeid dann nicht, diese Regierung zu stürzen?

Heinrich dachte an den preußischen General Clausewitz. Dieser hatte während Napoleons Feldzug gegen Russland die Seiten gewechselt und *gegen* das von Napoleon unterworfene Preußen gekämpft. Er war dennoch als preußischer Held in die Geschichte eingegangen.

Befanden sie sich heute nicht in einer ähnlichen Situation? Mussten sie zum Wohle des Vaterlandes die ihnen von ihren Feinden aufgezwungene Fremdregierung nicht entmachten?

Nachdem die Möglichkeit eines Putsches erst einmal ausgesprochen worden war, verloren die Offiziere langsam ihre Hemmungen. Sie machten zuerst technische Vorschläge, wie das Regierungsviertel zu besetzen sei und wie Soldaten in Position zu bringen seien. Die Vorschläge verwandelten sich dann schon bald in konkrete Pläne, die heftig debattiert wurden.

Entscheidend war vor allem, dass sie über eine zuverlässige Truppe verfügten. Doch keiner der Freikorpsführer konnte mit Truppen dienen, die sich ohne Ausnahmen gegen die Regierung stellen würden.

»Es gibt ein Freikorps, das dazu in der Lage wäre«, sagte Heinrich. Sofort wandten sich alle ihm zu. »Die Brigade Ehrhart.«

»Die Brigade Ehrhart hört nur auf General Lüttwitz«,

sagte Kapp.

Heinrich nickte. Lüttwitz hatte zusammen mit Heinrich die Niederschlagung des Spartakusaufstandes geleitet. Während Heinrich danach gegen die Kommunisten in Bayern gekämpft hatte, war Lüttwitz mit seinen Soldaten ins Baltikum marschiert. In Russland tobte ein heftiger Bürgerkrieg und auch in den jetzt unabhängigen baltischen Staaten ging es drunter und drüber. Lüttwitz und seine Soldaten hatten die deutsche Minderheit in Lettland geschützt und den Kommunismus im Baltikum abgewehrt. Jetzt waren sie nach heftigen Kämpfen um die Stadt Riga auf dem Marsch zurück nach Berlin. Jeder wusste, dass Lüttwitz strikt völkisch gesinnt war. Wenn er mit seinen Truppen zurück in die Hauptstadt kam, könnten sie die Macht an sich reißen.

»Wann kehren Lüttwitz und seine Truppen zurück?«, fragte Ludendorff.

»Das wird eine Weile dauern«, antwortete Heinrich. »Er befindet sich in Ostpreußen, überall liegt Schnee und er weiß ja noch nichts von unseren Plänen. Ich schätze, vor März können wir nicht handeln.«

»Jemand sollte zu ihm reisen und herausfinden, ob er bereits ist, uns zu unterstützen«, sagte Kapp.

Natürlich ist er dazu bereit. Lüttwitz hasst die Republik.

Plötzlich waren alle Augen auf Heinrich gerichtet. »Du solltest zu ihm gehen. Ihr kennt euch gut«, sagte Ludendorff.

Heinrich zögerte. Estere würde ihr Kind jeden Augenblick bekommen. Sie war bereits über ihrem eigentlichen Geburtstermin. Andererseits schien Estere ohnehin nicht viel Wert auf seine Anwesenheit zu legen: Im Gegenteil, ihr Verhältnis wurde mit jedem Tag kühler.

Er hob die Hände. »Also gut. Ich gehe«

Kapp nickte zufrieden. »Wir werden entsprechende Vorbereitungen treffen.«

Als Heinrich die Versammlung verließ, begriff er, dass sich ihm eine einzigartige Chance bot. Er und Lüttwitz hatten bereits in der Vergangenheit zusammengearbeitet. Wenn sie die Regierung stürzten, dann würde Heinrich eine bedeutende Rolle zufallen. Vielleicht könnte er gar die Position des Innenministers beanspruchen. Er dachte an Andrei Vasiliev.

Dann könnte ich ihn endlich gefangen nehmen.

Ehe er aufbrach, entschied er, sich von Estere zu verabschieden. Er sollte ihr wenigstens sagen, dass er bei der Geburt nicht in der Stadt sein würde.

Er parkte seinen Wagen vor Esteres Elternhaus. Als er aus dem Wagen stieg, verharrte er einen Augenblick und horchte. Hörte er da einen Schrei?

Er starrte auf das Haus. Wenn Estere gerade in den Wehen lag, dann wollte er sie lieber nicht sehen. Er unterstützte Estere gerne vor und direkt nach der Geburt, aber seiner Ansicht nach hatte ein Mann bei der Geburt selbst nichts verloren. Heinrich lauschte eine Weile, hörte aber nichts. Er kam zu dem Schluss, dass er sich den Schrei nur eingebildet hatte. Kein Wunder, sagte er sich. *Die Lage ist so angespannt, da gehen mit jedem die Nerven durch.*

Dann hörte er den Schrei erneut. Aber es war nicht der schmerzerfüllte Schrei einer Frau in den Wehen, sondern der eines Neugeborenen.

Heinrich stürmte zur Tür. Sein Herz schlug plötzlich so wild, wie er es nicht einmal im Krieg erlebt hatte. Zum ersten Mal seit Jahren gelang es ihm nicht, seine Aufregung zu unterdrücken.

Was würde es sein? Ein Junge oder ein Mädchen?

Er lief die Treppe hinauf. Ein kurzer Blick in die Küche verriet ihm, dass sich auch Frau Kalnini oben befinden musste. Er erreichte die Tür zu Esteres Schlafzimmer und blieb stehen. Plötzlich fühlte er sich seltsam befangen. Wie ein Einbrecher, der in eine Situation eindrang, in der er nichts verloren hatte.

Unsinn, sagte er sich. *Du bist der Vater.*

Ein neuerlicher Babyschrei vertrieb seine Zurückhaltung. Langsam öffnete er die Tür. Es war das erste Mal, dass er Esteres Schlafzimmer betrat. Sie hatten sich zuvor immer in Berliner Hotelzimmern getroffen.

Estere lag ausgestreckt auf einem Doppelbett. Die Laken waren voller Blut. War so viel Blut normal? Estere setzte sich schwitzend und keuchend auf, doch ihre Arme waren leer. Wo war das Kind?

Erst jetzt sah Heinrich, dass sich noch zwei weitere Frauen im Raum befanden. Eine ältere Dame, vermutlich die Hebamme, und Esteres Mutter.

»Heinrich«, sagte Estere, als sie ihn erkannte. Ihre Stimme klang unnatürlich schwach.

»Ist alles in Ordnung?«, fragte er.

»Sie sind Vater geworden«, sagte Frau Kalnini

fröhlich. Sie hielt ein Baby in den Armen.

Heinrich schluckte. »Was ist es?«

»Ein Junge!«, verkündete Esteres Mutter strahlend.

Sie hielt ihm das Baby hin. Heinrich war überwältigt vor Glück. Sein Leben lang hatte er Säuglinge gemieden wie ein Kommunist den Schützengraben, jetzt aber griff er begeistert nach dem kleinen runzeligen Ding. Das Baby schrie, doch Heinrich störte es nicht.

Mein Sohn.

»Er hat Ihre Augen«, sagte Frau Kalnini.

Heinrich fehlten die Worte. Die Hebamme und Esteres Mutter nickten wissend. »Wir lassen Sie beide ein wenig allein«, sagte die Hebamme und nahm ihm seinen Sohn aus den Armen. »Aber strengen Sie Estere bloß nicht an. Sie hatte eine verdammt schwere Geburt.«

Die beiden verließen den Raum und Heinrich blieb mit Estere zurück.

»Das hast du großartig gemacht«, sagte er und küsste sanft ihre Stirn.

»Woher willst du das wissen?«, fragte sie scharf. »Du warst nicht hier.«

»Ich …«, er zögerte. Warum wirkte sie so wütend? »Ich hatte nicht gedacht, dass du darauf Wert gelegt hättest.«

»Hätte ich auch nicht.«

Er begutachtete sie vorsichtig. In den letzten Wochen hatte sie die Gestalt eines Walrosses gehabt. Jetzt schien ihr Bauch wieder schlank, aber sie wirkte völlig verschwitzt und erschöpft. Kein Wunder, dass sie schlecht gelaunt war. Heinrich konnte sich nicht vorstellen, wie anstrengend es sein musste, einen

Säugling aus dem eigenen Körper zu pressen.

Er drückte ihre Hand. »Alles wird gut«, sagte er, weil er nicht wusste, was er sonst sagen sollte. Er widerstand dem Drang, auf seine Armbanduhr zu blicken.

»Wie willst du unseren Sohn nennen?«, fragte er.

»Wilhelm, zu Ehren des vertriebenen Kaisers?«

Sie schüttelte den Kopf. »Er heißt Janis.«

»Nach deinem Vater.«

Es gefiel ihm nicht, dass sie solche Entscheidungen allein traf. Er war der Vater. Er sollte den Namen seines Sohnes bestimmen dürfen.

Dennoch, sie hatte ihre Sache gut gemacht und ihm einen Erben geschenkt. Er fuhr ihr mit der Hand über die Stirn. »Jetzt wird alles gut«, versprach er ihr. »Bald schon beginnen bessere Zeiten. Unser Sohn wird in einem neuen Deutschland aufwachsen.«

Unser Sohn. Die Worte klangen seltsam. Erst jetzt wurde Heinrich bewusst, welche besondere Verbindung er fortan mit Estere hatte – und immer haben würde. Sie hatten gemeinsam ein neues Leben geschaffen.

Sie zog eine Braue nach oben. Ihr Blick gewann wieder etwas von seiner alten Schärfe. »Bessere Zeiten? Ein neues Deutschland?« Sie hustete. »Was meinst du damit?«

Er biss sich auf die Lippe. Er hatte ihr nichts von seinen Plänen verraten wollen.

Andererseits ist sie jetzt die Mutter meines Kindes.

»Es deutet sich eine Änderung der Machtverhältnisse in Deutschland an«, sagte er. »Ich werde nach Ostpreußen aufbrechen.« Er zögerte und fügte dann hinzu: »Die Soldaten werden ihre Entlassung und

237

Auflösung nicht kampflos hinnehmen.«

Er wusste, dass Estere eine Schwäche für Ebert und die Sozialdemokraten hatte. Aber am Ende würde auch sie einsehen, dass es dem Reich unter einer Herrschaft des Militärs weit besser ginge. Deutschland könnte gedeihen, und wenn die Siegermächte begriffen, dass sie nicht mehr mit jämmerlichen Sozialdemokraten verhandelten, sondern mit Soldaten, die im Ernstfall zu einem neuen Krieg bereit waren, dann würden sie ihre Forderungen abschwächen.

Estere starrte ihn mit fiebrigen Augen an. »Ich wusste immer, dass das Militär und die Freikorps irgendwann nach der Macht greifen würden ...«

»Nun«, er zuckte mit den Schultern. »Wir werden sehen.«

Sie nickte. »Wirst du mir schreiben?«

Das war eine seltsame Bitte. Er und Estere schrieben einander keine Briefe.

»Was denn?«, fragte er verwirrt.

Sie hustete schwach. »Wann du wieder in Berlin sein wirst.«

»Das weiß ich noch nicht«, antwortete Heinrich. Vermutlich würde er an der Spitze eines Heeres zurückkehren.

»Schreib mir, sobald du es weißt.«

Er nickte. Sie war jetzt die Mutter seines Kindes. Sie hatte ein Recht zu erfahren, wo er sich aufhielt. Er küsste ihre Stirn und verließ dann das Haus.

Freudig sog Heinrich die kalte Winterluft ein. Er hatte einen Sohn!

Jetzt musste Heinrich nur noch sicherstellen, dass

dieser Sohn in einem freien Deutschland aufwuchs und nicht in einem Sklavenstaat der Siegermächte.

Lächelnd startete Heinrich sein Auto.

Das deutsche Schicksal entscheidet sich.

Estere

(Potsdam, 13. März 1920)

Estere lag in ihrem Bett und las einen Brief, als Janis, der in einer Wiege neben ihr lag, plötzlich zu schreien begann. Sie konnte immer noch kaum glauben, dass sie jetzt eine Mutter war.

Sie ging zu der Wiege und nahm Janis in die Arme. Sie nahm seinen Duft wahr und fühlte seine weiche Haut. Als sie ihren Sohn näher an sich drückte, begann er, gierig nach ihren Brustwarzen zu suchen.

Estere stillte ihn eine Weile, setzte sich dabei jedoch wieder auf ihr Bett. Sie fühlte sich immer noch schwach. Seit Wochen wollte sie nichts anderes tun, als zu schlafen, zu essen und sich auszuruhen.

Sie überlegte sich hinzulegen, doch plötzlich klopfte es an der Tür.

»Estere, ich bin es«, ertönte Johannes' Stimme. Die Tür öffnete sich.

Hastig bedeckte Estere ihre Brüste. Doch Johannes schien ihre Blöße gar nicht wahrzunehmen.

»Was ist los?«, fragte Estere sofort.

»Du hattest recht«, sagte er ohne Umschweife. »Die Truppen in Döberitz haben sich in Marsch gesetzt!«

Estere schluckte. »Wie lange, bis sie in Berlin sind?«

»Drei Stunden.«

Estere sprang auf. »Wir müssen Friedrich Ebert warnen!«

Sie hatten keine Zeit zu verlieren. Sie küsste Janis auf die Stirn. »Deine Großmutter und die Amme werden sich um dich kümmern«, flüsterte sie ihrem Sohn zärtlich zu. In weiser Voraussicht hatte sie eine Amme aus der Nachbarschaft ausfindig gemacht und in ihren Dienst genommen. Offiziell, weil sie angeblich alleine nicht genug Milch für den kleinen Janis hatte, in Wahrheit jedoch, weil sie geahnt hatte, dass sie ihren Sohn für eine Weile würde allein lassen müssen.

»Ich komme bald wieder«, flüsterte Estere. Auch wenn sie nicht wusste, ob es stimmte.

Estere hatte seit ihrem letzten Gespräch mit Heinrich im Januar Reporter auf ihn angesetzt. Sie wusste, dass er sich in Ostpreußen mit dem rechtsextremen General Lüttwitz getroffen hatte. Sie wusste, dass die beiden eine Verschwörung ausheckten. Sie wusste, dass die beiden die Brigade Erhart in Döberitz sammelten, und jetzt wusste sie, dass die Brigade sich im Marsch auf Berlin befand.

»Mutter!«, rief Estere durch das Haus. »Mutter!«

Endlich ertönte das Geräusch von Schritten auf der Treppe. »Ja, mein Schatz?«, fragte ihre Mutter und lugte vorsichtig in den Raum.

»Ich muss für einige Zeit weg.«

»Was?« Sie starrte Estere entsetzt an.

»Es ist ein Notfall«, sagte Estere rasch. »Es geht um … *Das Märzblatt.*«

Ihre Mutter stemmte die Hände in die Hüften. »Das kann doch warten!«, rief sie empört. »Du hast jetzt einen Sohn. Arbeit kann nicht mehr deine Priorität sein!«

»Lassen Sie sie«, kam Estere ausgerechnet die alte Hebamme zu Hilfe, die auf eine Tasse Tee vorbeigekommen war. »Es dauert oft eine Weile, ehe sich eine junge Mutter mit ihrer neuen Lage abfindet.«

Die Hebamme hielt Estere wohl für eine hysterische Emanze. Estere war es gleich.

»Wo willst du denn überhaupt hin und wann kommst du zurück?«

Estere schluckte. »Ich weiß es nicht«, sagte sie und unterdrückte ihr schlechtes Gewissen. »Wenn alles gut geht, noch heute Abend.«

Ihre Mutter wollte weiter protestieren, doch Estere und Johannes verließen einfach das Haus.

Wir dürfen keine Zeit verlieren!

Johannes war mit einem Taxi gekommen. »So schnell es geht zum Präsidentenpalais«, wies Johannes den Fahrer an. »So *schnell* es geht«, wiederholte er, als der Fahrer Anstalten machte, zuerst seine Zigarette zu Ende rauchen zu wollen.

Sie fuhren los, wenn auch viel zu langsam für Esteres Geschmack.

»Was genau hat Heinrich dir in seinem letzten Brief geschrieben?«, fragte Johannes.

Estere rief sich die Worte in Erinnerung. »Er hat angedeutet, dass die Regierung den Soldaten keine andere Wahl mehr lässt.« In den letzten Wochen hatten beinahe alle Freikorps Auflösungsbefehle bekommen. Sie hatten bis Ende des Monats Zeit, ihre Waffen niederzulegen. Estere unterstützte die Entwaffnung der Freikorps, doch die Soldaten und ihre Offiziere waren außer sich vor Wut.

»Du hast Friedrich Ebert doch schon vor einigen Tagen gewarnt, dass du einen rechten Putsch befürchtest, oder?«

Estere nickte. »Ja. Aber ich konnte ihm nicht sagen,

wann und wo der Putsch erfolgen würde. Er hat trotzdem zur Sicherheit einige Kompanien zum Schutz des Regierungsviertels aufmarschieren lassen.«

Nach allem, was Estere und ihre Reporter hatten in Erfahrung bringen können, planten Heinrich und die anderen völkischen Offiziere, mit ihren Freikorps das Regierungsviertel zu besetzen. Doch da sie bislang keine konkreten Beweise gehabt hatten, hatte die Regierung nicht umfassender reagieren können. Viele Minister hielten Estere für eine hysterische Panikmacherin.

»Wenn die Regierung eigene Truppen im Regierungsviertel hat, dürfte der Putsch rasch scheitern«, versuchte Johannes, sie zu beruhigen.

Estere war sich da nicht so sicher. Die deutschen Soldaten hatten gemeinsam im Krieg gekämpft. Sie glaubte nicht, dass die Regierungssoldaten gegen ihre Kameraden kämpfen würden.

»Hast du gesehen, wie viele es waren?«, fragte sie. Seit sie erfahren hatte, dass Lüttwitz, Heinrich und seine Truppen sich auf den Truppenübungsplatz Döberitz zurückgezogen hatten, hatte Estere Döberitz ständig überwachen lassen.

Johannes seufzte. »Schwer zu sagen. Fünftausend vielleicht.«

Fünftausend. Nicht genug, um ein ganzes Land zu beherrschen, aber genug, um Berlin zu erobern.

Danach wird alles davon abhängen, wie die restlichen Soldaten in Deutschland sich verhalten, und den meisten Soldaten droht die Entlassung durch die gegenwärtige Regierung.

Estere schluckte. Dieser rechte Putsch hatte größere

Chancen auf Erfolg als alle kommunistischen Revolten des letzten Jahres zusammen.

Als sie das Präsidentenpalais erreichten, sprang Estere sofort aus dem Wagen. Johannes warf dem Fahrer einige Mark zu und folgte ihr.

»Wir müssen mit Reichspräsident Friedrich Ebert sprechen«, sagte Estere am Tor. Die beiden Wachen kannten sie mittlerweile gut und ließen sie ohne weitere Fragen ein. Estere war in den letzten Wochen immer wieder im Palais ein- und ausgegangen.

Zu ihrem Glück befand sich Friedrich Ebert im Haus. Er empfing sie in genau dem Raum, in dem Estere ihn zum ersten Mal getroffen hatte. Der Reichspräsident saß in einem Stuhl und rauchte eine Zigarre.

»Fräulein Kalnini. Wie kann ich Ihnen helfen?«, fragte er lächelnd.

Estere verlor keine Zeit. »Die Brigade Erhart befindet sich im Marsch auf Berlin.«

Das Lächeln auf seinem Gesicht verblasste und machte einem skeptischen Gesichtsausdruck Platz. »Wir lassen die Brigade überwachen. Unsere Späher haben nichts dergleichen berichtet.«

»Ihre Späher sind übergelaufen«, mischte Johannes sich ein. »Ich habe ein Treffen zwischen ihnen und Lüttwitz beobachtet.«

Mit gerunzelter Stirn nahm der Präsident einen Zigarrenzug. »Lüttwitz hat in der Tat den Befehl verweigert, seine Truppen aufzulösen«, sagte er nachdenklich. Dann schloss er die Augen und tat einen weiteren tiefen Zigarrenzug. »Sie haben uns vor einem Jahr gerettet, Fräulein Kalnini. Ich werde mich darauf verlassen, dass Sie das wieder tun.« Er rief etwas und sofort kam ein Diener herein. »Rufen Sie das Kabinett zusammen«, sagte er ihm. »Vor allem Reichswehrminister Noske und Reichskanzler Bauer.« Er wandte sich an Estere und Johannes. »Ich muss selbst auch gehen, werde aber bald zurückkommen. Bitte warten Sie hier.«

Estere nickte dankbar. Sie hätte es gehasst, wenn der Präsident sie einfach nach Hause geschickt hätte, ohne dass sie erfahren hätte, was weiter unternommen worden wäre.

Nach etwa einer Stunde kehrte der Präsident zurück. Estere konnte an seiner versteinerten Miene ablesen, dass er keine guten Neuigkeiten brachte.

»Fräulein Kalnini, zu meinem größten Bedauern muss ich Ihnen mitteilen, dass Sie recht hatten. Die Brigade Erhart befindet sich im Marsch auf Berlin. Sie und Herr …?«

»Winkler«, sagte Johannes rasch.

»Sie und Herr Winkler sind gebeten, sich unserer Kabinettssitzung anzuschließen.«

Das Kabinett trat nicht im Präsidentenpalais, sondern traditionsgemäß im Reichskanzleramt zusammen. Heinrich hatte Estere erzählt, dass er selbst einmal in diesem Raum an dem runden Tisch gesessen hatte. Damals, als die Regierung überlegt hatte, ob sie etwas gegen den Versailler Vertrag unternehmen könnte.

An diesem Tag haben die Offiziere die Republik geistig verlassen. Weil sie nicht einsehen wollen, dass einen

Weltkrieg zu verlieren Folgen hat.

Nicht alle Kabinettsmitglieder konnten so schnell vor Ort sein, aber die wichtigsten waren gekommen. Der neue Reichskanzler Gustav Bauer, Reichswehrminister Noske, der im letzten Jahr rücksichtslos die Freikorps gegen die kommunistischen Rebellen eingesetzt hatte, und Außenminister Herrmann Müller, der die undankbare Aufgabe erhalten hatte, im Namen Deutschlands den Versailler Vertrag zu unterschreiben.

Herrmann Müller schien von allen Ministern die meiste Angst zu haben. »Befindet sich wirklich ein bewaffnetes Freikorps im Marsch auf Berlin?«, fragte er ängstlich. Estere wusste, warum er sich so fürchtete. Die völkische Rechte forderte wegen seiner Unterschrift unter dem Versailler Vertrag unverhohlen seinen Kopf.

Der Reichspräsident nickte schwer. »So sieht es aus.«

Noske fuhr sich durch seinen langen Schnauzbart. »Die Truppen befinden sich seit zwei Stunden im Marsch. Sie werden das Zentrum von Berlin bald erreichen.«

»Was ist mit unseren eigenen Soldaten?«, fragte Kanzler Bauer. »Ich habe zusätzlichen Schutz für das Regierungsviertel angeordnet. Können wir das Freikorps nicht aufhalten?«

Noske schüttelte den Kopf. »Die Offiziere *unserer Truppen* haben mir gerade gesagt, dass sie sich nicht gegen ihre Kameraden stellen werden. ›Reichswehr schießt nicht auf Reichswehr!‹, sagen sie.« Er verzog das Gesicht. »Die meisten werden den Putsch wohl heimlich für gut befinden.«

Estere konnte es nicht glauben. Was sie das gesamte letzte Jahr befürchtet hatte, trat jetzt ein. Die völkischen

Soldaten erkannten, dass sie sich die Macht mit ihren Waffen einfach nehmen konnten, und es gab keine republiktreuen Truppen, die ihnen Widerstand leisteten.

»Können wir denn gar nichts tun?«, fragte sie.

Niemand rührte sich.

»Wie lange, bis das Freikorps im Regierungsviertel ist?«, wollte der Reichspräsident wissen.

Noske fuhr sich mit der Zunge über die Lippen. »Eine Stunde vielleicht.«

»Wir müssen sofort fliehen!«, rief Müller.

Estere funkelte ihn wütend an. Was für ein Reichsminister floh in der Stunde der Gefahr?

Doch zu ihrem Entsetzen stimmten ihm die anderen zu. Fassungslos hörte sie zu, wie ein Minister nach dem anderen sich dafür aussprach, Berlin aufzugeben. Selbst der Präsident. »Wir sollen nach Weimar fliehen und dort republiktreue Kräfte um uns scharen«, erklärte er.

Estere war außer sich. Begriffen die Minister denn nicht, dass die Putschisten, wenn sie die Hauptstadt kontrollierten, in den Augen der Welt auch die neue Regierung stellen würden?

Estere sprang auf. »Sie sollten bleiben!«, rief sie.

Die mächtigen Männer Deutschlands starrten sie mit offenen Mündern an.

»Sie sind die Minister der Republik!«, sagte Estere energisch. »Ihre gewählten Vertreter. Verteidigen Sie sie!«

»Womit?«, fragte Kanzler Bauer. »Wir haben keine Truppen.«

Estere sah ihn eindringlich an. »Wenn Sie jetzt fliehen, dann geben Sie den Putschisten recht.« Sie sah von einem Minister zum anderen. Die meisten wichen ihren Augen aus. »Die Völkischen behaupten seit Monaten, diese Regierung bestünde aus Feiglingen. Zeigen Sie ihnen, dass sie sich irren!«

Estere hoffte, dass ihre harten Worte die Minister beschämen würden, doch das Gegenteil schien der Fall zu sein. »Sie wissen nicht, was Sie reden«, sagte der Kanzler, und der Außenminister murmelte irgendetwas von *sich nicht in Lebensgefahr begeben.*

Nur der Reichspräsident sah sie mit verständnisvollem Blick an, schüttelte aber ebenfalls den Kopf. »Sie sollten mit nach Weimar kommen. Von dort aus können wir den Putsch sicher rasch niederschlagen.«

Aber genau daran zweifelte Estere. Je erfolgreicher die Putschisten waren, desto mehr Soldaten würden sich ihnen anschließen. Warum sollten diese auch für eine Regierung kämpfen, die sie entlassen und entwaffnen wollte?

Wenn die Militärs die Macht übernehmen, wird auch der Krieg wieder ausbrechen. Die Franzosen und Briten werden eine Militärregierung in Deutschland nicht hinnehmen.

Alles, was sie im letzten Jahr erreicht hatten, die Republik, der Frieden, drohte zusammenzubrechen.

Die Sitzung endete und die Minister verließen hastig das Kanzleramt. Sprachlos sahen Estere und Johannes zu, wie die Regierungsvertreter in schwarze Wagen stiegen und eilig aus der Stadt verschwanden.

Die Helden der Demokratie.

»Wir sollten zurück nach Potsdam gehen«, schlug Johannes nach einer Minute der Stille vor. »Wir haben alles in unserer Macht Stehende getan und hier wird es bald ungemütlich werden.«

Alles in unserer Macht Stehende.

Estere schüttelte den Kopf. Sie und ihr Vater hatten ein Leben lang für diese Republik gekämpft. Sie würde jetzt nicht einfach aufgeben.

Alles in unserer Macht.

Da begriff Estere, was sie tun konnte. Es gab neben den Freikorps und der Regierung noch eine dritte Macht in Deutschland: die Kommunisten.

Andrei. Ich muss zu Andrei.

Andrei

(Berlin, 13. März 1920)

Andrei hatte das letzte Jahr mit dem Aufbau der KPD verbracht.

Er war zufrieden. Seit die KPD auf gewaltsame Umsturzversuche verzichtete, hatte die Partei erheblichen Zulauf. Die Arbeiterklasse zeigte sich von der SPD-Regierung immer enttäuschter. Hatte sich die Lage für die deutschen Proletarier verbessert? War das Großkapital enteignet worden? Ging es den Deutschen heute besser als vor zehn Jahren? Die Antwort auf all diese Fragen war ein eindeutiges Nein. Nur die KPD stand für eine *richtige* Revolution.

Auch außenpolitisch versuchten die Kommunisten, sich von der SPD abzugrenzen. Sie forderten eine Allianz zwischen Deutschland und dem kommunistischen Russland. Beide Länder wurden von den Westmächten ausgebeutet und unterdrückt. Eine deutsch-russische Allianz wäre so stark, dass Deutschland nicht länger erpressbar wäre und die deutsche Wirtschaft gesunden könnte. Anders als die Rechten, die nur die Alternative zwischen dem Versailler Vertrag und einem neuerlichen Krieg mit den Siegermächten sahen, bot die KPD einen dritten Weg.

An diesem Tag saß Andrei im Hauptquartier der *Roten Fahne* und schrieb einen Artikel über diese mögliche Allianz. In den letzten Monaten hatte er die Zeitung persönlich aufgebaut und die Auflage in die Höhe getrieben. Besonders in Berlin gab es keine Fabrik und keine Lagerhalle, in der *Die Rote Fahne* nicht morgens auslag. Nicht alle Proletarier mochten mit ihren Positionen übereinstimmen, doch die KPD übernahm schrittweise die alte Rolle der SPD als dominante Oppositionspartei. »Genosse Vasiliev?«

Andrei sah auf. Karolina Nowak trat in sein Arbeitszimmer.

Karolina stammte aus Posen und war vor dem Krieg als Studentin nach Berlin gekommen. Seit Inkrafttreten des Versailler Vertrages gehörte Posen zur neugebildeten Republik Polen. Viele fragten Karolina, warum sie nicht in ihr neues Heimatland zurückkehrte. Ihre Antwort war immer dieselbe: »Solange die Proletarier unterdrückt werden, spielt es keine Rolle, in welchen Grenzen sie leben.«

Die Klarheit von Karolinas Gedanken hatte Andrei sofort in ihren Bann gezogen, nicht weniger als ihr umwerfendes Äußeres. Karolina hatte lange Beine, eine schlanke Figur und feuerrote Haare. Sie sah aus wie eine französische Revolutionsheldin beim Sturm auf die Bastille.

»Ja, Genossin Nowak?«, fragte Andrei betont kühl.

Sie schloss die Tür hinter sich und kam dann lächelnd auf ihn zu. »Ich dachte, du könntest ein wenig Ablenkung gebrauchen«, hauchte sie ihm ins Ohr und ließ ihre Lippen über seinen Hals fahren.

Karolina und Andrei hatten im September eine Affäre begonnen. Andrei hatte sich eigentlich ganz auf den Aufbau der Partei konzentrieren wollen, aber Karolina lenkte ihn nicht ab. Im Gegenteil: Sie war selbst überzeugte Kommunistin und beflügelte ihn dazu, härter zu arbeiten.

Meistens.

Nachdem sie einander ausgiebig geküsst und berührt hatten, warf Karolina einen Blick auf Andreis Artikel. »Das Heil liegt im Osten«, las sie vor und rümpfte die Nase. Als Polin war sie nicht begeistert von einer deutsch-russischen Allianz. Die Polen hatte zu oft und zu lange unter den imperialistischen Bestrebungen dieser beiden Nationen gelitten.

Andrei stand auf und räumte den Artikel in eine Schublade. »Es ist nur ein Entwurf. Ist die morgige Ausgabe fertig?«

Karolina nickte. Es lag in ihrer Verantwortung, die einzelnen Abteilungen zu überwachen und sicherzugehen, dass alles seine Richtigkeit hatte. »Wenn du willst, kannst du die Ausgabe noch überprüfen, ehe wir sie drucken.«

Andrei hatte es sich zur Angewohnheit gemacht, jede einzelne Ausgabe vor dem Druck noch einmal durchzusehen. Seine Mitarbeiter arbeiteten besser, wenn sie wussten, dass er ihre Artikel persönlich beurteilte.

Es war sechs Uhr abends, doch alle seine vierzehn Mitarbeiter saßen noch im Redaktionsraum. Wenn jemand vor der Fertigstellung der nächsten Ausgabe nach Hause gehen wollte, wurde ihm gekündigt. Andrei konnte nur solche Mitarbeiter gebrauchen, deren Herz komplett für *Die Rote Fahne* brannte.

Er las sich die Vordruckversion durch und stellte zufrieden fest, dass er keine Fehler finden konnte. »Gut gemacht«, sagte er und nickte seinen Leuten zu. »Ihr könnt nach Hause gehen.«

Die Mitarbeiter hatten ihre Sachen bereits gepackt. Sie

wünschten sich gegenseitig einen guten Abend und verließen den Raum. Nur Andrei und Karolina blieben zurück. Andrei liebte es, nachts hier zu sein. Er hatte sogar einen Schrank, den man ausziehen und in ein Bett verwandeln konnte, in sein Büro bringen lassen.

Er arbeitete noch ein wenig, als Karolina von hinten an ihn herantrat und ihn küsste. Er griff wie von selbst nach ihren festen Brüsten und presste sein Gesicht gegen ihre Taille.

Aber noch ehe sie sonst etwas tun konnten, stieß einer der Rotgardisten, die das Gebäude sicherten, die Tür auf.

Andrei blickte den Gardisten alarmiert an. Sie mussten stets damit rechnen, von rechten Schlägern oder auch von Polizisten bei ihrer Arbeit gestört zu werden. Die Regierung versuchte alles, um *Die Rote Fahne* klein zu halten.

»Was ist los, Genosse Meier?«, fragte Andrei scharf.

Der Gardist räusperte sich. »Zwei Besucher«, sagte er dann. »Sie wollen mit dir reden.«

Andrei runzelte die Stirn. »Hol sie herein. Aber sei wachsam. Es könnte sich um Spione handeln.«

Der Gardist verschwand und kehrte mit meinem Mann und einer Frau zurück. Der Mann war älter, etwas rundlich und trug eine Brille. Andrei nahm an, dass es sich bei ihm um einen Professor oder einen Schriftsteller handelte.

Die Frau war Estere.

Andrei starrte sie fassungslos an. Sie sah aus wie ein Geist, aber es gab keinen Zweifel. Trotz der Ringe unter ihren Augen und ihres gehetzten Blickes erkannte er sie sofort.

Tausende Gedanken rasten durch seinen Kopf. Andrei war gebrochen aus München zurückgekehrt. Bauer war tot und Estere ausgerechnet mit Bauers Mörder zusammen. Die Frau, die Andrei mehr als alles andere liebte, hatte ihn verraten. Zweimal. Dass sie seine politischen Umsturzversuche gestoppt hatte, konnte er verstehen. Er hätte dasselbe getan. Aber dass sie sich mit diesem rechten Schönling eingelassen und ein Kind bekommen hatte, konnte er ihr nicht vergeben.

Das Kind! Er musterte Esteres flachen Bauch. Hatte sie es schon bekommen? Oder war die Schwangerschaft unglücklich verlaufen?

Er wollte sie fragen, biss sich aber auf die Lippen.

Es spielt keine Rolle.

Estere öffnete den Mund, doch Andrei kam ihr zuvor: »Genosse Meier, bring diese zwei Gestalten hinaus«, sagte er kühl. »Es handelt sich um Spione der Freikorps.«

Er sah in Esteres Gesicht, dass die Anschuldigung sie traf.

Gut so. Wer sich mit der Reaktion ins Bett legt, soll sich nicht wundern, für reaktionär gehalten zu werden.

»Wir kommen, um die Freikorps aufzuhalten!«, sagte der Mann mit der Brille. »Ich bin Johannes Winkler und das ist –.«

»Ich weiß, wer sie ist«, sagte Andrei scharf.

Estere trat vor. »Andrei, du musst uns anhören. Die Freikorps befinden sich im Marsch auf Berlin. Sie sind dabei, das Regierungsviertel zu besetzen.« Sie sprach schnell, vermutlich aus Angst, dass er sie unterbrechen würde.

»Das wäre Angelegenheit der Regierung«, sagte er kühl.

»Die Regierung ist geflohen«, sagte Winkler.

Andrei überlegte. Er konnte Estere nicht vertrauen. Doch ein Putsch der Freikorps passte ins Bild. Die Soldaten waren seit längerem unzufrieden.

Estere trat noch einen Schritt auf ihn zu. »Nur die Proletarier können eine Militärdiktatur noch verhindern!«

Würde sie sich diese Geschichte ausdenken? Er musterte Estere. *Natürlich würde sie das. Wenn es ihr einen Vorteil brächte. Sie hat sich unsere ganze Liebesgeschichte ausgedacht. Aber welcher Vorteil könnte das sein?*

Andrei hatte genug von Esteres Artikeln gelesen, um zu wissen, dass die deutsche Demokratie ihr alles bedeutete. Darum hatte sie ihn damals verraten und …

Und wenn sie noch mit Naumburg zusammen ist, dann würde sie ihn ebenfalls verraten.

»Genosse Meier, schick einen deinen Wachmänner zum Regierungsviertel, um zu sehen, was dort vor sich geht.« Er dachte kurz nach. »Und einen Mann zum KPD-Hauptquartier. Die Genossen müssen gewarnt werden.«

Estere blickte ihn dankbar an. Doch Andrei ignorierte sie und wandte sich stattdessen an Karolina. Diese hatte den Austausch zwischen ihm und den beiden Neuankömmlingen schweigend verfolgt. Andrei bildete sich ein, dass sie Estere feindselig anstarrte. Er musterte die beiden Frauen unauffällig. Die eine schön, verrucht und kommunistisch. Die andere müde, abgekämpft und eine Verräterin.

Andrei stellte fest, dass sein Herz plötzlich schneller schlug.

Du Narr. Du verdammter Narr.

Er wandte sich an Karolina. »Wenn du willst, kannst du nach Hause gehen, Genossin Nowak.«

Karolina schüttelte heftig den Kopf. »Das glaubst du doch nicht wirklich?«, sagte sie. »Wenn die Rechten die Macht übernehmen, werden sie als Erstes *Die Rote Fahne* und das KPD-Hauptquartier säubern. Ich verstecke mich nicht!« Andrei nickte und sah dann zu Estere. »Erzählt mir alles, was ihr wisst.«

Also redeten sie. Sie redeten über Heinrich von Naumburg und darüber, wie Estere ihn kennengelernt hatte. Wie sie auf diese Art und Weise Kontakte zu den Freikorps erhalten und von ihm schwanger geworden war. Andrei hörte zu und stellte nüchterne Fragen. Stolz stellte er fest, dass er seine Gefühle im Griff hatte. Sie befanden sich in einer Notlage, und in einer Notlage dominierte seine politische Seite.

Er fragte sie, was genau Heinrich von Naumburg gesagt und geschrieben hatte und was Friedrich Ebert und seine Regierung herausgefunden hatten. Am Ende ihrer Unterhaltung war Andrei sicher, dass Estere die Wahrheit sagte, darum war er nicht überrascht, als wenige Minuten später Genosse Meier zurückkehrte und erklärte, dass das Regierungsviertel von Soldaten besetzt und abgeriegelt sei.

Die Rechten hatten die Hauptstadt erobert.

»Was sollen wir jetzt tun?«, fragte Winkler. Sie saßen zu fünft an dem großen Redaktionstisch: Winkler,

Andrei, Estere, Karolina und Genosse Meier.

»*Wir* tun überhaupt nichts«, stellte Karolina klar und warf die Haare zurück. »Andrei und ich sind Mitglieder der KPD. Ihr zwei geht nach Hause.«

Doch Andrei schüttelte langsam den Kopf. »Ich fürchte, wir brauchen die beiden.«

Karolina zog eine Augenbraue nach oben. »Wozu? Wir sollten zum Hauptquartier der KPD. Die Partei wird entscheiden, was jetzt am besten zu tun ist.« Andrei nickte. Aber er wusste bereits, was die Partei entscheiden würde. Ein Putsch war nur dann erfolgreich, wenn die neue Regierung die Kontrolle übernahm und ansonsten alles seinen geregelten Lauf nachging. Das beste Mittel gegen einen Militärputsch war ein Generalstreik.

Wenn die Arbeiterklasse sich weigert, ihrer Arbeit nachzugehen, können die Putschisten nicht regieren.

»Karolina, du gehst zum Hauptquartier«, entschied Andrei. »Ich muss die morgige Ausgabe in einen Streikaufruf umschreiben.«

»Wie willst du alleine eine neue Ausgabe schreiben?«, fragte Karolina. »Wir müssten zuerst unsere Mitarbeiter zurückrufen und die sind jetzt in der ganzen Stadt verstreut.«

Andrei schüttelte den Kopf. Dafür blieb keine Zeit. »Darum brauchen wir die beiden.« Er wandte sich an Winkler und Estere: »Ich nehme an, ihr wisst, wie man eine Zeitung herausbringt?«

Andrei und Estere tauschten ein Lächeln.

»Ja«, sagte Estere dann. »Das wissen wir.«

Heinrich

(Berlin, 13. März 1920)

Zufrieden sah Heinrich zu, wie ihre Truppen in der Dunkelheit durch das Brandenburger Tor marschierten.

Viele hielten Fackeln in den Händen und beinahe alle hatten sich als Zeichen ihrer völkischen Gesinnung weiße Hakenkreuze auf die Helme gemalt. Heinrich musterte die seltsamen Symbole. Es handelte sich beim Hakenkreuz um ein altgermanisches Sonnenzeichen, das rechte Gruppen seit Jahren als Erkennungszeichen nutzten. Er wusste, dass auch Hitlers DAP, die sich gerade erst in NSDAP umbenannt hatte, dieses Zeichen verwendete. Heinrich hatte sich mit dem Symbol bislang nicht wirklich anfreunden können, musste aber zugeben, dass es Eindruck machte.

Die Soldaten nahmen das Regierungsviertel binnen Minuten in Besitz. Die Regierung Ebert und Bauer war geflohen.

Damit haben sie uns den Sieg geschenkt. Wer folgt einer Regierung, deren Minister aus der Hauptstadt fliehen? Wir werden sie alle festnehmen und als Verräter verurteilen lassen.

»Ich gratuliere Ihnen, General«, sagte Heinrich zu General Walther von Lüttwitz, der neben ihm die Parade beobachtete.

Lüttwitz war ein ehrfurchtgebietender Mann. Auch wenn er nie den Nimbus eines Ludendorffs oder Hindenburgs errungen hatte, hatte er sich doch einen Namen gemacht. Seine Truppen befanden sich zudem in einem hervorragenden Zustand. Der Putsch war bislang ein Kinderspiel gewesen. Nirgendwo waren sie auf ernsthaften Widerstand gestoßen.

»Gratulieren Sie nicht mir«, sagte Lüttwitz und strich sich durch die schneeweißen Haare. »Gratulieren Sie ihm.« Er deutete auf Wolfgang Kapp.

Kapp lächelte. »Wir können einander alle gratulieren. Wir haben die Macht übernommen. Jetzt müssen wir rasch eine arbeitsfähige Regierung aufbauen.«

Alle nickten. Sie hatten die wichtigsten Positionen bereits verteilt. Kapp würde die Rolle des Reichskanzlers übernehmen, Lüttwitz das Oberkommando über die Reichswehr erhalten, Heinrich für Lüttwitz arbeiten.

»Wir kontrollieren das Regierungsviertel«, stellte Kapp fest. Er blickte zu Lüttwitz. »Sollen wir auch die restliche Stadt besetzen?«

Heinrich war dagegen. »Die Arbeiterbezirke könnten uns feindlich gesinnt sein«, gab er zu bedenken. »Wedding und andere Gegenden sind nicht so einfach zu halten.« Viele der Arbeiter waren organisiert und bewaffnet. Das Letzte, was sie jetzt gebrauchen konnten, war ein Krieg mit den Gewerkschaften.

Lüttwitz sah das genauso. »Das Regierungsviertel ist alles, was wir brauchen. Wir riegeln es ab und lassen niemanden rein oder raus.«

»Wir sollten Telegramme an alle Reichswehreinheiten in Deutschland schicken«, schlug Heinrich vor, »und sie auffordern, die neue Regierung der nationalen Einheit zu unterstützen. In dieser Stunde der Not und in dieser Zeit der Bitterkeit muss das Reich zusammenstehen.«

Kapp und Lüttwitz stimmten zu und entschieden, eine

erste Kabinettsitzung in der Reichskanzlei abzuhalten. Heinrich lächelte zufrieden. Ihren Informanten zufolge hatte die alte Regierung dort erst vor wenigen Stunden eine Notsitzung abgehalten. Jetzt gehörte die Reichskanzlei ihnen.

Als sie den Kabinettssaal betraten, erinnerte Heinrich sich an das letzte Mal, als er in diesem Saal gesessen hatte. Damals hatte Ebert erklärt, dass er das Versailler Diktat annehmen würde.

Welche Hand müsste nicht verdorren, die sich und uns in solche Ketten legte.

An diesem Tag hatte in dem Saal eine Atmosphäre der Verzweiflung und der Machtlosigkeit geherrscht. Alte Männer in Anzügen hatten über ihr Schicksal bestimmt. Feiglinge. Jetzt war die Stimmung eine ganz andere. Kapp hatte noch kein ganzes Kabinett zusammen, doch viele wichtige Militärs erhielten einen Ministerposten. Die meisten von ihnen waren Mitglieder der nationalen Vereinigung oder Führungsfiguren innerhalb der DNVP.

Leider, so stellte Heinrich bald fest, waren die Putschisten sich nicht ganz einig über ihr langfristiges Vorgehen. Die Regierung Ebert musste gestürzt werden, aber was sollte dann folgen? Einige wollten den Kaiser wieder ins Reich bringen, Wahlen abhalten und neue Verhandlungen mit den Siegermächten aufnehmen. Lüttwitz dagegen erklärte, der Kaiser habe seine Chance vertan. Nur eine völkisch ausgerichtete Diktatur könne das Land für den kommenden Krieg gegen die Siegermächte vereinen.

»Das Heer ist bereit!«, sagte er entschlossen. »Die Freiwilligen werden zu unseren Fahnen eilen. Die

Siegermächte dagegen sind zerstritten. Die USA sind dem Versailler Diktat ferngeblieben und werden uns nicht angreifen. Auch England hat nur ein geringes Interesse an einem neuen Krieg und mit Frankreich allein werden wir fertig.«

Am Ende wurde die Entscheidung über ihre langfristigen Ziele vertragt. Zuerst mussten sie die Macht im Land übernehmen. Am nächsten Morgen würden wohl die meisten Militäreinheiten ihre Loyalität zu der neuen Regierung erklären.

»Am besten wir verbringen die Nacht in der Reichskanzlei«, schlug Kapp vor.

Heinrich stimmte zu. Sie mussten alle rasch verfügbar sein und die Kanzlei bot genügend Schlafräume.

Aufgrund seines Ranges und seiner Rolle beim Einmarsch nach Berlin erhielt Heinrich sein eigenes Zimmer. Er setzte sich auf das Bett und zog seine Stiefel aus. Seine Uniform behielt er jedoch an. Er hatte im Krieg gelernt, dass ein Befehlshaber in Notfällen rasch verfügbar sein musste. Es dauerte lange, ehe Heinrich einschlief. Zu viele Gedanken rasten durch seinen Kopf. Ihre Regierung stand vor gewaltigen Aufgaben. Sie mussten die kommunistische Pest ausradieren und sich auf einen Krieg mit Frankreich vorbereiten.

Der Weltkrieg hat deutschen Boden kaum berührt. Er wurde in Belgien, Frankreich, Polen und im Baltikum ausgetragen. Diesmal werden die Schlachtfelder in Schwaben, Bayern, an der Elbe und am Main liegen. Es könnte Monate dauern, ehe es uns gelingt, die Franzosen aus Deutschland zu vertreiben. Vielleicht sogar Jahre.

Der Gedanke bereitete ihm keine Angst. Im Gegenteil:

Voller Siegeszuversicht schlief Heinrich ein.

Als er erwachte, war die Hölle los.

Irgendjemand klopfte und Heinrich sprang sofort auf. Waldemar Pabst stand vor der Tür.

»Was ist los?«, fragte Heinrich sofort.

»Die Arbeiter streiken.«

Na und, wollte Heinrich zuerst fragen, doch dann begriff er, was das bedeutete. »Alle?«

Waldemar Pabst nickte. »In ganz Berlin und auch in anderen Städten. Die alte Regierung hat erklärt, dass sich das ganze Land dem Generalstreik anschließen soll. Nirgendwo fährt ein Zug, nirgendwo ist auch nur ein Laden offen.«

»Verdammt!« Heinrich stürmte sofort los.

Im Kabinettssaal saßen Kapp und Lüttwitz mit steinernen Mienen. »Ist es wahr?«, fragte Heinrich anstatt einer Begrüßung.

Lüttwitz nickte. »Die Kommunisten haben zum Streik aufgerufen. In einer Stadt nach der anderen legen die Leute die Arbeit nieder. Die Gewerkschaften veranstalten in Berlin außerdem eine Großdemonstration.«

Kapp hielt Heinrich die aktuelle Ausgabe der kommunistischen Schundzeitung *Die Rote Fahne* hin. Heinrich griff nach der Zeitung, die er unter anderen Umständen niemals angerührt hätte.

Arbeiter! Genossen! Wir haben die Revolution nicht gemacht, um uns heute wieder einem blutigen Landsknechtsregime zu unterwerfen. Wir paktieren nicht

mit den Baltikumsverbrechern! ... Es geht um alles!
Darum sind die schärfsten Abwehrmittel geboten. ...
Legt die Arbeit nieder! Streikt! Schneidet dieser
reaktionären Clique die Luft ab! Kämpft mit jedem
Mittel für die Erhaltung der Republik! Lasst allen Zwist
beiseite. Es gibt nur ein Mittel gegen die Diktatur
Wilhelms II: Lahmlegung jedes Wirtschaftslebens! Keine
Hand darf sich mehr rühren! Kein Proletarier darf der
Militärdiktatur helfen! Generalstreik auf der ganzen
Linie! Proletarier, vereinigt euch! Nieder mit der
Gegenrevolution!

Heinrich fluchte erneut. »Wie konnten sie so schnell reagieren?«

Lüttwitz zuckte darauf die Achseln »Wir wissen es nicht.«

Daraufhin stand Kapp auf und ging nervös durch den Raum. »Entscheidend ist, was wir jetzt tun!«, sagte er mit leicht zitternder Stimme.

Er hatte recht. Wenn sie jetzt nicht reagierten, könnte ihr gesamter Putsch in sich zusammenbrechen.

»Können wir die Streikenden mit Sonderzahlungen zurück an die Arbeit bringen?«, fragte Heinrich. Er wusste, alles, was Proletarier wollten, war mehr Geld. Gab man es ihnen, hatte man Ruhe. Wenigstens für eine Weile.

Kapp schüttelte den Kopf. »Auch die Beamten streiken. Wir haben keinen Zugriff auf irgendwelche Gelder.«

Mit Entsetzen begriff Heinrich, was das bedeutete: »Wir haben die Regierung also nur dem Namen nach übernommen«, fasste er zusammen. »Wir besitzen das Regierungsviertel, aber wenn uns niemand folgt, ist das wertlos.«

Kapp und Lüttwitz nickten mit versteinerten Mienen.

Heinrichs Gedanken tobten. Ihre Machtergreifung durfte nicht auf so erbärmliche Art und Weise scheitern!

Jetzt zeigte sich, dass im Krieg erfahrenere Militärs besser auf Krisensituationen reagieren konnten als Zivilisten. Während Heinrich und Lüttwitz nach Lösungen suchten, wurde Kapp immer ängstlicher und erklärte irgendwann, dass sie aufgeben und fliehen sollten.

Lüttwitz blickte den *Reichskanzler* angewidert an. »Dann fliehen Sie. Ich lasse meine Männer nicht zurück.«

Ein Streit bahnte sich an. Doch Heinrich schritt ein. »Es nützt nichts, wenn wir uns jetzt gegenseitig beschuldigen«, sagte er scharf.

»Aber was sollen wir denn tun?«, fragte Kapp verzweifelt. »In Teilen der Stadt gibt es nicht einmal mehr fließendes Wasser oder Strom. Wir sind komplett abgeschnitten.«

Heinrich blickte zu Lüttwitz und sah in dessen Augen, dass dieser dasselbe dachte wie er.

»Wir brechen den Streik«, sagte Heinrich entschlossen.

Kapp öffnete den Mund. »Den Streik brechen?«, fragte er verwirrt. »Wie soll das gehen? Wir können die Menschen nicht zur Arbeit zwingen.«

»Wir marschieren mit unseren Soldaten zur Gewerkschaftsdemonstration und eröffnen das Feuer«, sagte Lüttwitz kühl. »Die Masse wird sich auflösen und die Aktion wird sich schnell herumsprechen. Die meisten werden aus Angst vor einem ähnlichen Schicksal Demonstrationen fernbleiben und viele werden lieber wieder zur Arbeit gehen.«

»Und wenn nicht?«

Heinrich und Lüttwitz tauschten einen genervten Blick. Kapp schien nicht zu begreifen. »Wenn nicht, dann gehen wir zu den Häusern unserer Beamten und erschießen sie als kommunistische Kollaborateure«, antwortete Heinrich. Er zwang sich genau wie damals im Krieg, technisch und emotionslos zu sprechen. »Die anderen werden dann schnell genug zur Arbeit gehen. Wenn die Beamten uns gehorchen, übernehmen wir schrittweise die Kontrolle über Berlin, besetzen die uns feindlich gesinnten Zeitungen und beenden den Streik auf diese Weise.«

Lüttwitz nickte. »Die Proletarier können den Streik nicht ewig aufrechterhalten. Sie müssen essen. Schon ein paar Tage ohne Lohn schaden ihnen.«

Aber nicht so sehr wie uns.

Heinrich würde den Angriff auf die Demonstranten anführen. Die Putschisten verfügten in ganz Berlin über keine sechstausend Soldaten und davon mussten sie wenigstens die Hälfte zurücklassen, um das Regierungsviertel zu sichern. Nur solange sie die Reichskanzlei und das Präsidentenpalais in ihrer Hand hatten, besaß ihre Putschregierung zumindest dem Anschein nach Autorität.

Kapp wurde beauftragt, eine funktionierende Verwaltung aufzubauen. Er sollte Minister finden und versuchen, den Beamtenapparat in Gang zu setzen.

Lüttwitz würde das Regierungsviertel verteidigen und die Kommunikation mit den anderen Heeresteilen aufrechterhalten. Der Generalstreik hielt trotz zahlreicher Sympathiebekundungen die restliche deutsche Reichswehr davon ab, sich auf ihre Seite zu stellen. Darum mussten sie den Streik so schnell wie möglich beenden.

Heinrich hatte zweitausend Mann zur Verfügung. Vier Infanteriekompanien zu je fünfhundert Mann. Er rief die vier Kompaniekommandanten zu einer Besprechung. Die Kompaniekommandanten waren hartgesottene Männer, die im Krieg gekämpft und geholfen hatten, die kommunistischen Aufstände niederzuschlagen. Heinrich stellte sicher, dass sie sich des Ernstes ihrer Lage bewusst waren. »Wir haben einen Putsch begonnen, und wenn wir scheitern, werden wir als Verräter zum Tode verurteilt«, sagte er zur Begrüßung.

Die Kommandeure erwiderten seinen Blick ernst, aber entschlossen.

Gut. Das ist die Gemütslage, die wir jetzt brauchen.

»Die roten Hetzer haben die Arbeiterschaft aufgestachelt.« Heinrich schmetterte die Ausgabe der *Roten Fahne* auf den Tisch. »Wir dürfen uns von den Proletariern nicht auf der Nase herumtanzen lassen. Nachsicht mit den Linken hat uns den Sieg im Krieg gekostet!«

Die Kommandeure nickten eifrig. Längst hatte sich im gesamten Heer die Ansicht durchgesetzt, dass der Krieg ohne den Dolchstoß der Kommunisten, Linken und Juden noch zu gewinnen gewesen wäre.

»*Diesmal* wird es keine Nachsicht geben!«, donnerte

Heinrich. »Wir werden den Streik brechen. Mit allen Mitteln. Stellt eure Männer darauf ein.«

Sie würden mit den Kommunisten aufräumen.

Ein für alle Mal.

Gegen Mittag des 14. März 1920 setzten sich Heinrichs Truppen in Marsch. Er verfügte nur über wenig Erfahrung in Städtekämpfen. Der Weltkrieg war in den Schützengräben, in Waldstücken und auf Feldern ausgetragen worden. An einem Kampf um eine Großstadt wie Berlin hatte Heinrich nie teilgenommen.

Aber das spielt keine Rolle. Uns stehen ein paar kommunistische Taugenichtse gegenüber. Wir haben in München, Bremen und hier in Berlin bereits gesehen, was von diesen Schwächlingen zu halten ist.

Heinrich machte sich keine Sorgen. Sie würden die Demonstration stürmen und binnen Minuten auflösen. Die Demonstranten versammelten sich in Kreuzberg am Belle-Alliance-Platz. Der Platz hatte seinen Namen zu Ehren der Schlacht von Waterloo und dem Sieg über Napoleon erhalten. Die meisten Berliner benutzten jedoch immer noch seinen alten Namen. *Das Rondell.* Ein Name, den sie dem Platz am Halleschen Tor wegen seiner runden Form verliehen hatten.

Heinrich formierte seine Truppen am Brandenburger Tor und ließ sie dann die Wilhelmstraße nach Süden Richtung Kreuzberg marschieren. Er selbst und der Kommandant der vordersten Kompanie, Oberleutnant Hauer, gingen zusammen mit einer Schutztruppe voran. Die Männer marschierten im perfekten Gleichschritt.

Zweitausend Stiefel stießen gleichzeitig auf den Asphalt auf. Das Geräusch und der Rhythmus gaben den Soldaten Zuversicht.

Der Marsch vom Brandenburger Tor zum Rondell sollte eigentlich nicht länger als fünfzehn Minuten dauern, doch auf halber Strecke kehrten einige von Heinrichs Spähern zurück. Einer der Späher war ein tapferer Soldat, den Heinrich aus dem Krieg kannte. Jetzt aber wirkte er alles anderes als tapfer. Im Gegenteil, er schien verunsichert.

»Die Kommunisten halten die Straße besetzt!«, rief er und deutete die Wilhelmstraße entlang. »Sie haben bewaffnete Rotgardisten aufgestellt und eine Schanze aufgebaut. Wir konnten nicht bis zum Rondell vordringen!«

Heinrich fluchte. Die Kommunisten versuchten, den Zugang zu blockieren.

Er wandte sich an Oberleutnant Hauer: »Wir müssen die kommunistische Stellung durchbrechen!«

Es dauerte nicht lange und sie hörten Schüsse vom Ende der Straße. Ein vorsichtigerer Feldherr wäre jetzt zurückgeblieben. Doch Heinrich wollte sehen, was vor sich ging, also führte er ein paar Soldaten die Straße entlang. Es dauerte nicht lange, bis sie auf ihre Feinde trafen.

Die Kommunisten hatten die gesamte Straße von Haus zu Haus abgeriegelt. Fahrzeuge, Holzbarrikaden und alle anderen möglichen Hindernisse standen ihnen im Weg, und kommunistische Schützen hatten ihre Gewehre im Anschlag. Wenn Heinrichs Soldaten zu nahe an sie herankamen, würden sie ohne jeden Schutz abgeschossen werden.

»Bring mir einen Stadtplan von Berlin!«, wies Heinrich seinen Adjutanten an. Der Mann hatte den Stadtplan bereits zur Hand. Heinrich entrollte ihn und stöhnte auf. Die Kommunisten hatten ihre Stellung hervorragend gewählt. In ihrem Rücken befand sich der Landwehrkanal. Ein Fluss, der einen Angriff von der Rückseite so gut wie unmöglich machte. Heinrich suchte nach anderen Zugängen zum Rondell. Es gab drei Straßen, doch diese waren alle klein und damit noch leichter zu verteidigen als die Wilhelmstraße.

»Die dritte Kompanie soll das Rondell umgehen und versuchen, von der Ostseite auf den Platz vorzudringen«, sagte Heinrich zu einem Boten. Er glaubte nicht, dass ein Angriff vom Osten her Erfolg haben würde, aber vielleicht konnten sie die Kommunisten zwingen, ihre Kräfte aufzuteilen.

Seine Gedanken überschlugen sich. Im Krieg hätten sie eine solche Stellung nicht angegriffen. Sie hätten den Feind umgangen und wären ihm dann in die Flanke gefallen. Wenn eine Umgehung nicht möglich gewesen wäre, hätten sie den Feind mit schwerer Artillerie so lange unter Beschuss genommen, bis die Feindstellung vernichtet und der Weg frei gewesen wäre.

Beides war in Berlin nicht möglich.

Die Soldaten starrten ihn an. Sie wussten so gut wie er, dass es nur zwei Möglichkeiten gab. Rückzug oder ein blutiger Sturmangriff. Heinrich wandte sich an Oberleutnant Hauer:

»Erste Kompanie fertig machen zum Sturm!«

Die Vorbereitungen für ihren Angriff dauerten eine

ganze Stunde. Die Soldaten hatten keinerlei Schutz außer ihren Stahlhelmen. Heinrich lies die Gegend daher nach Mülleimern, Holzwänden und Stahlschilden, wie sie die Polizei verwendete, absuchen. Sie fanden ein paar Dinge, doch nicht genug, und während ihre Soldaten auf der Straße warteten, sangen die Kommunisten revolutionäre Lieder, als würden ihre Gegner sie verspotten wollen.

Sie glauben, sie hätten uns bereits besiegt.

Als sie endlich bereit waren, zum Angriff überzugehen, ging Heinrich die Reihe seiner Soldaten ab. Fünfhundert Mann standen bereit, um die feindliche Stellung zu nehmen. Heinrich blickte die Soldaten ernst an. Beinahe alle trugen weiße Hakenkreuze auf ihren Helmen.

»Wir befinden uns außerhalb ihrer Schussweite«, verkündet er mit donnernder Stimme. »Aber fünfzig Meter weiter und sie werden euch unter Beschuss nehmen.« Er ging weiter. »Lasst euch von den paar Holzschilden, die wir euch geben, nichts vormachen. Auf der Straße seid ihr schutzlos. Sie werden auf euch schießen und viele von euch werden sterben.«

Heinrich hatte schon vor Jahren gelernt, dass es keinen Sinn hatte, Soldaten schöngefärbten Mist zu erzählen. Sie riskierten ihr Leben und wussten, was sie erwartete. »Wenn sie schießen, habt ihr nur zwei Möglichkeiten«, sagte Heinrich laut. »Ihr werdet langsamer oder ihr werdet schneller!«

Er blickte den Männern der Reihe nach in die Augen. Jeder hielt seinem Blick stand.

»Wenn ihr langsamer werdet, werdet ihr sterben. Wenn ihr schneller werdet, habt ihr eine Chance. Gott sei mit euch. Für Deutschland!«

»Für Deutschland!«, wiederholten die Soldaten wie aus einer Kehle.

»Fertig machen zum Sturmangriff!«, schrie Oberleutnant Hauer.

»Eins!«

»Zwei!«

Jetzt gilt es. Entweder wir triumphieren oder aber unser Putsch ist gescheitert.

»Angriff!!«

Die fünfhundert Soldaten stürmten nach vorne. Keine zehn Sekunden später nahmen die Kommunisten das Feuer auf. Die Wirkung war verheerend. Das freie Schussfeld erlaubte es den Feinden, sie ohne zu zielen unter Beschuss zu nehmen. Binnen weniger Augenblicke lagen Dutzende ihrer Soldaten blutend und schreiend auf dem Boden.

Mit angehaltenem Atem starrte Heinrich auf das Schlachtfeld.

Langsamer. Sie werden langsamer.

Eine Strecke von 400 Metern zu überwinden dauerte in der Regel etwas länger als eine Minute. Unter Beschuss länger. Heinrich zählte im Geist die Sekunden. Als er bei siebzig angekommen war, sah er, dass die ersten Soldaten die feindliche Stellung erreicht hatten. Aber auch, dass beinahe die halbe Kompanie verletzt oder getötet worden war.

»Zweite Kompanie vorrücken!«, befahl Heinrich.

Er hatte gehofft, dass die Schlacht rasch entschieden würde. Denn er war sicher, dass ihre erfahrenen Soldaten die Kommunisten rasch zurückdrängen könnten. Aber das Gegenteil war der Fall. Ein enges Kampfgebiet nutzte immer den Verteidigern, und die Kommunisten verfügten über weit mehr Gardisten, als Heinrich angenommen hatte. Bald stellte sich heraus, dass Heinrich und seine Soldaten in der Unterzahl waren und die Kommunisten hinter der ersten Barrikade eine zweite errichtet hatten.

Heinrich packte seine Waffe und warf sich selbst in die Schlacht. »Mir nach Männer!«, rief er und stürmte los. Sein Auftauchen verlieh den Soldaten neuen Mut, aber die Stellung war nicht zu nehmen. Nach etwa einer Stunde des Tötens, Schreiens und Schwitzens blieb Heinrich keine andere Wahl, als den Rückzug zu befehlen.

»Was sollen wir jetzt tun?«, fragte Oberleutnant Hauer bei einer rasch zusammengerufenen Krisensitzung.

»Wenigstens dreihundert unserer Soldaten sind tot«, berichtete der Kommandant der zweiten Kompanie, Oberstleutnant Schneider. »Vierhundert verletzt.«

Alle sahen zu Heinrich. Ihr Putsch war dabei zu scheitern.

»Wir belagern den Platz«, entschied er. »Wir verbringen die Nacht hier. Die Demonstranten werden nach Hause gehen, auch viele Rotgardisten werden schlafen wollen. Wir lassen unsere Truppen einzeln schlafen und einzeln das Feuer aufnehmen.«

»Die Demonstranten werden wiederkommen«, wandte Hauer ein.

Das werden sie. Es ist uns nicht gelungen, den Streik zu brechen und die Proletarier zu zerstreuen. Morgen früh werden sie angestachelt von der Roten Fahne *und anderen Schundblättern wieder auftauchen. Vielleicht sogar noch zahlreicher.*

Da kam Heinrich eine Idee: *Die Rote Fahne*!

»Wir werden Verwirrung in den Reihen der Proletarier stiften«, sagte Heinrich langsam.

Hauer blickte ihn fragend an: »Wie?«

Heinrichs Idee formte sich zu einem Plan. »Wir besetzen *Die Rote Fahne*«, sagte er. »Wir schreiben die Zeitung um und rufen die Proletarier dazu auf, zur Arbeit zu gehen. Viele werden es nicht glauben. Aber es wird die Arbeiter verwirren.«

Genau diese Strategie hatten die Kommunisten vor einem Jahr angewandt. Wenn sie die Blätter, die zum Streik aufriefen, ausschalteten oder gar in ihrem Sinne umschrieben, würde der Streik seinen Schwung verlieren. Es war ihre einzige Chance.

Oberstleutnant Schneider runzelte die Stirn. »Die Redaktion der *Roten Fahne* befindet sich am anderen Ende der Stadt«, warf er ein. »Wenn wir mit einer großen Truppe quer durch Berlin marschieren, sind sie gewarnt.«

»Keine große Truppe.« Heinrich traf seine Entscheidung binnen weniger Sekunden. »Ich nehme nur zwanzig Männer in zivil mit.«

»Sie wollen die Aktion selbst anführen?« Die Kommandeure blickten Heinrich erstaunt an. Es war unüblich für einen Kommandanten, sich von seiner Haupttruppe zu entfernen. Aber Heinrich hatte seine Gründe. Sie würden hier heute nichts mehr erreichen und die Besetzung der *Roten Fahne* könnte der Schlüssel zum Bruch des kommunistischen Widerstandes sein.

»Ich will sichergehen, dass die Aktion mit der notwendigen Entschlossenheit durchgeführt wird«, sagte Heinrich kalt.

Die Kommandeure grinsten.

Sie wussten, was das bedeutete.

Estere

(14. März 1920)

»Du hast einen Tippfehler gemacht«, sagte Estere. Sie beugte sich über Karolinas Kopf und deutete auf das Papier.

Die junge Kommunistin warf ihr einen wütenden Blick zu. »Danke. Ich werde ihn später korrigieren.«

Estere ignorierte Karolinas schnippischen Ton. Ihr Blick fiel auf Johannes, der eben dabei war, einen neuen Streikaufruf zu schreiben. Als er Estere sah, zeigte sich ein Lächeln auf seinem Gesicht. »Hättest du je gedacht, dass wir beide einmal eine völlig fremde Zeitung herausgeben würden? Noch dazu eine kommunistische?«

Sie schüttelte den Kopf. »Nein, wirklich nicht.«

Estere wusste selbst nicht genau, wie es dazu gekommen war. Gestern Abend war außer ihr, Johannes und Andrei niemand mehr in der Redaktion gewesen. Gemeinsam hatten sie die Nacht über durchgeschuftet und die Zeitung dann irgendwie noch rechtzeitig zur Druckerei gebracht. Danach hatte Andrei erklärt, dass er an einer Notsitzung der KPD teilnehmen musste.

Zuvor hatte er sich an Estere und Johannes gewandt: »Wir hätten das ohne euch beide nicht geschafft. Ihr könnt in meinem Büro schlafen, wenn ihr wollt. Morgen werden sicher nicht alle Mitarbeiter hier auftauchen. Viele haben wichtige Funktionen in der Partei inne und werden an anderer Stelle gebraucht. Wärt ihr bereit, auch die morgige Ausgabe zu übernehmen?«

Sie hatten nicht ablehnen können. Nicht nachdem sie um Hilfe angesucht hatten, und so fanden sie sich in der seltsamen Lage wieder, plötzlich die Herausgeber einer kommunistischen Zeitschrift zu sein. Unter normalen Umständen hätte Estere sich geweigert für *Die Rote Fahne* zu arbeiten, doch die Umstände waren nicht normal und der Streikaufruf entsprach ganz ihren Vorstellungen.

Friedlicher, gewaltfreier Widerstand. Genauso sollte man politischen Protest ausdrücken.

Den ganzen Tag über trafen Telegramme mit Nachrichten ein. Die Telegramme stammten großteils aus dem Hauptquartier der KPD und hielten sie über die Ereignisse auf dem Laufenden. »Ganz Berlin legt die Arbeit nieder. Stopp. Geflohene Regierung Bauer ruft zur Unterstützung des Generalstreiks auf. Stopp. Großdemonstration im Rondell. Stopp.«

Seit einigen Stunden kamen jedoch keine Telegramme mehr herein. Beunruhigt fragte sich Estere, was passiert sein mochte. Hatten die Soldaten das KPD-Hauptquartier gestürmt? Wenn ja, was war mit Andrei geschehen?

Sie schluckte und vertrieb den Gedanken an ihn rasch. Sie hatte einen Sohn. Außerdem standen Andrei und sie trotz ihrer jetzigen Allianz auf völlig verschiedenen Seiten.

Vielleicht ist es mein Schicksal, allein zu bleiben.

Sie sah auf und bemerkte, dass Karolina sie verstohlen musterte.

Sie hält mich für eine Rivalin. Hat Andrei ihr von mir erzählt?

Obwohl Andrei versucht hatte, es zu verbergen, war offensichtlich, dass er und Karolina ein Verhältnis miteinander hatten. Estere spürte einen Stich der

Eifersucht bei diesem Gedanken. Sie nahm die feuerroten Haare, strahlend grünen Augen und perfekt geformten langen Beine der Kommunistin sehr wohl zur Kenntnis. Estere selbst hatte gerade erst eine Schwangerschaft hinter sich und war sich nur zu bewusst, dass sie bei weitem nicht so attraktiv war wie noch vor einem Jahr.

Sie blickte auf die Uhr. Es war vier Uhr am Nachmittag. Die Zeitschrift war recht kurz geraten: ein neuer Aufruf, den Streik fortzusetzen, und ein Bericht, dass die Regierung und die SPD sich den Protesten angeschlossen hatten. Estere hatte außerdem einen Reporter zur Demonstration im Rondell geschickt, doch der Mann war nicht wiedergekommen.

»Ich denke, wir sind fertig für heute«, sagte Estere zu den wenigen Mitarbeitern. Sie wusste, dass sie hier die Außenseiterin war. Viele fragten sich, warum Andrei ausgerechnet ihr und Johannes die Leitung der Zeitung übertragen hatte. Andere kannten die Abläufe besser.

Aber wir haben Erfahrung damit, eine Zeitung zu leiten.

Estere und Johannes hatten von Anfang klargemacht, dass niemand unter ihnen arbeiten musste, doch jeder, der es tat, sich für diesen Tag an ihre Anweisungen zu halten hatte. Niemand widersprach.

»Karolina, könntest du die Ausgabe zum Druck bringen?«

Estere war froh. Sie wollte nach Hause zu Janis. Sie fühlte sich schrecklich. Welche Mutter verließ ihr Kind zwei Monate nach der Geburt?

Karolina nickte widerwillig. »Natürlich. Sonst noch

etwas?«

»Nein, das ist alles.«

Die Kommunistin schien noch etwas sagen zu wollen, aber ehe sie dazu kam, öffnete sich die Tür und Andrei trat ein. Er war offensichtlich nicht dazugekommen, sich zu rasieren, und trug darum einen leichten Bart, der ihn zusammen mit seinem schwarzen Ledermantel auf seltsame Art aufregend und männlich aussehen ließ. Andrei schloss die Tür hinter sich. Karolina sprang sofort auf.

»Was ist passiert?«, rief sie entsetzt. Erst jetzt sah Estere, dass Andrei Blutflecken auf seiner rechten Gesichtshälfte hatte.

»Nichts, nichts«, sagte er rasch. »Es gab Kämpfe. Aber alles ist in Ordnung.«

Estere reckte den Hals. »Was für Kämpfe?«

»Die Freikorps haben versucht, das Rondell zu stürmen. Wir mussten alle unsere Rotgardisten einsetzen, um sie zurückzuschlagen.«

Darum ist unser Reporter nicht zurückgekommen.

»Wir wussten davon nichts«, sagte sie. »Sollen wir die Ausgabe umschreiben?«

Er schüttelte den Kopf. »Wir wollen das nicht breittreten. Die Proletarier könnten Angst haben, sich der Demonstration morgen anzuschließen.«

Andrei erzählte ihnen mehr von außerhalb. Manches davon wussten sie bereits, wie etwa, dass die Regierung den Generalstreik unterstützte, und auch, dass die SPD zum Streik aufgerufen hatte. Andere Dinge waren neu, wie etwa, dass die Freikorps zurückgeschlagen worden waren und die restliche Reichswehr zögerte, sich zu einer Seite zu bekennen.

»Dieser Putsch ist gescheitert«, schloss Andrei seinen Bericht ab. »Die Freikorps kontrollieren das Regierungsviertel, sonst nichts.«

Estere war anderer Meinung. Sie kannte die Offiziere der Reichswehr. Es handelte sich dabei um Männer, die auf Krisen mit Härte und Willenskraft antworteten, und sie kannte Heinrich von Naumburg.

Heinrich wird sich nicht einfach so geschlagen geben.

Andrei begutachtete ihren Zeitungsentwurf zufrieden. »Du kannst das zur Druckerei bringen, Karolina.«, wiederholte er Esteres Bitte von eben. Estere hatte aus irgendeinem Grund den Eindruck, dass er Karolina loswerden wollte.

»Estere, kann ich dich einen Augenblick in meinem Büro sprechen?«, fragte Andrei dann.

Noch ehe Estere antworten konnte, stand Karolina auf, nahm den Vordruck in die Hand und stürmte aus der Redaktion. Die Tür fiel mit einem lauten Knall zu.

Niemand kommentierte ihr Verhalten.

»Natürlich«, sagte Estere und spürte ihr Herz schneller schlagen. Sie und Andrei hatten seit über einem Jahr kein Gespräch mehr alleine geführt.

Damals waren wir Liebhaber. Und jetzt?

Sie folgte Andrei in sein Büro und fing dabei einen vieldeutigen Blick von Johannes auf. Johannes hatte sie interessiert danach gefragt, woher sie und Andrei einander eigentlich kannten. Sie hatte versucht, dieser Frage nach Möglichkeit auszuweichen.

»Ich wollte mich bei dir bedanken«, sagte Andrei ein wenig steif, nachdem Estere die Tür hinter sich geschlossen hatte. Er räusperte sich. »Ohne dich und Johannes hätten wir es nicht geschafft. Ihr beide habt hervorragende Arbeit geleistet. Aber vor allem hätte dieser Putsch ohne eure Warnung einen anderen Verlauf nehmen können.«

»Noch ist der Putsch nicht vorüber.«

»Ja, da hast du recht.«

Estere konnte in Andreis Augen sehen, dass er an ihr letztes Gespräch dachte. Damals vor über einem Jahr in seiner Wohnung. Sie hatte im Bett gelegen und ihn gebeten, keinen Aufstand anzuzetteln. Das hätte ihr den Schmerz erspart, ihn verraten zu müssen.

Andrei bestätigte ihren Vermutung über seine Gedanken mit seinen nächsten Worten: »Du scheinst ein Talent dafür zu haben, Machtergreifungen zu verhindern.« Er sagte es ironisch, aber sie konnte die Bitterkeit in seiner Stimme hören.

Wie von selbst griff sie nach seiner Hand. Plötzlich waren sie einander so nah, wie seit Ewigkeiten nicht. »Andrei, es tut mir leid«, sagte sie. Seine dunklen Augen waren weit aufgerissen und sahen sie an, ohne zu blinzeln. »Es tut mir leid«, wiederholte sie. »Ich musste dich verraten. Du hättest dasselbe getan, aber das bedeutet nicht ...«

Dass ich dich nicht geliebt habe, hatte sie sagen wollen, doch in diesem Augenblick brach in der Redaktion ein Tumult aus.

Andrei riss sich los und stürmte in den Hauptraum. »Was ist passiert?«, fragte er scharf.

Karolina war zusammen mit zwei Rotgardisten zurückgekommen. Estere erinnerte sich an einen von ihnen. Es war Genosse Meier vom Vortag. Er keuchte.

»Genosse Vasiliev!«, rief er und rang nach Luft. »Sie sind hier! Die Putschisten! Sie belagern das Gebäude! Unsere Männer halten sie auf, aber wir haben fast alle unsere Gardisten zur Demonstration geschickt.«

»Wie viele sind es?«

»Etwa zwei Dutzend.«

Andrei fluchte.

Estere blickte zur Tür. Jeden Augenblick konnten bewaffnete Männer hereinstürmen.

Sie werden mich für eine Kommunistin halten, dachte sie. *Sie werden mich und Johannes einfach mit den anderen erschießen.*

Andrei wandte sich an seine Mitarbeiter. »Ihr wisst, was zu tun ist«, sagte er überraschend ruhig. »Lasst alles zurück. Wir entkommen über die Feuerleiter in den Hinterhof.«

Er bemerkte Esteres fragenden Blick und lächelte schwach. »Wir müssen stets mit einem Angriff rechnen und haben daher einen Ausweg für Notfälle.« Er wandte sich an Genosse Meier. »Schick einen Mann über die Feuerleiter zum Hauptquartier. Wir brauchen Verstärkung. Die Zeitung darf auf keinen Fall in den Händen der Freikorps bleiben. Die anderen Gardisten sollen sich zurückziehen, sobald wir entkommen sind. Wir brauchen jeden Genossen!«

Estere war beeindruckt. Die durchdachte, besonnene Art, mit der Andrei Befehle erteilte, erinnerte sie auf unheimliche Art und Weise an Heinrich.

Alles ging überraschend geordnet ab. Zuerst stieg ein Rotgardist aus dem Fenster und kletterte in den

Innenhof. Dann folgten die Mitarbeiter. Als Estere nach Johannes auf die Leiter stieg und mit dem Abstieg in den Hof begann, fing sie einen Blick von Andrei auf. Er hielt eine Waffe in der Hand und musterte sie mit seinen grünen Augen.

Plötzlich fühlte sie sich sicher.

***

»Beeilt euch!«, drängte Andrei seine Leute. Er sah Estere auf die Sprossen steigen und nach unten klettern. Sie tauschten einen Blick, einen Blick, der etwas bedeutete, jedenfalls bildete Andrei sich das ein.

Plötzlich ertönten Schüsse und Schreie.

»Sie sind im Haus!«, rief Genosse Meier von der Tür her.

»Verdammt! Beeilt euch!«, rief Andrei erneut.

Karolina stieg als Nächstes auf die Leiter. Ihre Bewegungen waren Andrei viel zu langsam, aber immerhin war sie die Letzte.

Meier zog sein Gewehr und begann, auf die Treppe zu schießen. So konnte er die Soldaten etwas verlangsamen.

»Komm mit uns!«, rief Andrei.

Meier nickte, gab jedoch unmittelbar darauf einen weiteren Schuss ab. Die Soldaten mussten dabei sein, die Stufen hinaufzustürmen.

Komm schon Karolina. Beeil dich!

Andrei schulterte sein Gewehr. Es war ein staubiges Ding, das noch aus preußischen Zeiten stammte. Aber besser als nichts.

»Wenn ich bis drei gezählt habe, läufst du zur Leiter und kletterst hinunter«, wies Andrei Meier an. »Ich gebe dir Feuerschutz.«

Andrei hob das Gewehr, versicherte sich, dass es geladen war, und hob den Lauf. Der erste Schuss musste sitzen. Diese alten Gewehre brauchten ewig, ehe man erneut schießen konnte.

Meier gab nicht zu erkennen, ob er ihn gehört hatte, doch Andrei begann trotzdem zu zählen.

»Eins!«

Die Schritte auf den Stufen wurden lauter.

»Zwei!«

Meier feuerte einen weiteren Schuss ab. Rufe drangen aus dem Treppenhaus.

»DREI!!!«

Meier rannte los. Andrei richtete sein Gewehr auf die Tür. Binnen Sekunden war Meier an ihm vorbei und auf die Leiter gesprungen. Dann tauchte der erste Soldat in der Tür auf. Andrei schoss und traf den Mann ins Bein. Schreiend taumelte er zurück.

Die Männer hinter dem ersten Angreifer waren vorsichtiger. Andrei konnte sie diskutieren hören. Sicher planten sie ihren Sturmangriff. Doch Andrei hatte nicht vor, diesen abzuwarten. Kaum war Meier verschwunden, lief er auf die Leiter zu.

Keine Sekunde zu spät, denn genau in diesem Augenblick stürmten die Soldaten den Raum und eröffneten sofort das Feuer. Die Scheiben neben Andrei zersprangen in tausend Stücke, doch er war schon auf der ersten Sprosse und abgetaucht, ehe die Kugeln ihn erwischen konnten. Als er sich duckte, sah er aus dem

Augenwinkel eine bekannte blonde Gestalt.

Heinrich von Naumburg?

Ihm blieb keine Zeit, um darüber nachzudenken. So schnell er konnte, klettere er die Leiter in den Hof hinunter. Es dauerte nicht lange, bis einer der Soldaten sich aus dem Fenster lehnte und ihn niederschießen wollte. Doch noch ehe der Mann ihm schaden konnte, hatte Meier vom Boden aus das Feuer eröffnet.

Keuchend und schwitzend erreichte Andrei den Innenhof. Die Zeitungsmitarbeiter standen eng aneinandergedrängt.

»Wohin jetzt?«, fragte Johannes Winkler. Dem älteren Mann waren der Schrecken und die Furcht deutlich anzusehen.

Andrei deutete auf eine Seitengasse: »Dort lang!« Er stürmte voran auf die Straße und wurde von Schüssen empfangen. Mit einem Satz warf er sich zu Boden und entkam so dem tödlichen Feuer.

Verdammt!

»Sie haben zwei Soldaten auf der Hinterseite des Hauses abgestellt!«, rief Meier unnötigerweise. Sie lugten um die Mauerecke. Sofort ertönte ein neuer Schuss. Andrei und Meier tauschten einen Blick. »Zwei gegen zwei«, sagte Meier.

Er nickte. »Siehst du, wo sie sind?«

»Dort, am Ende der Straße.«

Andrei wandte sich an seine Mitarbeiter. Er versuchte, Estere nicht in die Augen zu sehen. Er konnte das Gefühl nicht loswerden, dass einer von ihnen beiden heute sterben würde.

»Genosse Meier und ich werden vorstürmen und die

beiden Soldaten unter Beschuss nehmen. Lauft uns nach auf die Straße und dann nach links. Lauft immer weiter und ihr kommt zum neuen Hauptquartier der KPD. Dort seid ihr in Sicherheit.

Es sei denn natürlich, die Freikorps gehen auch gegen das Hauptquartier vor.

Andrei gab niemandem die Gelegenheit, zu widersprechen. Stattdessen griff er nach seinem Gewehr, lud es und bereitete sich vor. »Bereit?«, fragte er Meier.

Der nickte.

»Los!«

Ohne jede Warnung stürmten sie auf die Straße. Andrei spürte Kugeln neben sich einschlagen. Er rollte sich zur Seite, sprang auf und schoss.

Sein Schuss ging daneben.

Meier hatte mehr Erfolg. Der Gardist wich den Geschossen aus, lief über die Straße und warf sich in einen Hauseingang. Von dort feuerte er auf die zwei Soldaten, die ungeschützt auf der Straße standen, aber sofort in Deckung gingen.

»Lauft!«, schrie Andrei zu den anderen. »Wir geben euch Feuerschutz!«

Die beiden Soldaten hatten sich mittlerweile hinter einer Ecke verschanzt und feuerten wieder. Andrei sah, dass einer seiner Mitarbeiter zu Boden ging.

Estere!

Andrei stürmte vor und zückte die Pistole, die er immer bei sich trug, und schoss.

Unter normalen Umständen hätte er mit einer Pistole gegen zwei Soldaten keine Chance gehabt. Jetzt aber waren die Soldaten von Meier und den Fliehenden abgelenkt. Andrei traf den linken Soldaten in die Brust. Der rechte Soldat konnte ausweichen, wurde aber ins Bein getroffen.

Überall war Blut. Keuchend blieb Andrei stehen. Die beiden waren außer Gefecht gesetzt. Andrei trat dem verwundeten Soldaten das Gewehr aus der Hand und nahm es selbst an sich.

»Genosse Vasiliev!« Meier tauchte hinter ihm auf. »Wir müssen verschwinden! Sie kommen.«

Andrei nickte und rannte los.

Sie liefen und liefen, auch als sie längst nicht mehr verfolgt wurden. Dabei hatten die Soldaten gar kein Interesse an ihnen.

Sie wollen nicht uns. Sie wollen unsere Zeitung.

Während sie endlich langsamer wurden, begriff Andrei, was das bedeutete. Die Ausgabe war nicht zum Druck gegangen. Die Freikorps planten, die kommunistischen Zeitungen zu blockieren!

Sie wollen vielleicht sogar die Zeitung umschreiben, um den Streik zu brechen!

Andrei wusste, wie Streiks funktionierten. Wenn sich nicht alle beteiligten, beteiligte sich bald niemand mehr. Sobald erst einmal ein paar Männer zur Arbeit gingen und ihren Lohn erhielten, fragten sich die anderen, warum sie das nicht auch tun sollten. Aus genau diesem Grund gingen die Gewerkschaften rigoros gegen Streikbrecher vor. Wer eigennützig handelte, schadete am Ende allen. Auch sich selbst.

Ich dachte, der Putsch wäre am Ende. Aber wenn der Streik nachlässt, könnten die Rechten die Angelegenheit drehen.

Ohne den Streik würden die restlichen Soldaten der Reichswehr sich für die Militärdiktatur aussprechen. Als ihm das klar wurde, blieb Andrei plötzlich stehen. Er hatte nur an sein eigenes Überleben gedacht und die Zeitung kampflos aufgegeben!

»Wir müssen zurück!«, rief er.

Die anderen hielten ebenfalls und starrten ihn an, als hätte er den Verstand verloren.

»Zurück?«, fragte Estere vorsichtig.

Andrei nickte. »Ich zumindest. Wir müssen *Die Rote Fahne* zurückerobern.« Er erzählte ihnen, dass er zu wissen glaubte, was die Soldaten vorhatten.

Karolina trat vor und griff seine Hände. »Womit willst du *Die Rote Fahne* zurückerobern?«, fragte sie. »Du und Meier gegen zwanzig Soldaten? Das ist Irrsinn!«

Andrei riss sich los und wandte sich an Meier. »Ist es dir gelungen, einen Boten zum Hauptquartier zu senden?«

Der Gardist nickte. »Er hat es die Straße runter geschafft. Ich habe ihn laufen gesehen. Er müsste mittlerweile angekommen sein.«

»Dann wird die Partei bald Verstärkungen schicken.« Andrei dachte nach. »Genosse Meier, du und ich gehen zurück. Wir beobachten die Lage und warten auf Verstärkungen. Karolina, du führst die anderen zum Hauptquartier. Dort seid ihr hoffentlich in Sicherheit.«

»Nein.« Das war Estere. Sie und Winkler tauschten einen Blick und nickten einander dann zu. »Wir gehen mit. Wir sind Reporter.«

»Das ist keine verdammte Reportage!«, rief Andrei

wütend. Das Bild des toten Bauers tauchte vor ihm auf. Doch sein Geschrei beeindruckte Estere nicht. »Wir sind keine deiner Genossen«, sagte sie kühl. »Du kannst uns nicht verbieten mitzukommen. Aber keine Sorge. Wir halten Abstand.«

Andrei hatte keine Zeit für Diskussionen. »*Großen* Abstand!«

»Ich werde auch mit dir gehen!«, erklärte Karolina.

Was ist denn nur in sie alle gefahren?

Andrei zwang sich, Ruhe zu bewahren. »Du musst das Hauptquartier warnen. Was, wenn unser Bote es nicht geschafft hat?«

»Er hat es geschafft«, sagte Estere plötzlich.

Andrei wirbelte herum. »Woher willst du das wissen?«

Sie deutete die Straße entlang. Eine Abteilung Rotgardisten kam auf sie zugelaufen. Andrei hätte die Männer am liebsten umarmt. Sein Herzschlag beruhigte sich.

»Genossen!«, rief er stattdessen. Die Männer gingen in Verteidigungsstellung. »Keine Sorge«, beruhigte Andrei die Gardisten rasch. »Ich bin Genosse Vasiliev. Wir sind die überlebende Mannschaft der *Roten Fahne*. Wer hat das Kommando?«

Ein Mann hob die Hand. »Hier. Ich bin Genosse Brandt.«

»Gut«, sagte Andrei. Er zählte die Männer ab. Es waren um die zwanzig. »Wo ist der Rest?«, wollte er wissen.

Brandt zuckte mit den Schultern. »Bei der Demonstration.«

»Im Hauptquartier müssen über hundert Gardisten

sein!«

»Die Partei wollte die Sicherheit des Hauptquartiers nicht riskieren. Die Freikorps könnten als Nächstes dort angreifen.«

Andrei biss sich auf die Zunge. Dann mussten sie es eben mit zwanzig Mann schaffen. Er stellte sicher, dass seine Mitarbeiter das Weite suchten. Nur Winkler, Estere und Karolina wollten auf jeden Fall mit ihnen kommen.

»Haltet Abstand«, sagte Andrei zu ihnen.

»Was hast du vor?«, fragte Meier. »Wir können mit so wenigen Männern kein von Feinden besetztes Gebäude stürmen!«

Andrei nickte. »Das stimmt. Aber wir können sie daran hindern, eine falsche Ausgabe auszuliefern.«

Brandt trat vor. »Wenn wir sie in dem Gebäude einschließen, werden sie uns angreifen!«

»Ja«, sagte Andrei und suchte Esteres Blick. »Ja, das werden sie.«

***

Heinrich starrte aus dem Fenster und musterte die Kommunisten auf der Straße.

Wenigstens so viele wie wir. Wenn auch schlecht verschanzt. Wir könnten sie beinahe unter Beschuss nehmen.«

Sein Plan war gescheitert. Er hatte gehofft, *Die Rote Fahne* erobern zu können, ohne dass die KPD Wind davon bekam. Doch die linke Schreiberbrut war entkommen.

Im Krieg hätte ich mir so eine Nachlässigkeit nie geleistet.

»Beeilt euch!«, trieb er seine Männer an, die dabei waren, die Redaktion der *Roten Fahne* vollständig zu zerstören. »Wenn wir zu lange hierbleiben, schließen sie uns ein.«

Es würde ihnen nicht gelingen, *Die Rote Fahne* umzuschreiben. Jetzt ging es nur noch darum, die Männer lebend zurück ins Regierungsviertel zu bringen. *Hoffentlich hatten unsere Truppen bei der Demonstration mehr Erfolg.*

»Oberst von Naumburg«, meldete Heinrichs Stellvertreter Leutnant Weinburg. »Alle Papiere, Unterlagen und Geräte sind vernichtet.«

»Gut. Es hat lange genug gedauert.«

Heinrich blickte wieder aus dem Fenster und erkannte plötzlich ein Gesicht, das er kannte: Andrei Vasiliev. Lenins Schatten.

Henrich ballte die Fäuste.

Seit über einem Jahr versuchte er, den russischen Agenten zu fassen. Mit ausländischem Geld hetzte Vasiliev die deutschen Arbeiter auf und spaltete die Gesellschaft. Sein Tod würde den deutschen Kommunisten einen schweren Schlag versetzen.

Heinrich fasste einen Plan.

Er wandte sich an seine Männer: »Wir verlassen das Gebäude. Die Kommunisten halten sich auf der anderen Straßenseite verschanzt. Sie warten darauf, dass wir weglaufen wie die Hasen, damit sie uns in Ruhe abknallen können. Aber den Gefallen tun wir ihnen nicht.«

Die Männer lachten. Sie hielten die Kommunisten für Schwächlinge, die richtigen Soldaten nicht gewachsen waren.

Heinrich teilte die Männer mit der Hand in zwei Hälften. »Ihr bildet Gruppe eins, ihr dort Gruppe zwei. Auf Kommando stürmt Gruppe eins los. Gruppe zwei folgt und gibt Feuerschutz.«

Die Soldaten nickten.

»Gut, dann verlieren wir keine Zeit. Waffen bereithalten!«

Sie griffen nach ihren Sturmgewehren, stellten sicher, dass ihre Schuhe fest saßen, und meldeten einer nach dem anderen »Bereit!«.

»Leutnant Weinburg. Sie übernehmen das Kommando über Gruppe eins.«

Der Leutnant nickte. »Gruppe eins mir nach!«, wies er die Männer an.

Ehe sie losliefen, griff Heinrich sich zwei Schützen. »Ihr bleibt am Fenster und schießt so lange auf die Straße, bis Gruppe eins auftaucht. Das wird sie ablenken.«

Die Soldaten nickten. Heinrich warf ihnen einen drohenden Blick zu. »Wehe, ihr erschießt einen unserer Leute.«

Als alle auf ihren Posten waren, hob Heinrich die Hand. Sie mussten sich beeilen. Eigentlich hatte Heinrich vorgehabt, die Männer direkt zurück ins Regierungsviertel zu führen, doch wenn sich Vasiliev ihm schon so bereitwillig zeigte, würde Heinrich sich die Gelegenheit nicht entgehen lassen. Er war mittlerweile überzeugt, dass es sich bei dem Russen im Hotel

Königshof in München um Vasiliev gehandelt hatte. Estere hatte ihn damals mit der Nachricht von ihrer Schwangerschaft abgelenkt.

Diesmal wirst du nicht so viel Glück haben.

Langsam hob Heinrich die Hand.

»ANGRIFF!«, rief er und ließ die Hand niedersausen.

Sofort stürmte Gruppe eins die Treppe hinab und die Männer an den Fenstern eröffneten das Feuer. Alles lief mit perfekter Präzision ab.

Heinrich hob sein eigenes Sturmgewehr und lief ebenfalls los. Als Kommandant musste er im Notfall korrigierende Befehle geben. Bislang machten die Soldaten ihre Aufgabe jedoch hervorragend. Gruppe eins überquerte die Straße und die Kommunisten waren so überrascht von dem plötzlichen Angriff, dass sie viel zu spät das Feuer eröffneten. Nur zwei Soldaten wurden getroffen.

»Gruppe zwei. Vorwärts!«, befahl Heinrich den Männern, die an der Tür standen und Feuerschutz gaben. »Fensterschützen folgen!«, schrie er dann die Treppe hinauf.

Kriege wurden mittlerweile mit Gewehren, Pistolen, Kanonen, gepanzerten Wagen und sogar Zeppelinen ausgetragen, aber Heinrich hatte schon bald festgestellt, dass der alte Kampf Mann gegen Mann keineswegs ausgestorben war. Wann immer Soldaten einander so nahe kamen, dass sie sich nicht mehr unter Beschuss nehmen konnten, wurden selbst die modernsten Feuerwaffen für den Nahkampf verwendet. Seit dem 17. Jahrhundert versahen Soldaten ihre Gewehre darum mit Bajonetten. Das waren lange Messer, die auf das Gewehr gepflanzt wurden und es damit in eine Art Spieß verwandelten. Wegen ihrer Unhandlichkeit wurden Bajonette im Weltkrieg allerdings zunehmend durch sogenannte *Grabendolche* ersetzt. Lange Messer, die die Soldaten im Nahkampf verwendeten. Heinrich schulterte sein Gewehr und zog *seinen* Dolch. Er hatte gehofft, dass die Kommunisten keine Nahkampfwaffen verwendeten, doch die Roten waren ebenfalls mit langen Messern ausgestattet. Die zwei Gruppen umkreisten einander und bedrohten sich gegenseitig mit ihren Waffen. Niemand schien sonderlich scharf darauf zu sein, sich direkt in die Messer und Dolche seiner Feinde zu stürzen.

»Gruppe zwei. Feuer aufnehmen!«, schrie Heinrich.

Die Soldaten zückten ihre Gewehre und setzten die Kommunisten damit unter Druck. Eine schwarzhaarige Gestalt sprang vor und schrie: »Angriff!«

Vasiliev.

Zu seinem Entsetzen schien die Angst den Roten neuen Mut zu verleihen. Noch ehe Heinrichs Soldaten feuern konnten, stürmten die Kommunisten vor und überwältigten zahlreiche Männer. Ein blutiges Gemetzel brach aus, in dem sich nicht sagen ließ, wer die Oberhand erhalten würde.

Heinrich blickte sich nach dem kleinen Russen um. Er wollte ihn töten und dann den Rückzug anordnen. Als er Vasiliev auf der anderen Seite des Schlachtfelds erkannte, wartete er, bis sich eine Lücke zwischen den Kämpfenden auftat, und stürmte los. Er stieß einen Kommunisten mit der Schulter zur Seite, schleuderte einen weiteren mit einem geschickten Tritt zu Boden und rettete einen Soldaten vor einem Messerangriff.

Dann stand er vor Vasiliev.

Heinrich lächelte kalt. »Das war es für dich!«

Der Russe erwiderte seinen Blick ohne Furcht. »Du hast Bauer ermordet.«

Heinrich hatte keine Ahnung, wer Bauer war. Irgendein Kommunist vermutlich.

In diesem Augenblick gab es nur noch ihn und Vasiliev. Zwar registrierte Heinrich die Kämpfe hinter sich, aber seine Aufmerksamkeit gehörte nur seinem Gegenspieler. Alle Hintergrundgeräusche verdichteten sich zu einem dumpfen Rauschen.

Lenin wird sich einen neuen Schatten suchen müssen.

Heinrich zückte sein Gewehr. Er hatte im Krieg gelernt, es auch im Nahkampf zu verwenden. Im Gegensatz zu dem Messer, das Vasiliev in den Händen hielt, verlieh es ihm zusätzliche Reichweite.

»Dann hast du jetzt die Gelegenheit, ihn zu rächen«, spornte er Vasiliev an. Er wollte, dass der Russe auf ihn zustürmte. Dann würde er ihn sofort erledigen. Doch Vasiliev tat ihm diesen Gefallen nicht. Stattdessen zog er eine Pistole.

»Verdammter Bastard!«, schrie Heinrich und stürmte los. Hätte er nur einen Augenblick gezögert, der Russe hätte ihn erschossen, so aber schlug Heinrich ihm die Pistole aus der Hand. Vasiliev packte schnell Heinrichs Gewehr und schleuderte es davon. Sie rangen auf dem Boden. Vasiliev war über ihm und schlug ihm wieder und wieder ins Gesicht.

Heinrich hätte dem Russen niemals solche Kräfte zugetraut. Vasiliev war klein, aber zäh und entschlossen.

Die Welt begann sich vor Heinrichs Augen zu drehen. Kurz befürchtete er, dass es jetzt zu Ende mit ihm sein könnte. Ihm fehlte die Kraft, um sich freizukämpfen.

Dann aber ließ die Erschöpfung Vasiliev einen kurzen Moment innehalten.

Heinrich zögerte keinen Augenblick. Er spannte die Muskeln, warf sich herum und schleuderte den Russen zu Boden. Sein Gewehr lag vor ihm. Er packte es und richtete es auf Vasiliev, der schwerfällig auf dem Boden lag.

»Das ist dein Ende!«

»NEIN!«

Der Schrei kam vom anderen Ende der Straße. Eine Gestalt rannte auf sie zu und warf sich über Vasiliev.

Es war eine Frau.

Es war Estere.

Fünf geschlagene Sekunden starrte Heinrich die Mutter seines Sohnes an. Seine Hände zitterten. Was tat sie hier? Warum schützte sie Vasiliev?

»Estere verschwinde!«, sagte er und hob sein Gewehr.

Die Kämpfe hatten sich mittlerweile beruhigt. Beide Seiten zogen sich ein wenig zurück und beobachteten das Duell ihrer Anführer. Estere umklammerte den Kommunisten und schüttelte heftig den Kopf. »Nein!«, schluchzte sie. »Nein!«

»Estere verschwinde!«, rief jetzt auch Vasiliev. Der Kommunist hatte seine Besinnung wiedergefunden und rappelte sich hoch, doch Estere drückte ihn zu Boden.

Einzelne Erinnerungsfetzen fügten sich in Heinrichs Kopf zu einem Bild zusammen. Er dachte an die Szene im Hotel Königshof.

Sie hat mich nicht versehentlich abgelenkt. Sie wollte ihn schützen.

Seine Gewehrhand zitterte vor Wut.

»Ich schieße bei drei!«, drohte er.

»Heinrich!« Estere blickte ihn flehend an. »Euer Putsch ist gescheitert. Das weißt du. Weitere Rotgardisten sind auf dem Weg hierher. Lass es gut sein! Es hat keinen Sinn mehr!«

Sie stand auf und stellte sich vor Vasiliev. »Wenn du ihn tötest, musst du mich auch töten. Kannst du das?«

Heinrich hob die Waffe und richtete sie auf Esteres Brust. Die Wut in ihm war unbeschreiblich. Sein Gesicht glühte. Sie hatte ihn betrogen. Sie verdiente es, zu sterben. Plötzlich kam ihm ein schrecklicher Gedanke.

»Ist Janis wirklich mein Sohn?«

Sie nickte mit Tränen in den Augen.

»Ja Heinrich. Ja, das ist er.«

Er biss sich auf die Lippen. Sie verdiente den Tod, aber er konnte die Mutter seines Kindes nicht erschießen. Er schloss die Augen. Er hatte mit seiner Einheit im gesamten Weltkrieg kein einziges Gefecht verloren. Er hatte seinen Truppen niemals den Rückzug befohlen, es sei denn, der Befehl kam von oben. Sie hatten immer gestanden und gekämpft. Dafür war Heinrich bekannt.

»Männer, wir rücken ab«, befahl er mit knirschenden Zähnen.

Niemand widersprach. Weder die Kommunisten noch die Soldaten schienen darauf aus zu sein, den Kampf fortzusetzen. Es wäre sinnlos gewesen.

Estere hat recht. Unser Putsch ist gescheitert.

Andrei

(21. März 1920)

Andrei und Estere standen vor dem Brandenburger Tor und beobachteten die morgendlichen Sonnenstrahlen, die das Monument in goldenes Licht tauchten. Das Regierungsviertel befand sich wieder in den Händen der rechtmäßigen Regierung und aus der ganzen Stadt strömten die Bürger zum Brandenburger Tor, um das Ende des Putsches und die Verteidigung ihrer Republik zu feiern. Die Putschisten hatten nach Heinrichs Rückzug keine Chance mehr gehabt. Am 17. März erreichte sie die Nachricht, dass der Möchtegern-Reichskanzler Kapp nach Schweden geflohen war. Lüttwitz hielt das Regierungsviertel noch für ein paar Tage besetzt und handelte schließlich aus, dass er das Viertel kampflos aufgeben würde, wenn ihn und seinen Offizieren im Gegenzug Straffreiheit für ihren Putschversuch gewährt würde. Die Amnestie galt auch für Heinrich von Naumburg. Naumburg. Andrei dachte immer noch mit Schrecken an die Stärke und die Kraft seines Rivalen. Obwohl Estere sich schützend vor ihn geworfen hatte, spürte Andrei immer wieder Stiche der Eifersucht. Estere und Heinrich hatten ein Kind zusammen, und nichts auf der Welt würde diese Verbindung jemals zerstören.

Estere bewunderte das goldene Licht. »Das ist ein gutes Zeichen«, sagte sie.

Andrei schlang seine Hände um sie. »Ist es das?«

Estere nickte. »Ich bin ganz sicher. Jetzt beginnt eine goldene Zeit.«

»Die goldenen Zwanziger«, sagte er ironisch.

Sie lachte und hauchte ihm einen Kuss auf die Wange. »Vielleicht.«

Eine Weile standen sie schweigend nebeneinander. Dann stellte Andrei die Frage, die er schon seit Tagen stellen wollte: »Warum hast du es getan?«

Sie wandte sich überrascht um. Andrei ließ nicht locker: »Warum hast du mich gerettet? Naumburg hätte dich töten können.«

Sie schüttelte den Kopf. »Das hätte er niemals getan.«

»Es sah ziemlich danach aus.«

»Ja«, sagte sie und schmiegte sich an ihn. »Er war wütend. Aber er hätte mich nicht erschossen.«

Andrei biss sich auf die Zunge. Es hatte keinen Sinn, darüber zu diskutieren.

»Weißt du, wo er jetzt steckt?«

»Er ist zurück nach München. Ich glaube, er hat sich Hitlers neuer Partei angeschlossen.«

Andrei nickte. Adolf Hitler hatte seine DAP in NSDAP umbenannt. Die Nationalsozialistische Deutsche Arbeiterpartei. Nationalsozialismus. Ein seltsamer Begriff.

»In München braut sich etwas zusammen«, warnte er.

Sie drückte seine Hand. »Ja, aber egal, was es ist, wir werden damit fertig.«

Er sah sie lange an. Zum ersten Mal seit langem hatte er Gelegenheit, sie richtig zu mustern. Sie sah viel reifer aus als noch vor einem Jahr. Man konnte sehen, dass sie einiges durchgemacht hatte.

Aber sie ist schöner als jemals zuvor.

»Warum hast du mich gerettet?«, fragte Andrei erneut.

Sie sah ihm direkt in die Augen. Andrei hielt den Atem an. Ihre Augen hatten ihn vom ersten Tag an um den Verstand gebracht.

»Weil ich dich liebe, Andrei.«

Er schluckte. Genau nach diesen Worten hatte Andrei sich ein ganzes Jahr lang gesehnt. Doch jetzt, da er sie hörte, spürte er plötzlich Angst. Angst, sie zu verlieren. Er wollte Estere zu sich ziehen. Aber sie trat einen Schritt zurück.

»Kannst du damit leben, dass ich einen Sohn von einem anderen Mann habe?«, fragte sie. »Sag es jetzt, wenn es dich quält. Ich bin Mutter. Janis wird immer meine meiste Liebe bekommen.«

Andreis Herz presste sich zusammen. Konnte er damit leben? Kein Mann war erpicht darauf, den Sohn eines anderen großzuziehen. Aber Estere war ein Sonderfall. Er hatte immer gewusst, dass sie keine Frau war, die man zu den Bedingungen bekam, zu denen man andere Frauen haben konnte.

»Ja«, sagte er. »Ja, das kann ich.«

Ich hoffe, ich kann es wirklich.

Sie tauschten einen zärtlichen Kuss. Dann griff Estere in ihren Mantel und holte ein kleines Büchlein heraus. »Und kannst du auch *damit* leben?«, fragte sie. Es war ein SPD-Parteibuch.

Andrei tat einen tiefen Atemzug. »Wir werden immer in verschiedenen Lagern stehen«, stellte er fest. »Ich glaube an den Kommunismus.«

Estere nickte. »Ich will eine demokratische Republik. Du willst eine Diktatur des Proletariats. Kannst du damit leben, dass wir uns für verschiedene Dinge einsetzen?«

Andrei strich ihr zärtlich durch die Haare. Sie fühlten sich an wie seidenes Gold. »Lassen wir doch einfach die nächsten Wahlen entscheiden«, sagte Andrei langsam. »Die werden zeigen, wer von uns beiden recht hat.«

Estere lächelte ihn an.

»Dass das die beste Methode ist, versuche ich dir seit einem Jahr zu erklären.«

Ende Band 1

Nachwort

Sehr geehrter Leser

Die deutsche Zwischenkriegszeit ist für deutsche Romanschreiber eine Herausforderung. Die meisten Jahrhundertserien befassen sich mit den Weltkriegen. Die Zeit dazwischen wird gerne übersprungen. Das hat einen einfachen Grund. Die Zwischenkriegszeit ist eine Zeit des Extremismus und des Chaos. Die Soldaten kamen traumatisiert aus dem Krieg zurück und nach dem Morden in den Schützengräben galt ein Menschenleben nicht mehr viel. Das Trauma, das der Erste Weltkrieg in den Köpfen der Menschen ausgelöst hat, hat erst die Voraussetzungen für jene Ideologien geschaffen, die ohne Bedenken Millionen ermordeten.

Für Romanautoren ist die Zwischenkriegszeit problematisch. Wir wissen heute, was Kommunismus und Faschismus angerichtet haben, aber die Menschen damals konnten es nicht wissen. Millionen unterstützten diese Ideologien und das stellt uns Autoren vor folgenden zentralen Konflikt: Soll man die Unterstützer verbrecherischer Ideologien als Verbrecher darstellen? Als durchweg böse Menschen? Und wenn man es nicht tut, macht man sich in diesen politisch-emotional aufgeladenen Zeiten dann nicht selbst zur Zielscheibe? Wird einem nicht irgendjemand Nähe zum Kommunismus oder gar Faschismus vorwerfen, wenn man Figuren hat, die ihrer Zeit entsprechende Ansichten vertreten?

Die Zwischenkriegszeit ist für Autoren unsicherer Boden, deswegen wird sie gerne ignoriert. Man hat auch mir geraten, lieber über das Mittelalter zu schreiben, am besten das Englische, da könne man nichts falsch machen. (Nichts gegen Mittelalterromane, so einer könnte noch kommen.)

Meine Entscheidung fiel dennoch für die Weimarer Republik und gegen den Weg der Schwarz-Weiß-Zeichnung aus. In »1919« verfügen alle drei Hauptcharaktere über gute und schlechte Seiten. Viele Leser mögen Heinrich für den »Bösewicht« gehalten haben, aber wir hätten ein ganz anders Ende gehabt, wenn er nicht auch gute Eigenschaften besitzen würde.

»1919« hat sich primär mit dem Kommunismus und den erfolglosen Versuchen einer kommunistischen Revolution in Deutschland befasst. Der nächste Band bietet härteren Tobak. »1923« wird den Wiedereinmarsch der Alliierten in Westdeutschland, den Zusammenbruch der deutschen Währung und Wirtschaft und vor allem den Aufstieg Adolf Hitlers und der NSDAP (Hitlerputsch) zum Thema haben.

Wenn Sie über das Erscheinen von »1923« informiert werden möchten, schicken Sie mir einfach eine E-Mail mit »Die Jahre des Schicksals« an zaptosmedia@gmail.com

Für die Leser meiner »Deutschlands Bürgerkrieg Saga«: Der vierte und letzte Band kommt im Frühjahr 2019.

Ich hoffe, ich konnte Sie ein wenig unterhalten.
Auf ein baldiges Wiederlesen.

Markus